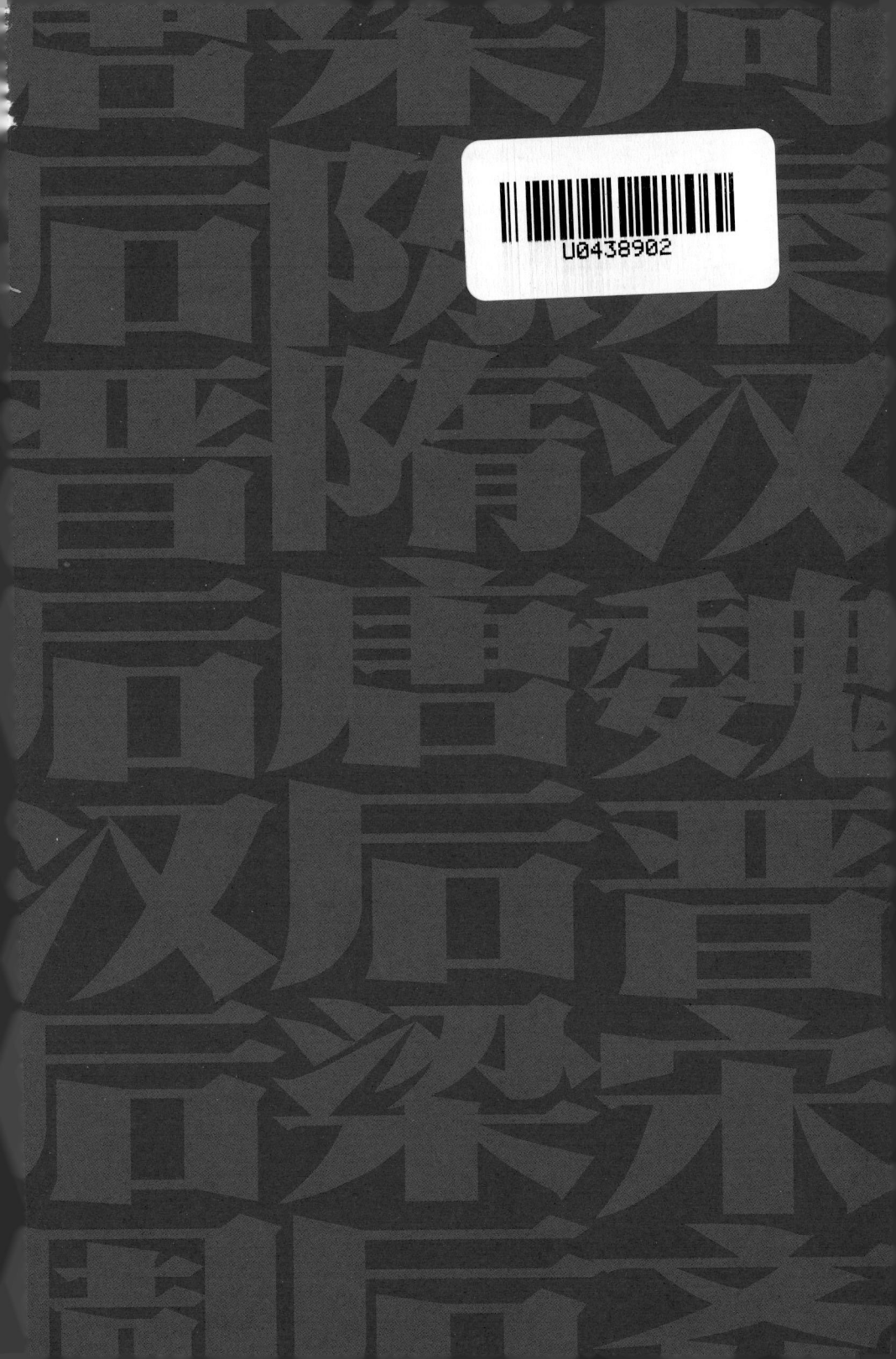

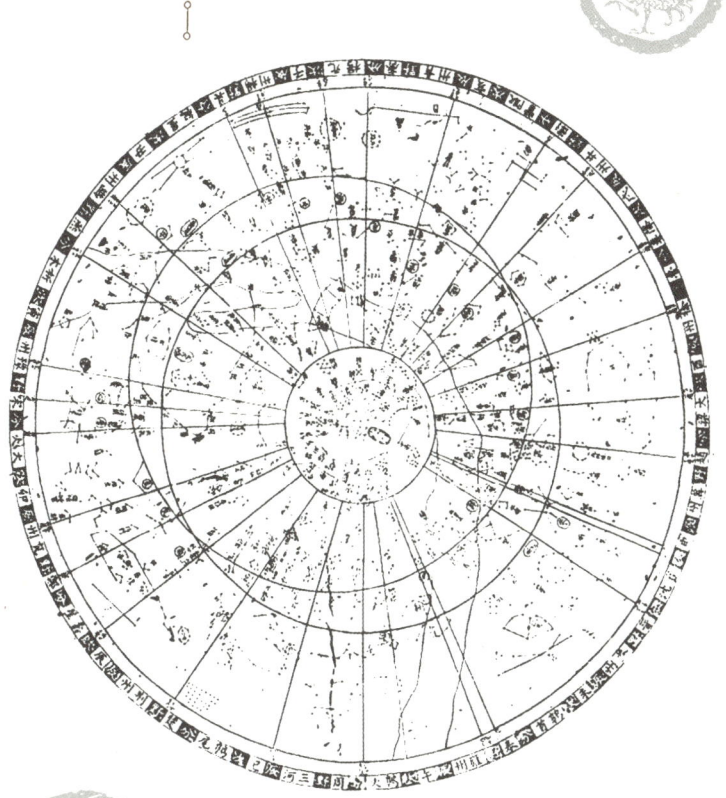

36讲资治通鉴通识课：
1362年历史时空

李凯

著

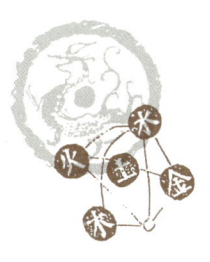
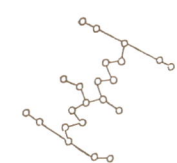

人民文学出版社

图书在版编目（CIP）数据

36讲资治通鉴通识课：1362年历史时空/李凯著．—北京：人民文学出版社，2022
ISBN 978-7-02-016027-3

Ⅰ.①3… Ⅱ.①李… Ⅲ.①中国历史—古代史—编年体②《资治通鉴》—研究 Ⅳ.①K204.3

中国版本图书馆CIP数据核字（2021）第241539号

责任编辑　常雪莲　陈　悦　张　一
装帧设计　刘　远
责任印制　王重艺

出版发行　人民文学出版社
社　　址　北京市朝内大街166号
邮政编码　100705

印　　刷　河北环京美印刷有限公司
经　　销　全国新华书店等

字　　数　239千字
开　　本　890毫米×1290毫米　1/32
印　　张　9.625　插页3
印　　数　1—5000
版　　次　2022年8月北京第1版
印　　次　2022年8月第1次印刷

书　　号　978-7-02-016027-3
定　　价　48.00元

如有印装质量问题，请与本社图书销售中心调换。电话：010－65233595

序

—— 跨越千年的对话

《资治通鉴》是一部很不得了的史学著作。有历史常识的朋友都知道史学上有"二司马"，前司马是司马迁，后司马就是司马光。

司马光是北宋人，著名的史学家、文学家，也是政治家，在中国历史上熠熠生辉。小孩子都知道著名的故事：司马光砸缸，这个故事家喻户晓，但是也有学者说宋朝好像没有那么大的缸，看《宋史·司马光传》会发现司马光砸的是瓮。但不管怎么样，司马光年少时就很聪明，据说司马光在七岁的时候，就能够讲《左传》。这部书被称为大经，十八万汉字，许多字句是很难懂的，但是七岁的小孩司马光不仅能够记住，而且还能够讲解，可见他有超世之才。

这和他的家学有着密切的联系，司马光也是少年得志，他在十九岁的时候就已进士及第，要知道，唐王朝的进士可是非常难中的，三十老明经，五十少进士。这种情况到了宋朝有一定的改观，宋天子曾经扩招过。但甭管怎么样，十九岁少年进士及第，这在北宋整个精英知识分子中也不是大概率的事件，司马光由此走上历史舞台。

司马光为人非常耿直、忠诚，而且知识渊博，他曾经担任过宋朝政府的地方官与京官，甚至担任过宰相。司马光还担任过谏官，负责给天子、臣僚提意见。

司马光是《资治通鉴》主编。司马光在1064年（宋朝天子宋英宗刚刚登基）写了一部书，叫做《历年图》。这个《历年图》今天比较好理解，就是大事年表。他将这部书呈献给皇帝看，英宗皇帝涉世不深，是需要历史知识的，这部作品受到了皇帝的重视，皇帝褒奖司马光，而且同意他把这个工作进行下去：《历年图》还不够，应该写得更丰富。也许有朋友不禁要问，编年体是很重要，然而它容易变成流水账，事件的前因后果也分散，不利于阅读，为什么司马光还要用这种方式呈献给皇帝？其实这里原因复杂。一方面，司马光要接着《春秋》写史，有他的叙述逻辑在（司马迁也说："先人有言：'自周公卒五百岁而有孔子。孔子卒后至于今五百岁，有能绍明世，正《易传》，继《春秋》，本《诗》《书》《礼》《乐》之际？'意在斯乎！意在斯乎！小子何敢让焉"）；另外一方面，编年体史书，尤其是年表能一目了然，有非常清晰的代谢古今之感。作为帝王，日理万机，每天的事务也是一股脑堆垒而来，能否乱中抽丝、纲举目张就成为政治家的基本素质，这和编年体叙事风格近似，读者必要凭借自己的知识结构和逻辑，建立起信息链。于是《历年图》和《资治通鉴》的写作，自然是情理之中。司马光成立了史局，这个史局能够动用皇家的文献资源，甚至皇帝身边的太监都可以调配，还提供水果饮食，皇帝对他照顾到这个地步，司马光感恩戴德。

两年后，1066年，英宗皇帝看到另外一部书，这部书从三家分晋（公元前403年）写起，一直写到了秦朝统一。也就是说，这是中国上古时代的历史。司马光给它起名字叫《通志》（八卷）。这个《通志》不是郑樵的《通志》，是司马光的《通志》，是后面写《资治通鉴》的重要基础。英宗皇帝看了之后非常高兴，但是英宗皇帝寿数非常短，1066年就驾崩了。1067年神宗皇帝登基，神宗登基时才二十岁。

说到宋神宗，我们知道他在位期间发生了很多事，如果了解王安石、苏轼诸多人物的话，就会对这个皇帝不陌生。神宗皇帝刚登基，司马光就给神宗皇帝讲授《通志》，一篇一篇地讲，他要用历史给皇帝进行一定的政治导引。司马光从1064年接受英宗皇帝的圣旨后，一步一步滚雪球似的收集材料，到了1071年，全心全意投入《资治通鉴》的写作中，这和一件大事有密切联系，就是王安石变法。

宋王朝最初的顶层设计是想防范武将专权、乱臣当政，吸取了唐末五代的许多历史教训。大家都熟悉这个典故，宋太祖陈桥兵变，黄袍加身，后来演出了一场杯酒释兵权。赵匡胤是殿前都点检出身，最懂得臣子是如何夺权的，他非常谨慎地防范臣子的专权。所以宋初为了加强中央集权，加强君主专制采取了一系列非常明确的措施。这一套措施持续下来固然维持了社会的稳定，但是也带来了许多问题。比如说宋朝军队战斗力不强，官僚制度开支巨大，出现了冗官、冗兵、冗费的局面。庞杂的文官体制将会把这个国家给拖垮，虽然维持了社会的稳定，但是代价太大了。

这时候刚亲政的宋神宗想有所作为。1069年，王安石担任参知政事，开始从事变法。这是在历史上是大书特书的事件，今天给予正面的评价，可是在宋代以及之后相当长的一个时期，人们对王安石的评价是否定的，因为他用人不当，施政急功近利，给老百姓带来又一次伤害。所以许多官僚站到王安石的对立面上。王安石的好朋友司马光，也因为政见的分歧走到了对立面。当时司马光再三质疑王安石，王安石也据理力争，今天中学语文教材里还有一篇文字，就是《答司马谏议书》，体现了王安石的观点。从这一往一来中看出他们政见是不同的。

到了1071年，又发生了一件事触动了司马光。司马光的一个好朋友也是历史学家范镇被罢官，因为他非常不同意王安石青苗法的伤民害民之举，范镇引来王安石的不快，王安石甚至亲自用书信来反驳范镇，范镇一怒之下说，我户部侍郎不干了，回家退休了。范镇的罢官给司马光很大刺激，司马光说，道不同不相为谋，王安石，虽然你的初衷是好的，也是为了祖宗社稷，但是你太固执、太自负。所以司马光索性不问政事。

这时候司马光来到洛阳，当判西京御史，实际上他全心全意地埋头在《资治通鉴》的写作里，他找来一大批学者，有著名的汉史专家刘攽、唐史专家范祖禹以及通才刘恕。十五年完成，到1084年呈送宋神宗。神宗皇帝赐名"资治通鉴"，谓"鉴于往事，有资于治道"，即给治国理政带来借鉴，他亲自给《资治通鉴》写序，咱们还能看到今天《资治通鉴》书前有这样的序。

和这部书一起交给神宗皇帝的还有《资治通鉴》的若干副产品。《资治通鉴》卷帙浩繁，三百万字。《史记》五十多万字，而当时司马光看到官修纪传体史书已经有十七史，《史记》《汉书》《后汉书》《三国志》《晋书》《南史》《北史》，一直到宋初编的《新五代史》，加起来已经有三千多万字。虽然《资治通鉴》大大精炼，但对皇帝来说也不容易阅读，所以司马光编成《资治通鉴目录》。除此以外还有《考异》。1085年，神宗皇帝已经驾崩，新继任的哲宗以及高太后召司马光出任宰相，司马光说自己身体不行，因为他中风过。当时统治者执意要求，后来推辞不掉，出任当时的门下侍郎，也就是宰相。1086年，这一年是宋哲宗的元祐元年，开始了全面罢黜新法，拨乱反正，史称元祐更化，这一年司马光病逝，享年六十七岁。

为什么《资治通鉴》会受到宋代君臣如此的重视，并对社会产生巨大影响呢？这里有宋代社会的原因。

首先，宋代儒家士大夫在朝廷中发挥着巨大作用。宋代读书人的力量非常之大，有历史常识都懂得，从唐末藩镇割据，北方乱成一锅粥，从

907年到960年，短短的五十三年出现梁唐晋汉周。而赵匡胤其实是后周的臣子，殿前都点检，京师卫戍区总司令。他夺了后周的权，生怕这种事发生在自己手上，所以宋朝一上来制定的国策就是重文轻武，强干弱枝。重文轻武的政策造成文官的队伍非常庞大。科举制度的完善，宋朝是一个很重要的关节。咱们知道唐王朝限制科举人数，招生人数太少，像李白、杜甫，这样的大人物都名落孙山，是他们没水平吗？绝对不是，是因为机会太少了，那么多人参加的国家大考，最后进士及第的也就几十人。而到了宋王朝，进士科扩招，出现了几百人入仕，这个局面使得宋王朝拥有源头活水。当时有这么一个事情，有的老同志考了一辈子，屡考屡不中，屡不中屡考。后来宋王朝有一科叫特奏名，录取率极高。当时那个老同志说，我老眼昏花，已经看不清卷子了，我伏祈陛下万岁万万岁，竟然这样也中了。宋王朝还做了一点改革，使得科举制度越来越客观。科举制度给宋王朝带来大量鲜活血液的同时，也使得这群人活跃在历史舞台上，他们有担当意识，敢说话，而宋朝的君权也不太限制读书人。

有一个词叫"君主专制"，咱们对这个词的理解不应当产生误解。君主专制是君主想杀人就杀人吗？还真不能这么理解，中国古代的君主制度中，这种想杀人就杀人，没有制约的情况好像还是不多见的。宋王朝的君主特别有忌惮之心，这个忌惮之心由许多因素造就，比如说儒家思想，儒家思想里有非常重要一条就是民贵君轻，要求重德保民，至少从法理上如此。宋朝一而再再而三强调这一点，如果得罪士大夫，那是很不得了的事情。宋王朝就是一个典型，君主权力不会像有人理解的那样，想杀人就杀人。其实在相当时期内君主杀人是非常难的事情，得符合天意，符合人心，符合祖制。所以这时候宋王朝的君主非常有忌惮之心，如果片面加强权力，会造成整个朝代的崩溃，像秦代那样，那有何意义呢？所以宋王朝采取了比较明智的态度。

咱们知道宋真宗年间有一个很著名的宰相叫寇准，陕西人。宋真宗的几个宰相都非常有个性。宋真宗在位期间发生了一件事情，就是著名的澶渊之盟（1004年）。当时宋和辽国打仗，皇帝胆儿小，寇准牵着皇帝御驾亲征。在朝堂上，寇准说皇帝不爱听的话，宋真宗听烦了，你说半天，我走还不行吗？不行，你不能逃，寇准索性拉住宋真宗的衣袖。今天一般人也不敢这么对领导。寇准如此，还有一个人大家也熟悉，就是范仲淹。范仲淹"先天下忧，后天下乐"，有多强的担当意识啊！他在宦海中浮沉，命运也比较坎坷。范仲淹生活在宋仁宗的时代，宋仁宗的皇后是郭皇后，郭皇后非常美貌，但是这个郭皇后有一个毛病，就是有强烈的妒忌心，看不得皇帝沾染其他嫔妃。古代的富家大户还有三妻四妾，皇帝三宫六院都不算什么，可是这个郭皇后就是看不得这一点。有一次郭皇后争风吃醋，皇帝有一个嫔妃尚氏，皇帝临幸尚氏，郭皇后找到皇帝跟前，当着皇帝面就打这个尚氏，没想到下边好玩的事出现了，也不知道这个尚氏是不是练过武术，她身姿敏捷，皇后一掌打空，没打到尚氏，却打到了皇帝的后脖梗上。宋仁宗莫名其妙挨了这一打，气急败坏，就要废后。当时的丞相吕夷简和郭皇后不和，他撺掇皇帝一定得废郭后。这时候文官集团中有人站了出来，其中领头的人之中就有范仲淹。他们说郭皇后也没有失德，废皇后牵动国本。皇上火了，将范仲淹贬到南方，范仲淹谢恩折子居然说"面折廷争，国之盛典"。当王安石变法招致许多人非议的时候，神宗皇帝心里也打鼓，跟文彦博吐槽，我是为天下苍生考虑，为老百姓着想，怎么没人说我好？文彦博说，陛下您错了，本朝与士大夫共治天下，非与百姓治天下。真正的枢轴是文人士大夫，成了士大夫集团的对立面，恐怕你这日子也不好过了。这句话经常被学者们引用，说明宋王朝士大夫群体有多么重要。我们都知道范仲淹"先天下忧，后天下乐"的情怀，也知道王安石"三不足"的气魄，为什么宋王朝的臣子敢这样？因为宋王朝有这样的社会气氛。

除了儒家士大夫之外，宋代的制度是以防微杜渐为出发点的。《岳飞传》《杨家将》中有描写，番邦一打就到汴京城下，因为强干弱枝弄得太过。皇帝把内忧看得很重，外患倒放在一个边缘位置。有人说这不是傻吗？宋王朝不就是亡在边患，最后徽钦二帝都被掳走吗？事实上也不能全怪宋天子，这得是具体问题具体分析。因为在当时的背景下，唐五代的乱局让宋朝统治者怕了，最大的问题的确是内忧。王夫之写过《宋论》，他说中国历史上有过几次治世，比如咱们耳熟能详的汉朝的文景之治、唐朝的贞观之治，而贞观之治不过是唐太宗生前状况，文景也不过是汉文帝与汉景帝统治时期的局面。可是宋王朝的确是一个治世，今天学者们非常重视这个时间段，经济复苏、政治稳定、文化开明，虽然有它的问题，甚至一箩筐问题，但是我们讲从宋初建国960年一直到熙宁元丰变法开始的1069年，一百年的太平盛世不容易，而这个来之不易的太平其实有顶层设计的缘故。

宋朝皇帝非常怕出事，宋太宗的诏书里面有一句也经常被学者引用，今天还写进了中学教材，叫"事为之防，曲为之制"。每件事情我们都想到它的恶果。制度当然有好的方面，也有坏的方面。如果我们先想到它的恶果，居安思危，防微杜渐，就会远离祸乱。

宋王朝皇帝和臣僚非常重视历史。为什么重视历史？前面宋神宗的那句话已经回答了，为了给统治者提供经验教训。咱们要知道，一个理性的人做事往往没有那么果决。众所周知，初生牛犊不怕虎，自古英雄出少年，听说过古英雄出老头的吗？好像没有。因为人到一个年龄段，把事情的各个方面都能琢磨得比较透。宋朝就把从秦朝建国以来一直到宋朝的君主制度、集权制度，各种各样体制的毛病都看到了，就好比咱们看西药有说明书，看适应症也得看毒副作用。他们把毒副作用看得非常重，于是宋王朝制度建设会畏首畏尾。为什么司马光那么反对王安石改革？他知道王安石的青苗法、募役法、方田均税，这些古代都做过，问题很大，实施青苗法的那个人，如果用人失当，会不会鱼肉乡里？你那个募役法会不会给老百姓带来新的压力？所以这种思想下，反对王安石的人，司马光也罢，范镇也罢，他们多为大历史学家，他们把古代的书看得非常透。如果这个花样太新，干脆谨慎起见，不用这个办法。宋王朝因为这一点，所以改革步履维艰。毕竟谁也不是圣人。

今天来看，《资治通鉴》的写作，事实上也是满足当时统治者的需要，"事为之防，曲为之制"，即防微杜渐精神的一种反映。而更重要的，《资治通鉴》之所以有受众，和司马光为代表的宋代历史学家的才华、水准有着密切联系。

那个时间段已经过去了一千年，宋王朝产生了剧烈的历史变革，也产生了许多难以解决的问题。但是咱们不可否认，那个时代是一个值得称道的时代，繁华、开放、鼎盛。我们知道狄更斯有一句话，说法国大革命前后是最好的时代，也是最坏的时代。我们今天也持如是的态度，但凡社会大发展、大繁荣的时期，一定会有剧烈的问题，这就是变革期。而如何使得这样的问题最小化，把当时社会稳定下来，给人民带来千秋万代的福祉，是儒家士大夫不断琢磨的问题，也是千秋万代永恒的话题。在有限的时间内，让大家把握历史框架，品读《资治通鉴》的精华，就是值得探索的。于是有了疫情期间的《资治通鉴》共读，也有了这本书。

李　凯

2022 年 3 月

目 录

001	第1讲	战国争雄
009	第2讲	秦楚之际
016	第3讲	汉初气象
027	第4讲	煌煌盛世
038	第5讲	西汉穷途
047	第6讲	两汉之交
052	第7讲	东汉风云
060	第8讲	汉末乱世
067	第9讲	鼎足三分
074	第10讲	政归司马
085	第11讲	八王之乱
093	第12讲	魏晋风度
101	第13讲	兵败淝水
111	第14讲	北方乱局
117	第15讲	胡夏兴亡
124	第16讲	南朝荒主
133	第17讲	鲜卑改革
140	第18讲	河阴之变

146	第19讲	萧梁闹剧
154	第20讲	北齐暴君
162	第21讲	隋朝统一
170	第22讲	二世而亡
177	第23讲	贞观之治
190	第24讲	武周夺权
200	第25讲	韦后之乱
208	第26讲	开元盛世
220	第27讲	安史残局
226	第28讲	德宗出逃
236	第29讲	元和中兴
244	第30讲	宦官专权
252	第31讲	黄巢起义
261	第32讲	唐末混战
268	第33讲	朱梁乱局
275	第34讲	后唐盛衰
283	第35讲	割让幽云
290	第36讲	分裂尾声

第1讲 战国争雄

历史上有件大事，叫三家分晋。韩、赵、魏本身是大夫，分晋后成为诸侯，甚至在半个世纪以后，也就是公元前403年，这三家大夫的诸侯地位也被当时周天子认可，就形成了战国七雄的局面，强雄林立。司马光的《资治通鉴》也从这一年写起。

司马光为什么从这一年写起呢？其实他在责备当时周天子——周威烈王。因为你作为最高领袖，自己打乱了祖宗家法，明明他们是大夫，这个时候升格为诸侯，天子自乱章程，那还了得？①我们今天看司马光这个话，许多人说他很迂腐，但是咱们要结合背景就知道，司马光这些话是给当时皇帝宋英宗、宋神宗讲的。②

宋神宗涉世不深，登基的时候不过二十岁，这个时候群僚要给皇帝讲历史，讲治国理政的道理，所以选择许多对治国理政有用的资料，司马光挑的第一件大事就是三家分晋。为什么要这个时候着重讲三家分晋呢？其实是让皇帝知道一点，治国理政不是闹着玩的，你作为最高统治者应当有谱吧，你定的章程礼法，不能自毁长城。但是我们说司马光也的确有迂腐的一面，因为历史总是变化的，这个章程也随着历史发展有所修正。③

战国时期历史就出现了明显的趋势，首先第一个大趋势，叫礼坏乐崩。有人说是礼崩乐坏。实际上您翻一翻《论语》，就会发现《论语》里头孔子

孔子像

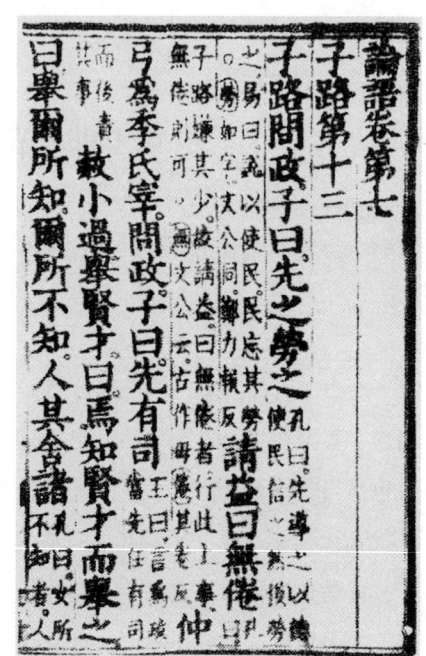
《论语》书影

说的:"三年不为礼,礼必坏。三年不为乐,乐必崩。""礼"这个东西是损毁的,而"乐"这个东西作为一种艺术,它在师徒间耳提面命、口耳相传,它真能崩。所以孔子说"礼坏乐崩"。礼坏乐崩肇端应当出现在春秋,但是春秋和战国还很不一样。

清朝初年有一个大儒,顾炎武。顾炎武写过一个很重要的论文集就是《日知录》,《日知录》中有一则叫做《周末风俗》,他说春秋战国就是一个分水岭,春秋尊天子,战国不尊天子;春秋讲礼与信,战国不讲这一套;春秋宴会赋诗,战国不讲这一套;春秋赴告策书,战国不讲这一套。所以当时顾炎武下一结论:社会到战国产生巨变。变化发生在一百三十三年之间,这一百多年顾炎武用八个字来形容,叫"邦无定交,士无定主"。④这些国家没有外交的一贯原则,而士大夫也没有投靠主上的一贯原则。他们凭借什么呢？凭借的无非就是利益,他们不讲主义,这样的话社会就非常现实,原先那一套体制纷纷瓦解。

礼坏乐崩的同时又出现了社会的新的因素,如果前面说破旧的话,那么下边就是立新。历史发展到这个时间段,原先旧的贵族逐渐没落,而上升到历史舞台上的人,以前咱们称之为新兴地主阶级,当然这个话也未必概括得准确。总之这些人掌握着军功,要么给江山社稷立有大功,要么有能力,要么有知识。所以这个时期士大夫群体越来越大,他们学得文武艺,要货卖帝王家,邀君主之宠,列国也在富国强兵。

所以在这个背景之下,士阶层特别地壮大。大历史学家何兹全先生就曾经指出过,战国这个时代出现了一个趋势:权贵的没落和贤的上升。原先的权贵逐渐被拍死在沙滩上,而贤走上历史舞台。这个贤,就包括有知识、有军功,还有能力,其中知识越来越重要,而能力、军功也不可小觑,当时有诸子百家,也有纵横之士,比如说苏秦、张仪。

苏秦的故事按今天的话应该叫《杜拉拉升职记》的古代版。据《战国策·秦一》说,苏秦原先穷得叮当响,可是这个时候凭借自己一张利口,翻手为云覆手为雨。原先回到家,妻不下纴,嫂不为炊,父母不与言。这个时候苏秦一瞅,全家人那么冷漠,这都是我的过错呀,于是有了一个著名的典故,就是锥刺股。锥刺股使得苏秦亢奋,经历了这么样的折腾之后,苏秦意识到自己水平上升了,他再次游说君主,挂六国相印,回到了故里洛阳,然后要去楚国的时候,他的家人完全改变态度,他的父母郊迎几十里,屁颠屁颠就跑去了。最好玩的是他的妻子,他的妻子侧目,对自己的丈夫极其恭敬。最夸张的就是他嫂子,她像蛇一样爬行。苏秦就问,你怎么原先对我那么傲慢,现在这么恭敬了?便有了一个成语,前倨后恭。这个嫂子也说实话,说,小叔子您又有钱,又有权。这让苏秦感慨一生,大丈夫活在天地之间,人的利益怎么能够被抹杀呢?这个故事司马光他们没用,觉得当时的人主张都不靠谱,然而它反映了战国策士的思想,你看那个时候讲的条件很现实。⑤

于是在这一系列的环境之下,摧枯拉朽,原先老牌的封建的诸侯国逐渐没落,而新兴的国家保持着生命力。大历史学家钱穆先生《国史大纲》曾经说,《史记》有《十二诸侯年表》,十二诸侯里头,到战国时期国力还非常强盛的只有秦、楚两家。但是咱们看秦楚两家都是地处蛮夷,一度中原大国,礼乐封国,对他们都非常的藐视,因为他们文明程度很低。但是你别忘了有一句话,叫光脚的不怕穿鞋的。今天也是,后来者居上,别瞅落伍,但是随着历史发展,也许三十年河东,三十年河西,等条件适应的时候就异军突起了。可是原先那些大国,逐渐崩溃瓦解,咱们看这既是历史规律,也是咱们现实的道理。咱们都是做家长的人,这个孩子,你说他今天好,明天就一定好吗?永远都优秀吗?绝对不是这样。所以我们提倡后来者居上,孩子有时候早慧也未必是好事。从这个角度讲,历史发展也有冷冰冰的规律。

于是战国称雄一盘大棋就下起来了,最后秦始皇奋六世之余烈,才能一统天下。秦并六国是中国历史上的大事,公元前230年,秦始皇开始了统一天下的步伐。到公元前221年,秦始皇完成一统天下的工作。短短十年中国大洗牌,这在整个中国发展历史上意义太重大了。贾谊说,秦始皇奋六世之余烈,因为统一工作的基础是在秦始皇之前多少代就已经进行了,比如说从秦始皇祖上的秦孝公这里就开始了一场重要的运动——商鞅变法。商鞅变法从公元前356年开始,分两次,公元前356年一次,公元前350年一次。商鞅变法是中国历史上非常彻底的一场运动，虽然商鞅身死，但秦法未败，这在中国历史上也很独特。⑥

商鞅铜方量（商鞅变法时颁布的标准量器）

当时秦孝公的继承人就是秦惠文王，秦惠文王您可能不熟悉，但是一说芈月的老公您肯定熟悉了。秦惠文王的名字叫做驷，继承了父亲的遗训，于是进一步开疆拓土。经历秦惠文王、秦武王、秦昭王，后来是秦孝文王、秦庄襄王，到秦始皇这里已经承接了一个非常大的政治基业。秦始皇之所以十年内一统天下是有他的必然因素。最重要的因素就是秦国的改革，使得秦国实力大增。有人说过秦国就是虎狼之国。商鞅变法最重要一条，就是用军功来激励起将士杀敌的积极性。有学者推测说秦国的将士在战场上，左手拿的是人头，右手拿的是刀矛剑戟，为什么这样？是因为秦国尚首功，按敌军的人头来计功。可是敌军也不示弱，这个时候列国都在进行变法，但秦人的变法最彻底，而且秦国有穷兵黩武之风。这样的话秦始皇能够在列国争强之中异军突起。

秦国的强大除了商鞅变法的缘故，还有它正确的军事策略。比如远交近攻。这个远交近攻是谁提及的呢？这个人叫范雎，《资治通鉴》《史记》里头都提到这个人。有一个成语叫睚眦必报，和范雎密切相关。范雎本身是魏国人，是魏国中大夫须贾的门客，后来须贾带着范雎游说齐襄王，齐襄王看范雎应对得体，对范雎刮目相看，甚至想把范雎给拉拢过来，须贾就认为范雎投敌叛国，于是回去跟丞相魏齐说了自己的判断，魏齐、须贾等人严刑拷打范雎，肋骨打断了，牙齿打落了，奄奄一息，把范雎扔到厕所，让别人便溺，这是人格侮辱，肉体摧残，范雎买通了看守的狱卒，所以大命不死。后来被秦国人王稽搭救来到了秦国，到秦国改名为张禄，他曾经面对秦昭王说过一句，这个天下只知道有太后以及穰侯（穰侯是秦昭王的舅舅）根本不知道陛下。这恰恰说到了秦昭王的痛处，于是秦昭王刮目相看，在咸阳宫之中向范雎讨教治国理政的方略，如何才能称雄诸侯。当时范雎就提出一个正确主张，远交近攻。⑦

宣太后以及穰侯魏冉，一个是他的母亲，一个是他的舅舅。当时的国策是乱的，应是远交近攻，打东方没用，你应当联合东方，从近处着手各个击破。秦国方针是按照范雎的思路进行下去的。我们看秦统一的步伐照样如此。

秦国能够在很短的时间内一统天下，还有一条，就是它的制度建设非常好。今天我们叫做郡县制，中央集权制度。任何一个民族的历史上，君主权力和中央权力也都不是一开始就那么强大，是经历一系列斗争的。在上古时期，夏、商、周三代基本上是君主和贵族的联合执政。但是到了战国时期，各国都在加强君主权力，而秦国加强得最为彻底，推行郡县制。比如说咱们都知道一个重要的人，李冰——修都江堰的李冰。李冰是蜀郡太守。秦国打下蜀之后，没有封国，而是把这个地方纳为郡县，商鞅变法就是贯彻县治，在秦统一前后，其实秦国已经把郡县逐渐带到了天下，而其他国家也在推行中央集权的制度。这样的话才能够实现社会的稳定、中央权力的上传下达。所以，历史的方向对了，发展才可能势如破竹。

注释：

① 《资治通鉴》卷第一周纪一威烈王二十三年："臣闻天子之职莫大于礼，礼莫大于分，分莫大于名。何谓礼？纪纲是也。何谓分？君、臣是也。何谓名？公、侯、卿、

大夫是也。""故天子统三公,三公率诸侯,诸侯制卿大夫,卿大夫治士庶人。贵以临贱,贱以承贵。上之使下犹心腹之运手足,根本之制支叶,下之事上犹手足之卫心腹,支叶之庇本根,然后能上下相保而国家治安。故曰天子之职莫大于礼也。"

② 《宋史》卷三百三十六列传第九十五《司马光传》:"光常患历代史繁,人主不能遍鉴,遂为《通志》八卷以献。英宗悦之,命置局秘阁,续其书。至是,神宗名之曰《资治通鉴》,自制《序》授之,俾日进读。""安石得政,行新法,光逆疏其利害。迩英(迩英阁为宋代禁苑宫殿名)进读,至曹参代萧何事,帝曰:'汉常守萧何之法不变,可乎?'对曰:'宁独汉也,使三代之君常守禹、汤、文、武之法,虽至今存可也。汉武取高帝约束纷更,盗贼半天下;元帝改孝宣之政,汉业遂衰。由此言之,祖宗之法不可变也。'"

③ 《资治通鉴》卷第一周纪一威烈王二十三年:"或者以为当是之时,周室微弱,三晋强盛。虽欲勿许,其可得乎!是大不然。夫三晋虽强,苟不顾天下之诛而犯义侵礼,则不请于天子而自立矣。不请于天子而自立,则为悖逆之臣,天下苟有桓、文之君,必奉礼义而征之。今请于天子而天子许之,是受天子之命而为诸侯也,谁得而讨之!故三晋之列于诸侯,非三晋之坏礼,乃天子自坏之也。"司马光说周天子不该许可三家大夫为诸侯,然而这样的事件在历史上并非没有。比如秦人的祖先非子为周孝王养马,被封为附庸;秦庄公击败西戎,被周宣王封为西陲大夫,赐以原大骆之族所居之犬丘之地;秦襄公派兵护送周平王东迁,秦国正式成为周王朝的诸侯国,被赐给周人发祥地岐山一带地盘。足见分封的格局,也就是周人的"礼"并不是一成不变,周王有权力进行调整。司马光这里说的"礼",似乎带有他自己的诠释吧。

④ 顾炎武《日知录》卷十三《周末风俗》:"自《左传》之终(周贞定王元年,前468年)以至此(周显王三十五年,前334年以后六国以次称王),凡一百三十三年,史文阙轶,考古者为之茫昧。如春秋时犹尊礼重信,而七国则绝不言礼与信矣。春秋时犹宗周王,而七国则绝不言王矣。春秋时犹严祭祀,重聘享,而七国则无其事矣。春秋时犹论宗姓氏族,而七国则无一言及之矣。春秋时犹宴会赋诗,而七国则不闻矣。

春秋时犹有赴告策书，而七国则无有矣。邦无定交，士无定主，此皆变于一百三十三年之间。史之阙文，而后人可以意推者也。不待始皇之并天下，而文、武之道尽矣。"顾炎武对"七国"的说法有些绝对，但总体而言春秋战国发生社会巨变，应没有疑问。

⑤ 纵横家很现实，他们以口舌左右人际关系与天下局势。据说张仪也是被苏秦激出来的。《资治通鉴》卷第二周纪二显王三十六年："张仪者，魏人，与苏秦俱事鬼谷先生，学纵横之术，苏秦自以为不及也。仪游诸侯无所遇，困于楚，苏秦故召而辱之。仪恐，念诸侯独秦能苦赵，遂入秦。苏秦阴遣其舍人赍金币资仪，仪得见秦王。秦王说之，以为客卿。舍人辞去，曰：'苏君忧秦伐赵败从约。以为非君莫能得秦柄，故激怒君，使臣阴奉给君资，尽苏君之计谋也。'张仪曰：'嗟乎，此吾在术中而不悟，吾不及苏君明矣。为吾谢苏君，苏君之时，仪何敢言！'"事见《史记·张仪列传》。今天学者一般认为张仪苏秦不是一个时代人，前者秦惠王，后者秦昭王；然而把天下大势玩弄于股掌之中，是纵横家的理想。

⑥ 《资治通鉴》卷第二周纪二显王三十一年引赵良之言："书曰：'恃德者昌，恃力者亡。'此数者，非恃德也。君之危若朝露，而尚贪商于之富，宠秦国之政，畜百姓之怨。秦王一旦捐宾客而不立朝，秦国之所以收君者岂其微哉！"然而"商君弗从。居五月而难作。"事见《史记·商君列传》。司马光基于儒家立场，对商鞅评价不高，赵良劝告商鞅之语就能代表司马光的态度。

⑦ 《资治通鉴》卷第五周纪五赧王四十五年引范雎之言："夫穰侯越韩、魏而攻齐刚、寿，非计也。齐湣王南攻楚，破军杀将，再辟地千里，而齐尺寸之地无得焉者，岂不欲得地哉？形势不能有也。诸侯见齐之罢敝，起兵而伐齐，大破之，齐几于亡，以其伐楚而肥韩、魏也。今王不如远交而近攻，得寸则王之寸也，得尺亦王之尺也。今夫韩、魏，中国之处而天下之枢也。王若用霸，必亲中国以为天下枢，以威楚、赵，楚强则附赵，赵强则附楚，楚、赵皆附，齐必惧矣，齐附则韩、魏因可虏也。"事见《史记·范雎蔡泽列传》。

第2讲 秦楚之际

秦一统天下，吞并六国，气吞万里。但是谁也没想到，这就是个梦魇。秦王朝十五年，新莽也十五年，你会发现历史开了个大玩笑。生活之中往往也有这个现象，比如说大红大紫的事物，瞬间就灰飞烟灭。咱们看广场舞上，还有几个人在蹦跶鸟叔的那个骑马舞？你会发现现在没有太多的人注意他了，但是若干年前，骑马舞可是极其风靡，往往这个社会就是来得快去得也快。①

政权也如此，秦始皇一统天下花了十年，但是他的天下才维系了十五年。为什么秦坐不稳天下，十五年就完蛋，楚汉相争四年，最后公元前202年刘邦一统天下？原因大家都知道，秦末农民战争，陈胜、

秦始皇嬴政像

吴广起义。这个话说得不错,但是不全面。今天学者大部分认为,陈胜、吴广的确是农民,刘邦、项羽可不是,所以说阶级矛盾使得秦灭亡好像有夸大之嫌。今天大部分的学者认为,与其说秦灭亡在农民战争手中,还不如说秦灭亡在反秦势力手中,这是复杂的社会矛盾使然,其实道理也很明显。

第一条,秦政权建设犯了一个大忌讳,咱们称之为操之过急。操之过急是很麻烦的,方向是对的,是好事,但是超乎了人们的承受力、饱和度,最后有可能物极必反,秦始皇认为人心只能靠两样东西来维系,一个是赏,一个就是罚。这是法家思路,儒家的那些东西靠边站。当然秦政权也一定程度上用了儒家思想,吸纳是有的,但是它治理老百姓靠的是大棒加蜜糖。关键是老百姓要不吃这一套了呢?"民不畏死,奈何以死拒之",最后陈胜、吴广起义的时候,陈胜说:"等死,死国可乎?"大不了就是死,杀一个够本,杀俩赚一个,最后老百姓只能是孤注一掷。而且秦的政权建设中,郡县制是有利的,关键是郡县制度是对谁有利?这个时期不是对老百姓有利,而是对秦朝统治者有利,你的命令能上传下达,你能实现财政政令的统一,可是老百姓不行。所以秦始皇根本没想到老百姓还有个饱和度的问题,操之过急。②

我们看刘邦就要好很多,刘邦掌

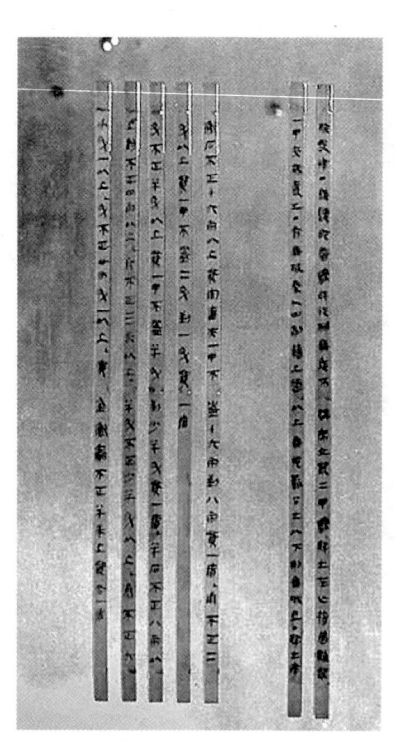

湖北云梦睡虎地秦墓竹简

握政权的时候，他的确知道郡县制是个好东西，但是他也知道操之过急要完蛋。那个分封制度也未必全恶劣，所以刘邦一上来，搞了一套他的分封。郡国并行虽然说有很多弊病，但是它能在很大范围内团结群众，尤其是团结反秦势力。举一个例子，大家知道韩信。刘邦和他分兵两路，韩信去打齐国，打下齐国之后韩信的奏报来了，刘邦在干吗？和项羽打仗，刘邦看到奏报鼻子气歪了，韩信说齐国难治理，您让我治理好的话，封我为假齐王行不行？因为这地儿民风彪悍。刘邦一琢磨，我命都快没了，你不说帮我，还想当王，门儿也没有。这个时候张良、陈平告诉刘邦说，你别这样，这时候的韩信可不是当时的花儿乞丐，现在的韩信是万人敌的大将，手握重兵，他要是造反，你吃不了兜着走。刘邦如梦初醒，你不是要当假齐王吗，我封你为真齐王。刘邦非常高明，他在现实利益面前马上能改变自己的策略，这人一点也不轴。

所以我们说，秦操之过急恐怕是灭亡的一个很重要的原因。

而另外一条，秦团结人心的工作并没有做到位。比如说当时就有一个梦魇式的咒语，叫"楚虽三户，亡秦必楚"。③楚国有三个大姓，当然有人说这里三户可能是虚指。楚是被秦给灭掉，但是最终端了秦人老巢的是刘邦、项羽，是陈胜、吴广，这都是楚人。而且楚国更强大的不只是说它的军事力量，还包括它的文化力量。咱们看汉初，基本是一派楚风，包括楚服，楚国的社会习惯，乃至楚国的道家思想，在汉初历史舞台上特别鲜明。而秦统一人心的工作就没有到位，这下工作就交给了谁呢？就交给了刘邦、项羽，可是项羽身上带有贵族的成分太多，刘邦就要少一些。刘邦出身于亭长，这个亭长今天说是街道居委会主任、村委会主任，属于下层官吏。有的人提出说汉家基本是布衣形象，刘邦是亭长出身，韩信花儿乞丐，樊哙贩夫走卒，萧何郡县小吏，唯独一个贵族出身的是张良，这个比例已

汉高祖刘邦像

经够低的了,所以刘邦一帮领导人马基本是布衣卿相。布衣卿相是有好处的,一方面顺应了历史发展趋势,战国以来的趋势就是贵的没落和贤的上升,这完全符合历史趋势。另外一方面,就是这些人来自民间,懂得社会疾苦,也知道这些理论哪个对、哪个不对,他有辨别力,事实胜于雄辩。所以这些人走上了历史舞台,开创了汉家布衣卿相的局面。

公元前202年刘邦一统天下,项羽已经死掉了,刘邦一个一个地剪除了异己势力,把与自己离心离德的异姓王都收拾了,汉家天下初定,但是他面临着一个心腹大患,这个大患是谁? 是匈奴。我们说这个民族很古老,匈奴在中国历史上至少有三四千年,大学者王国维先生曾经考证过,匈奴可能就是金文中提到的猃狁,典籍中提到的獯鬻,这和匈奴是一声之转。④匈奴是北方一个很彪悍的民族,在战国时期逐渐走向统一,出现了一个著名的人物,就是冒顿(读作 mò dú)单于。统一之后,匈奴的力量非常强大,一度扰边。秦始皇也不弱,派大将蒙恬修筑长城,防范匈奴,捍卫河套,使得胡人不敢南下而牧马。秦的金戈铁马的确是不得了,把匈奴都驱逐于国门之外,这个是汉朝人所梦寐以求的。

可是秦的政权很快崩溃。咱们知道那个故事,公元前210年,秦始皇崩于沙丘平台,在巡狩天下的过程之中,秦始皇死在道上,这时候赵高、李斯秘不发丧,然后篡改遗诏,立的是小儿子胡亥,罢黜了长子扶苏,并令扶苏自尽。当然今天北大公布的竹简《赵正书》说，其实秦始皇就是想把皇位给胡亥。应当说废扶苏立胡亥，还是有一定逻辑的，这个时候扶苏在哪儿呢？其实就是在西北防范匈奴。⑤我们看这个时间段，匈奴是心腹大患。

秦崩溃，汉建立，汉的军事力量的确不如秦。刘邦一仗一仗可算打败了项羽，歼灭了许多异己诸侯，可是他高估了自己的力量，在公元前200年和匈奴较量过，在哪儿呢？白登，在今天山西大同周围。这一仗刘邦败得落花流水，如果不是买通匈奴的王后，自己性命休矣。此后再也不敢和匈奴言战，于是和亲吧，我用珠宝金玉、歌儿舞女，乃至宗室公主（这未必是亲的）去和亲。通过和亲政策这种屈辱的邦交来维系暂时的和平，没办法，谁教汉初羸弱，不仅是经济羸弱，军事力量也羸弱。匈奴甚至蹬鼻子上脸，咱们看《史记·匈奴列传》，有这样的故事，当时匈奴大单于信来了，写给谁呢？刘邦、吕后已死，写给汉文帝。这个匈奴的国书也气人，你汉朝的国书一尺，结果它多了二寸，一尺二寸。汉朝的国书说"皇帝敬问匈奴大单于无恙"，结果他回复的国书"天地所生，日月所置，匈奴大单于敬问汉皇帝无恙"。这是在汉廷叛徒太监中行说（读作yuè）撺掇下干的，目的是气死你。

匈奴给吕后的信，内容更可气，他说匈奴单于我死了夫人，而听说吕太后你死了丈夫，我觉得咱们俩挺合适的，咱们就这么凑合凑合，你看好不好？这是极尽羞辱的言辞，汉廷一看书信勃然大怒，吕后也气不打一处来，认为是奇耻大辱，于是下廷议，臣子们讨论。当时有人提出应当杀尽匈奴，这个人是樊哙。咱们知道樊哙赳赳武夫，他说，给我十万将士，我打他个落花流水。但是也有人站出来劝道，你别这么说，别逞强，别忘了高皇帝的白登之围，你樊哙比得了高皇帝吗？以后再敢言战，你就是汉家的敌人。这是季布的话。咱们都知道千金一诺,这个季布非常有韬略,而且有他的地位,原先给项羽出主意,后来刘邦通缉他,又赦免了他,而且委以重任。这个季布就说过,"夷狄譬如禽兽,其善言不足喜,恶言不足惧也",匈奴非汉种,他们说的好话你也别高兴,说的坏话你也别害怕,该干吗干吗所以还是乖乖地推行和亲政策。⑥

历史学家翦伯赞先生有篇文章叫《内蒙访古》,他亲自考察了内蒙古许多地方,得出的结论,这个和亲政策其实在客观上促进了当时汉匈民族之间的交融,而他采取的成本,要比打仗低很多。翦先生的说法也有很大的道理,汉兴六十余年,采取的是休养生息的政策,对匈奴的政策基本上是和亲,通过这种方式化解尽可能多的矛盾。匈奴可能扰边,汉朝也能及时处理,没有大仗发生。但是毕竟这还是一个心腹大患,重任就留给了汉武帝。

注释:

① 《资治通鉴》卷第七十三魏纪五烈祖明皇帝中之下青龙四年:"诏公卿举才德兼备者各一人,司马懿以兖州刺史太原王昶应选。昶为人谨厚,名其兄子曰默,曰沉,名其子曰浑,曰深,为书戒之曰:'吾以四者为名,欲使汝曹顾名思义,不敢违越也。夫物速成则疾亡,晚就而善终,朝华之草,夕而零落,松柏之茂,隆寒不衰,是以君子戒于阙党也。'"事见《三国志·王昶传》。这里王昶说的话,意思是事物来得快的话去得也快。"速成则疾亡,晚就而善终"是客观的现象。其中的典故,出自《论语·宪问》:"阙党童子将命。或问之曰:'益者与?'子曰:'吾见其居于位也,见其与先生并行也,非求益者也,欲速成者也。'"是说阙党(孔子故乡地名)的一个少年在宾主之间传信。有人问孔子:"这个孩子能获得进步吗?"孔子说:"我看见他坐在成人的位子上,又看见他与长辈先生并肩而行,没大没小。他恐怕不是一个求进步的人,只是一个急于出风头的人。"

② 《资治通鉴》卷第九汉纪一太祖高皇帝上之上高帝元年："贾谊论曰：秦以区区之地致万乘之权，招八州而朝同列，百有余年，然后以六合为家，殽、函为宫；一夫作难而七庙堕，身死人手，为天下笑者，何也？仁谊不施而攻守之势异也。"司马光引《过秦论》这一段名言，旨在说明秦没有逆取顺守，推行仁义。这里的仁义，就包含了体爱民众、不激化矛盾的因素。

③ 《资治通鉴》卷第八秦纪三二世皇帝下二年："居鄡人范增，年七十，素居家，好奇计，往说项梁曰：'陈胜败，固当。夫秦灭六国，楚最无罪。自怀王入秦不反，楚人怜之至今，故楚南公曰：楚虽三户，亡秦必楚。今陈胜首事，不立楚后而自立，其势不长。'"事见《史记·项羽本纪》。"南公"之言，应是社会上的共识。

④ 王国维先生在《鬼方昆夷猃狁考》（《观堂集林》卷十三）中，从地理位置及读音等方面论证，鬼方、混夷、猃狁即后世之匈奴，系同一族的异译。这一说法至今仍有不同意见。

⑤ 《资治通鉴》卷第七秦纪二始皇帝下三十五年："始皇长子扶苏谏曰：'诸生皆诵法孔子。今上皆重法绳之，臣恐天下不安。'始皇怒，使扶苏北监蒙恬军于上郡。"事见《史记·秦始皇本纪》。如果秦始皇真有意把皇位传给扶苏，为什么还把扶苏派到上郡戍边呢？除非秦始皇的死非常突然，打乱了原先的皇储安排。另，如果李斯、赵高等人偷改遗诏立胡亥，这个绝密消息又是谁走漏出去的呢？李斯、赵高与胡亥本人说出去的可能性都不大，否则就是灭顶之灾。一系列问题，都在待证之列。

⑥ 《资治通鉴》卷第十二汉纪四孝惠皇帝三年："以宗室女为公主，嫁匈奴冒顿单于。是时，冒顿方强，为书，使使遗高后，辞极亵嫚。高后大怒，召将相大臣，议斩其使者，发兵击之。樊哙曰：'臣愿得十万众横行匈奴中！'中郎将季布曰：'哙可斩也！前匈奴围高帝于平城，汉兵三十二万，哙为上将军，不能解围。今歌吟之声未绝，伤夷者甫起，而哙欲摇动天下，妄言以十万众横行，是面谩也。且夷狄譬如禽兽，得其善言不足喜，恶言不足怒也。'高后曰：'善！'"事见《史记·季布栾布列传》。

第3讲 汉初气象

前面咱们说到了汉初和匈奴之间的关系，基本上采取的是和亲的态度，虽说发生过小规模的摩擦，但是这个不占主流。这种态度其实和当时汉兴六十余年奉行的"黄老政策"是密切相关的。

所谓黄，指的是黄帝。轩辕黄帝，战国以来各家把他奉为鼻祖，而这里是道家的鼻祖。老就是老子，黄老道家是道家的一个很重要的分支。他们把道家思想应用到了政治领域，讲究的是无为而无不为，通过顺应自然的态度，最终实现的是无不为。无为只是它的手段，而无不为是目的。这种做法其实按今天咱们的政治常识的话，叫做小政府大社会。也就是说统治者没力量管，如果管多了也不好，让老百姓自己去运作吧，社会自己有规律。"天行有常，不为尧存，不为桀亡。"你自己去运作，我管不了就不管了。其实在某些时期，这种思路对发展生产有好处。

这个黄老思想它来自哪里？

老子像

第3讲 汉初气象

其实黄老思想来自很悠久的一个国度,就是齐国。齐国有一本厚厚的书叫做《管子》,这个《管子》并不是管仲写的,而是战国中期齐国稷下学宫一大批优秀学者所为,托名在管仲头上,实际上是齐国稷下学宫的论文集。他们提的策略有学者叫"道法家"。他们把法家的政治学说和道家的自然哲学揉到了一起,这个道为治国理政服务,无为而治。所以这样的学说是百科全书派,特别有影响。事实上齐国一度相当的雄强,还有吞并天下的雄心壮志。比如说当时孟子见过齐国国君齐宣王,齐宣王说我有伟大的理想。那孟子问他,您有什么理想?齐宣王笑而不答。咱们今天知道他有什么理想,就是要一统天下,建立齐王朝。想得很好,可是人算不如天算。各位朋友,咱们有这体会吗?往往您一件事情想得越系统、越周密、越完美,有可能越完蛋,自己越受不了这落差。历史也照样如此,齐国经历了齐威王、齐宣王、齐湣王,以后中衰。谁接这个接力棒呢?那就是秦。

秦在商鞅变法,尤其是在秦昭王以后异军突起,秦国传位传到了秦庄襄王、秦王政这里,又出现了一部重要的著作,叫做《吕氏春秋》。《吕氏春秋》主编是吕不韦,团结了来自各个诸侯国的精英,这些人给未来的秦王朝出谋划策,但是这部书的主导思想也是道家。道家道法自然,不过多干

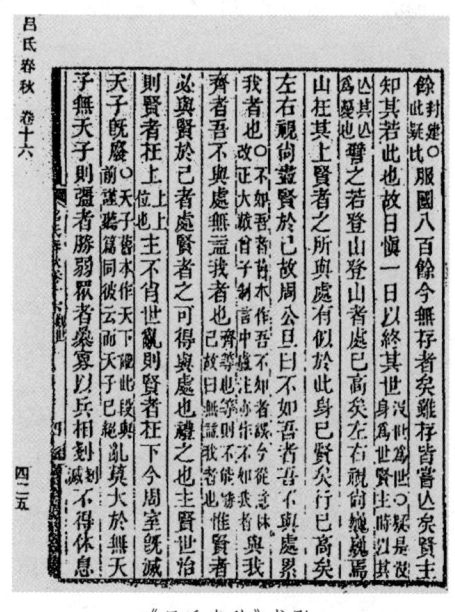

《吕氏春秋》书影

预,所以它形成了一个百科全书派,人们称之为杂家著作。这样的话给未来秦王政治国理政带来方略。可是秦王政买账吗? 秦王政不买账。

历史学家郭沫若曾经有一篇文章收在《十批判书》里,叫做《吕不韦与秦王政的批判》。郭沫若曾经对比过,吕不韦和秦王政不仅有利益纠葛,而且还有价值观、世界观的分歧。郭沫若列了一个表,有十几条,最后样样撞车,我不弄死你我弄死谁? 所以这个理想最后等于泡汤了。泡汤的事情,未必就是坏事,因为泡汤不是说这个事物就没有合理性,咱们今天一定要看到这一点,有的时候恰恰是因为它合理性太强了,可是它有太大的前瞻性,当时很多人接受不了,所以秦始皇没有按他的方略治国理政,按的是商鞅、李斯、韩非之术,可是这一套折腾半天,十五年亡国,汉朝接手烂摊子。刘邦进关中,萧何告诉他,你千万不要贪恋于金玉珠宝女色,这时候你最重要的是什么? 稳住民心,拿到秦丞相府、御史府之中的文书档案图籍,下面就好办了。①刘邦这个人一点也不轴,高明得狠,于是按萧何说的,一进关,约法三章,杀人者死,盗及伤人抵罪。这个话其实解放了好些人,但是这样的法令太简单了,太简单的法令治不了天下,于是后来又让萧何在秦律基础上做汉《九章律》,这个工作就比较系统了。②

我们能从这个事件中看出,汉朝政治基本是沿袭秦代。历史学家老说这句话叫"汉承秦制",汉承秦制只是在秦制基础上减损,对不符合当时社会需求的、老百姓意见大的进行减损,而能稳定社会秩序的我就保留。③所以汉初没有太多自身的政治建设,它采取的方式是黄老。前面说了,黄老思想是道家思想和政治的结合,能不折腾就不折腾,这也是对法家思想进行的一次修正。当时有一个重要的成语叫萧规曹随,曹丞相就是曹参,萧丞相就是萧何。当汉惠帝质问曹丞相你怎么不如萧何这么努力,结果这个时候曹丞相怎么说? "你比你爸爸如何?"这个给皇上问傻了,"我不如我爸爸刘邦,差远了。"你不如你爸爸,我也不如萧丞相,咱们就叫做瘸驴配破磨——凑合吧。你会发现这种思路不仅是凑合,更是一种小政府大社会。从汉惠帝一直到吕太后,以及文帝、景帝,这种思路起到了关键作用,化解一系列矛盾。④

所以在黄老之治之下,汉朝经营了六十二年,这六十二年从公元前202年刘邦登基,一直到公元前141年汉景帝驾崩。别瞧这六十二年在历史上虽然沧海一粟,但是对于汉太重要了,使汉家元气恢复,发展生产,招抚流亡,休养生息,免奴为庶,稳定秩序,蓄势待发。这个工作经历了刘邦、汉惠帝、吕太后、汉文帝、汉景帝几代统治者的努力,终于使得汉家气数壮盛起来。

我们说文帝和景帝在历史上相当不得了,这两个皇帝开创了文景之治。史学家说周有成康,汉有文景,这二者是能并驾齐驱的。文景之治在中国历史上意义很大,这个时候他们干的一件工作就是尽可能用道家思想化解矛盾。汉文帝夫人基本上没有什么好衣服,连曳地的裙子都没有。而汉文帝自己不大修陵寝,因山而建。汉景帝也如此。汉景帝这个时候经历了一场大乱,就是吴楚七国之乱,周亚夫用三个月平叛,汉景帝稳定了社会秩序,进一步进行政治改革。这两代帝王对于汉家的贡献是相当大的。

《史记·儒林列传》记载,朝堂之上两个儒生吵起来了,一个叫黄生,一个叫辕固生("生"是先生的意思)。黄生就说这商汤、周武王不行,为什么呢?汤武革命,以臣犯君。而这个辕固生说,你说得不对,商汤、周武王吊民伐罪,这是好君主。这两个人相持不下,辕固生居然说,你要说商汤、周武王不好的话,那么我朝太祖高皇帝,仗三尺剑诛暴秦,那是不应该的吗?这话就没法再聊了,因为已经涉及汉家天下合理性问题。于是朝堂一片死寂,聆听这场辩论的除了文武群臣,还有汉景帝。景帝要么说是高明的统治者，他打圆场说，两位先生不要再讨论了，这个问题咱们不说。吃马肉不吃马肝不算没吃过马肉，说学问不说汤武革命不为愚，不算你们没学问，所以咱们就不说。你看他是用一系列手段化解矛盾。

黄老之治就是要化解矛盾，顺应自然，最后无为而无不为，它为汉武帝打下基础。黄老政策对于治乱世来说非常有效，咱们读《通鉴》就会发现许多朝代都是这个样子，大兵之后必有凶年，这时候怎么办呢？只能是按照社会规律来办事，老百姓想要什么就给他什么，稳定社会秩序，这是第一要务。但是它也有问题，黄老之治是尽可能避免矛盾，但不是化解矛盾。避免矛盾，让这个定时炸弹不爆炸，可是定时炸弹一直是存在的，汉初大文学家贾谊就给当时皇帝汉文帝上过一封奏书，这封奏书叫《治安策》。⑤贾谊曾经说有许多背理伤道的社会问题。汉初穷得叮当响，经济不行，刘邦找不出毛色一样的四匹马，将相都得坐牛车上班，这是司马迁在《史记》里写的，很活灵活现了。不仅经济不行，而且当时王国问题是心腹大患，刘邦封异姓诸侯，后来剪除异姓诸侯又封同姓宗亲，宗亲虽然是同姓，但是哪个也不是省油灯。同姓宗亲扩大自己的实力，和朝廷分庭抗礼。

所以公元前154年发生一个重要的事件，叫吴楚七国之乱。这就给当时汉家天子敲了警钟。除此以外，诸侯王还联合北方的匈奴里通外国，按今天话这就是汉奸。淮南王刘安有一部书叫《淮南子》，也是黄老道家的重要典籍，属于杂家著作。《淮南子》即《淮南王书》。刘安并不是一个清心寡欲的人，他写一套做一套，跃跃欲试，瞧不上汉武帝，想取而代之，最后被汉武帝收拾了。诸侯国的问题，以及北方强大的匈奴构成一把利剑，时刻悬在汉家统治者的头上。

这一系列问题得不到解决，汉家的国祚就不可能长久，于是这个重任交到了汉武帝手中。汉武帝这个人很不得了，我们说时代造就英雄人物，而时代也需要英雄人物，往往雄才伟略的皇帝是一个时代彪炳青史的重要因素。这话不是夸张，而是实事求是。《汉书》中班固写到《倪宽传》的时候，有一篇著名的《倪宽传赞》。我不知道大家有没有临帖的爱好，褚遂良有一个名帖就是《倪宽传赞》。班固在《赞》里头就说，名臣倪宽所处的那个时代即汉武帝前后，国家府库充盈，社会非常向上，更重要的是有人才。咱们能列举一大批人：董仲舒、司马迁、公孙弘、桑弘羊、田千秋……各式各样的人才都有，后来恐怕就不如它。这个时代虽然有这么多名臣，但是如果没有一个伟大的皇帝，他们出头露面恐怕也有待时日。

汉武帝开创的基业很不得了，汉武帝解决两方面的问题，一方面是内忧，一方面是外患。他通过一系列政策来稳定秩序。比如说他就不用黄老道家了，用的是大有为的儒术。公元前141年汉武帝登基，公元前134年汉武帝接手王朝实质性的权力，因为他奶奶窦漪房死了，窦漪房也是一个很不得了的政治家，但是她信黄老。奶奶去世后，真正的重担汉武帝来挑，这时候解决内忧外患的时机来了，他采纳了董仲舒"罢黜百家，表彰六经"的建议，后人总结叫"罢黜百家，独尊儒术"。大有为政策只能是在儒家语境中发生，这时候的儒不只是先秦的纯儒，其中夹杂了许多政治管理的因素：选贤举能、因任命人、赏罚分明，这种做法应当说

汉武帝刘彻像

很大程度上是法家的因素。儒家成了一个包容的体系，甚至儒家要讴歌君权，说"春秋大一统"，很不得了。

在这个思路指引之下，汉武帝加强自己的权力，采纳主父偃的推恩令，让诸侯国大蛋糕分小块，解决王国问题。不仅如此，还出现十三州，州设有刺史，这是监察单位，据说太守二千石见中央巡查大员，如履薄冰，所以不敢对朝廷有造次的行为。然后统一财政，让桑弘羊来理财，目的是稳住经济之后，打一场大仗，这就是对匈奴的大仗。当时汉武帝起用了一大批比较低层的将帅人才。咱们知道卫青、霍去病这些人，卫青出身为平阳公主府的骑奴，后来娶了平阳公主，汉武帝的姐姐。而卫青的姐姐就是著名的卫皇后卫子夫。汉武帝为什么要这么做？娶一个骑奴的姐姐，歌儿舞女出身，为什么用一个骑奴当作自己的大将？因为他想选拔一批没有任何牵绊的、能够孝忠于自己的青年将领，他想做一件大事——打匈奴。原先的将领有各式各样的顾虑，可是我选拔的人不应当有这样的顾虑，还是那句话，光脚的不怕穿鞋的。这时候卫青也罢，卫青的外甥霍去病也罢，他们的战术战略和原先就不同，⑥如果说李广、程不识这些将领都是守成型的将领，那么卫青、霍去病就是攻击型的将领。三次大仗，在历史上尤其在军事史上创造了奇迹。

第一场大仗就是著名的河套战役，拿下了河套，今天内蒙古鄂尔多斯一带，原先秦始皇经营的地区，后来秦楚之际丢掉了。拿下河套，设立了朔方郡，通过郡县来管辖，纳入王朝的行政版图。当时丞相公孙弘曾经提出，皇帝如果迁徙豪民到朔方去，劳民伤财。但是有人替皇帝说话，朱买臣。他是汉武帝新任用的才俊，替皇帝说话，驳斥公孙弘十条，公孙弘居然一条也不能反驳，他知道自己面对的就是皇帝，而朱买臣就是皇帝的心腹。

第二场大仗河西战役，拿下河西走廊，端掉了当时匈奴的羽翼，浑邪王、休屠王大败，向汉乞降，许多匈奴人口迁徙到了汉廷，后来设立了河西四郡。

第三场战役漠北战役，出了汉朝四千里之外，长途远征，创造了丰功伟绩，封狼居胥山。⑦不仅如此，还使"漠南无王庭"，⑧这样的做法在中国历史上绝无仅有，在世界战争史上也是屈指可数的。

汉武帝稳定了社会秩序，取得了一系列的政治成果，但是付出的代价也非常之大，这个代价就是举全国之力要打这场仗。杀鸡取卵，只是权宜之计。老百姓已经捉襟见肘，许多地区闹出了民变。尤其到了汉武帝晚年巫蛊之祸之后，社会越来越复杂，矛盾越来越多，后来为了消减老百姓的怨气，汉武帝下了著名的《轮台罪己诏》，给他一生的政策画了一个句号。

我们看这个时期，匈奴作为北方一个重要的部落，它对汉的威胁逐渐消退，所以到了两汉之交，匈奴内斗，分裂为南匈奴和北匈奴，南匈奴后来汉化，迁徙到内地，融为中华民族一分子。你我身上或许也带有匈奴的血统。因此说，中华民族压根儿就不是血缘认同，而是文化认同：认同礼乐诗书，认同孔孟之道，认同汉字汉语，认同中华的价值观，那就是华夏

霍去病墓

人，反之则为夷狄。而北匈奴西迁，给西方历史带来了很大的影响（当然也有异议）。这个时间段摧枯拉朽，在历史上很不得了，也在《通鉴》中留下了重重的一笔。

注释：

① 刘邦进咸阳，看到丞相府、御史府中的是档案，还是古代典籍？古今学者有不同的看法。《资治通鉴》卷第七秦纪二始皇帝下三十四年，李斯曰："非博士官所职，天下有藏诗、书、百家语者，皆诣守、尉杂烧之。"事见《史记·秦始皇本纪》。胡三省注："秦之焚书，焚天下之人所藏之书耳，其博士官所藏则故在；项羽烧秦宫室，始并博士所藏者焚之。此所以后之学者咎萧何不能于收秦图书之日并收之也。"按照胡三省的意思，秦始皇焚书，自然只是烧了民间的书，博士官还有书。但是项羽把咸阳藏书付之一炬，几乎什么都不剩了。这样刘邦进咸阳，只有档案。问题是，刘邦进咸阳在项羽之前，看到的是档案还是典籍，这个问题至今还没有解决。

② 《资治通鉴》卷第十二汉纪四太祖高皇帝下十二年："初，高祖不修文学，而性明达，好谋，能听，自监门、戍卒，见之如旧。初顺民心作三章之约。天下既定，命萧何次律、令，韩信申军法，张苍定章程，叔孙通制礼仪；又与功臣剖符作誓，丹书、铁契，金匮、石室，藏之宗庙。虽日不暇给，规摹弘远矣。"事见《汉书·高帝纪》。"命萧何次律、令"，胡三省注："帝既灭项羽，四夷未附，兵革未息，三章之法，不足以御奸，萧何攗摭秦法，取其宜于时者，作律九章。"所谓"规摹弘远"之"规摹"，颜师古说就是"立制立范"。刘邦的制度基本上是在秦制基础上做减法。

③ 《资治通鉴》卷第十六汉纪八孝景皇帝下后三年："汉兴，扫除烦苛，与民休息；至于孝文，加之以恭俭；孝景遵业。五六十载之间，至于移风易俗，黎民醇厚。周云成、康，汉言文、景，美矣！"事见《汉书·景帝纪》赞。

④ 《资治通鉴》卷第十二汉纪四孝惠皇帝二年："参子窋为中大夫，帝怪相国不治

事，以为'岂少朕与？'使窋归，以其私问参。参怒，笞窋二百，曰：'趣入侍！天下事非若所当言也！'至朝时，帝让参曰：'乃者我使谏君也。'参免冠谢曰：'陛下自察圣武孰与高帝？'上曰：'朕乃安敢望先帝！'又曰：'陛下观臣能孰与萧何贤？'上曰：'君似不及也。'参曰：'陛下言之是也。高帝与萧何定天下，法令既明。今陛下垂拱，参等守职，遵而勿失，不亦可乎！'帝曰：'善！'"事见《史记·曹相国世家》。"萧规曹随"的典故就是无为而治的经典案例。

⑤《资治通鉴》卷第十四汉纪六太宗孝文皇帝中前六年："梁太傅贾谊上疏曰：'臣窃惟今之事势，可为痛哭者一，可为流涕者二，可为长太息者六；若其他背理而伤道者，难徧以疏举。进言者皆曰：天下已安已治矣，臣独以为未也；曰安且治者，非愚则谀，皆非事实知治乱之体者也。夫抱火厝之积薪之下而寝其上；火未及燃，因谓之安；方今之势，何以异此！'"事见《汉书·贾谊传》。

⑥ 大将军卫青和骠骑将军霍去病风格不同，不拘一格。《资治通鉴》卷第十九汉纪十一世宗孝武皇帝中之上元狩四年："骠骑将军为人，少言不泄，有气敢往（寡言少语，滴水不漏，敢作敢为）。天子尝欲教之孙、吴兵法，对曰：'顾方略何如耳，不至学古兵法。'天子为治第，令骠骑视之，对曰：'匈奴未灭，无以家为也！'由此上益重爱之。然少贵，不省士（不知体恤士卒）。其从军，天子为遣太官赍数十乘，既还，重车余弃粱肉，而士有饥者（辎重车上丢弃了剩余的米和肉，而士卒还有忍饥挨饿的）。其在塞外，卒乏粮或不能自振，而骠骑尚穿域蹋鞠（画定球场，蹴鞠游戏）。事多此类。大将军为人仁，喜士退让，以和柔自媚于上。"事见《史记·卫将军骠骑列传》。

⑦《资治通鉴》卷第十九汉纪十一世宗孝武皇帝中之上元狩四年："骠骑将军骑兵车重与大将军军等，而无裨将，悉以李敢等为大校，当裨将，出代、右北平二千余里，绝大幕，直左方兵，获屯头王、韩王等三人，将军、相国、当户、都尉八十三人，封狼居胥山（今蒙古国境内肯特山），禅于姑衍（今蒙古国的宗莫特博克多乌拉山），登临翰

海（今贝加尔湖），卤获七万四百四十三级。天子以五千八百户益封票骑将军。"事见《史记·卫将军骠骑列传》。

⑧ 《资治通鉴》卷第十九汉纪十一世宗孝武皇帝中之上元狩四年："汉所杀虏匈奴合八九万，而汉士卒物故亦数万。是后匈奴远遁，而幕（漠）南无王庭。汉渡河自朔方以西至令居，往往通渠，置田官，吏卒五六万人，稍蚕食匈奴以北。"

第4讲　煌煌盛世

汉武帝这个人也非常复杂,他一上来就搞大有为之政,其实是符合当时社会发展需要的。但是又产生了一个很大的问题,如果政治变革过于激烈,尤其是干扰了老百姓正常的生产,老百姓会不答应的。所以当汉武帝为了打大仗,为了自己穷奢极欲,对老百姓敲骨吸髓的时候,汉朝也照样闹出了民变。所以司马光写《资治通鉴》,他评论汉武帝有这么一句名言:"有亡秦之失而免亡秦之祸。"他有亡秦之失,是说秦始皇如何滥用民力、滥施刑罚,汉武帝也照样如此,统治者某些程度上没什么区别。但是无亡秦之祸,他没有使得汉家政权坍塌,为什么?司马光认为因为汉武帝能够进行自我调整,这也是很英明的做法。①

汉家的宫廷一直就没消停过,尤其是汉武帝时期。大家都看汉宫戏,知道有一个重要的故事,就是金屋藏娇。当时汉武帝的母亲王美人还只是美人。汉武帝是刘启很边缘化的儿子,以后当个诸侯王就得了,但是没想到历史开了个玩笑。这个刘启喜欢的是栗夫人,栗夫人的儿子是太子刘荣。栗夫人恃宠而骄,当时她走错了一步棋。汉景帝刘启的姐姐,就是陈阿娇她妈,馆陶长公主刘嫖。馆陶长公主力量太大了,就和栗夫人说,咱们亲上加亲吧,我家陈阿娇能不能跟你家刘荣结合在一起?这个建议在栗夫人那儿彻底被否决,为什么?这个栗姬其实很讨厌馆陶长公主，你经常给你弟弟（也就是皇上）送歌儿舞女，你本身就是我的眼中钉，我凭什么跟你结亲？于是就把这个提议给否了。这下馆陶长公主心里非常窝火，要么说王美人高明在这个时期利用了这矛盾，栗夫人给你关上门，我给你开门。王美人这时候说，我们想跟您结亲，我们家刘彻跟你们家孩子陈阿娇玩得很好，以后就结亲吧。甚至刘彻还曾经说过那句，造一个大屋子，把姐姐给装起来——金屋藏娇（见《汉武故事》）。于是他们就形成了政治联盟，下边一步步地就把刘彻推向储君的位置。汉景帝曾经询问过栗夫人，说日后如果你儿子成为皇帝了，我百年之后，你如何对待我的那些美人，如何对待那些皇子？这时候栗姬不明事理，把那些夫人皇子大骂一顿，说他们都不是东西。这下刘启心里非常不是滋味，他怕自己身后再重蹈吕后覆辙。因为吕后就把戚夫人给收拾了，最后剁成人彘。这种事哪朝皇帝也不愿意让它上演，所以干脆一不做二不休，废掉了栗姬和刘荣。所以刘彻成为皇储，和陈阿娇结成连理密切相关。②陈阿娇日后就是陈皇后，但是亲政的汉武帝又不满足于这种政治婚姻，他想挑自己心仪的将领、贤臣，更想挑自己看上的女人，于是平阳公主府的那个骑奴卫青就走上政治舞台，而卫青的姐姐卫子夫成为他的美人，后来取代了陈阿娇成为皇后。被打入冷宫的陈阿娇买通司马相如写《长门赋》，哀哀怨怨，汉武帝很不高兴。

这第一轮宫廷斗争，以卫子夫胜出而告终。但是这个宫廷斗争压根儿就没有停歇过，汉武帝的夫人太多了，咱们都熟知还有一个成语，倾城倾国，那是李夫人。李夫人的哥哥，一个是乐师李延年，作《佳人曲》"倾国倾城"献给汉武帝，于是汉武帝对李夫人宠幸有加。而另外一个哥哥就是贰师将军李广利，一度受汉武帝的任命攻打大宛、匈奴，给汉武帝献上汗血宝马。但李夫人命不好，后来因为暴疾死掉了。

在汉武帝晚年又闹出了一档子大事,叫巫蛊之祸。巫蛊是个迷信手段,那时候人们很信这一套,认为迫害木偶人时,这个木偶人象征的真人就会得病乃至死掉。汉朝律令严惩巫蛊,今天看非常荒谬。谁也没想到这个巫蛊给汉朝宫廷带来了前所未有的腥风血雨。

当时太子刘据,也就是汉武帝和卫子夫生的孩子,是储君。他和江充不和,③妖人江充想,与其你刘据登基,日后处理我,还不如我先下手为强。这人也真胆儿大,就用巫蛊构陷太子。当时太子在长安,年老的汉武帝躲到了甘泉宫休假(汉朝的甘泉宫在今天陕西淳化),遥控着朝局,太子监国。江充就告发说,太子诅咒皇帝死。皇帝恼火,也不问青红皂白彻查太子。太子没法辩解,只有自己的母亲帮助自己,于是用皇后的卫队和丞相刘屈氂发生了激战。④但是这场大仗太可怕了,据说当时长安一片血海,以致水沟里充满着血液,株连上万。⑤太子寡不敌众,跑到了河南灵宝一带,自缢而死。那时卫子夫早已去世了。

这场宫廷的内讧,使得汉朝元气大伤。没过多久,汉武帝琢磨过味儿来了。他琢磨我的儿子能反对我吗?巫蛊之事也多以失真告终,好些事都是捏造的。这时候有正义感的大臣田千秋,给太子鸣冤,他怎么能反对你呢?日后他就是皇帝,反对你,

汉甘泉宫遗址

他糊涂了？于是皇帝彻查，原来是妖人江充、苏文所为，最后反攻倒算，谁害了我儿子，我弄死谁（他不说他自己）。后来皇帝修了思子宫，又修了归来望思台。⑥

司马迁有作《报任安书》，那个任安也是个倒霉蛋。任安是司马迁的朋友，司马迁受了宫刑，但是司马迁还是皇帝心腹，咱们要认清这一点，司马迁担任的是中书令，是皇帝身边的机要秘书。这时候他跟司马迁说，你不应该颓废，应当为国荐贤，司马迁没搭理他。但是巫蛊之祸中有江充的事，也有任安的事。这个任安是当时北军使者，卫戍区司令。太子找到任安，你帮我一把，你发兵帮我诛灭妖人。任安不管，作壁上观，太子兵败身死。等事后皇上琢磨过味儿，责问，谁当年害的我儿子，于是就算到任安任少卿头上，你就是大奸大恶之人，判了他腰斩，秋后处决。这时候司马迁说，如果我再不给你回信，那你就看不着信了，所以写了这封著名的文字《报任少卿书》，今天收在语文书中。⑦

《报任少卿书》意思是你明白当时我为什么不给你回信了吧？因为你现在的状态就是我当年的状态，伴君如伴虎。这下汉武帝晚年，经历几场政变，社会已经元气大伤，虽然有了《罪己诏》，但是这个社会还很疲软。汉武帝晚年对许多事都看明白了，于是把钩弋夫人所生的刘弗陵推上储君的位置，⑧他也很绝，怕有像吕后这样强大的母家干政，赐钩弋夫人死。公元前87年，汉武帝刘彻驾崩。下边出现的昭宣中兴，彻底改换了汉武帝刚政的思路，换成了柔政，迎来了一个汉朝最安定的时期。

汉武帝的晚年，社会产生了许多的问题，但是由于汉家能够调整，尤其是司马光说汉武帝有《罪己诏》，于是"有亡秦之失而免亡秦之祸"，避免了秦王朝灭亡的悲剧。当然近年也有学者提出了不同的看法，说这《罪己诏》不能夸大评价，其实真正开启了汉朝中兴局面的应当是昭宣中兴。

汉昭帝和汉宣帝在中国历史上很有名气，汉昭帝刘弗陵是汉武帝晚年的儿子。刘弗陵很年幼就走上皇位，汉武帝给他物色了顾命大臣，包括霍光、金日䃅。霍光是霍去病兄弟。金日䃅是匈奴降臣。

汉昭帝登基，对政治改弦更张。许多政策进行着收敛，尤其是当时招致老百姓反感的盐铁官营。把盐、铁、酒收归官营，其实对于老百姓是很大的伤害，因为官家的铁非常的劣质，盐官营涉及许多利益问题，老百姓吃不起盐。汉家天子在一定程度上予以废止。这时候有一场很重要的会议，就是盐铁会议。后来桓宽还整理了一部书叫《盐铁论》，对汉武帝时期的社会问题，以及对后来的改革进行了总结。

霍光像

而汉昭帝、汉宣帝时期干的另外一件事情，就是缓和与匈奴关系。当时匈奴已经不如原先了。匈奴最强盛时期是在汉初，而这个时候经历了汉武帝几场大仗的打击，匈奴已经软下来，其内部矛盾重重。匈奴和汉的国家结构很不一致，匈奴并不能实现汉朝的中央集权，内部是部落林立，攻伐压根儿就没有休止。所以这个时间段汉王朝就利用了当时匈奴内部的问题，采取一系列分化拉拢的政策。当时有一个很著名的故事，大家都听过那句话，"犯我强汉者，虽远必诛"。这句话在网上非常流行，是汉朝一个很重要的臣子陈汤讲的。陈汤原话是："明犯强汉者，虽远必诛。"⑨这时

海昏侯刘贺墓出土玉印

已经到了汉宣帝时期,汉昭帝和汉宣帝之间还隔着一个海昏侯刘贺(即废帝)。这两年海昏侯的故事大家也熟知,干了二十七天皇帝,结果做了一大堆荒唐事,被霍光所拿下。⑩当然也有学者说,是霍光看出来刘贺有掌权的念想,他想剪除霍光的势力,所以霍光先下手为强,把他给轰走了,然后推上舞台的就是汉宣帝刘询(刘病已)。

刘询是我们讲过的戾太子刘据的孙子,戾太子刘据的儿子是史皇孙,史皇孙的儿子就是刘病已。刘病已流落到民间,要不是大臣邴吉的搭救,也许刘病已就不存在了。邴吉是一个忠臣。刘病已在民间流落了长久,霍光把他扶上了皇位。刘病已恬阔隐忍,知道霍光惹不得,等霍光死后才掌握着汉王朝实质的权力。由于他来自民间,知道民间的疾苦,进一步推行文景时代的柔政,对于社会来说这一套就有很大的稳定作用。

在这个时间段发生一档子事,前面我们说过匈奴的力量已经不如以前,而汉王朝在公元前60年设了一个重要的职官,西域都护。第一任西域都护叫郑吉,是一个老将军,朝廷头一次把天山南北纳入王朝的版图之中,用国家的行政制度来约束它。⑪这个举措非常高明。后来传来消息,匈奴郅支单于扰边(这个单于已经不如汉武帝那个时候的伊稚斜单于)。这个事情是陈汤和甘延寿处理的。甘延寿是西域都护,是正长官,陈汤是副长官。匈奴扰边的消息应当奏报朝廷,让朝廷定夺。可是这西域距离汉廷万里之遥，一往一来，哪来得及啊！所以"将在外君命有所不受"，陈汤就说，一不做二不休吧，咱们调集地方部队，打它一个措手不及。陈汤的确打了一场大胜仗，没有经过中央同意就和匈奴开战，最后俘虏了匈奴的叛将。这场仗打得很漂亮，许多西域的部落对汉廷刮目相看，汉家树立了国威。这个消息多少天后才传到汉廷，汉宣帝和大臣匡衡等人在讨论这事该怎么办，有的大臣就说了，这个甘延寿和陈汤做得不对，你没有得到朝廷的确认就擅自发兵，那还得了？以后地方将领若要效法，军权不就旁落了吗？但是皇帝也有皇帝的看法，边陲距离汉廷数千里远，如果一往一来，时间早就过去，如何戡乱？将领没有临时处决的权力是很不正常的事情。尤其是陈汤的奏章有这样的话："明犯强汉者，虽远必诛"，汉宣帝心里也非常高兴，于是赏赐了陈汤和甘延寿。

后来陈汤老了，又出现了一件类似的事，陈汤已经退休了，段会宗是西域都护。当时是乌孙扰边，奏报传到了汉廷，汉廷也是不置可否，到底派不派兵，毕竟西域太远。这时候找来老将军陈汤，陈汤说不派兵。为什么？因为乌孙扰边本身是乌合之众，而汉军的军事实力很强，一个人能抵挡五个胡兵（他敢说这种话，是不是鼓舞士气，不得而知），相信几天后就有捷报传来。果不其然，过了四天捷报传来，地方的叛乱被平息。⑫

当时西域都护的设置推动了汉王朝的边疆治理。事实上这是汉家平常行政运作的一部分，对后代产生了深远的影响。汉王朝经历了文景之治、汉武帝盛世、昭宣中兴，好的时代其实比较长久。但是有好就有坏，有盛就有衰，所以下边的帝王，就一个不如一个。汉朝历史的消极面也越来越大。

注释：

① 《资治通鉴》卷第二十二汉纪十四世宗孝武皇帝下之下后元二年："臣光曰：孝武穷奢极欲，繁刑重敛，内侈宫室，外事四夷，信惑神怪，巡游无度，使百姓疲敝，起为盗贼，其所以异于秦始皇者无几矣。然秦以之亡，汉以之兴者，孝武能尊先王之道，知所统守，受忠直之言，恶人欺蔽，好贤不倦，诛赏严明，晚而改过，顾托得人，此其所以有亡秦之失而免亡秦之祸乎！"司马光这一段话近年受到了学者的批评，很可能汉武帝善于改过的形象是后世制造出来的。但毕竟汉武帝的政策和昭宣时期的政策之间有转折点，昭宣君臣和汉武帝有着千丝万缕的联系；而让霍光、金日磾辅佐汉昭帝的，是汉武帝本人。其中深意，值得今人进一步思考。

② 《资治通鉴》卷第十六汉纪八孝景皇帝下前六年："及帝即位，长男荣为太子；其母栗姬，齐人也。长公主嫖欲以女嫁太子，栗姬以后宫诸美人皆因长公主见帝，故怒而不许；长公主欲与王夫人男彻，王夫人许之。由是长公主日谮栗姬而誉王夫人之美。帝亦自贤之，又有曩者所梦日符，计未有所定。王夫人知帝嗛栗姬，因怒未解，阴使人趣大行，请立栗姬为皇后。帝怒曰：'是而所宜言邪！'遂按诛大行。"事见《史记·外戚世家》。又《外戚世家》言："景帝尝体不安，心不乐，属诸子为王者于栗姬，曰：'百岁后，善视之。'栗姬怒，不肯应，言不逊。景帝恚，心嗛之而未发也。"《史记·太史公自序》："栗姬负罪，王氏乃遂。"

③ 《资治通鉴》卷第二十二汉纪十四世宗孝武皇帝下之下太始三年："赵人江充为水衡都尉。初，充为赵敬肃王客，得罪于太子丹，亡逃；诣阙告赵太子阴事，太子坐废。上召充入见。充容貌魁岸，被服轻靡，上奇之；与语政事，大悦，由是有宠，拜为直指绣衣使者，使督察贵戚、近臣踰侈者。充举劾无所避，上以为忠直，所言皆中意。尝从上甘泉，逢太子家使乘车马行驰道中，充以属吏。太子闻之，使人谢充曰：'非爱车马，诚不欲令上闻之，以教敕亡素者，唯江君宽之！'充不听，遂白奏。上曰：'人臣当如是矣！'大见信用，威震京师。"事见《汉书·江充传》。

④《资治通鉴》卷第二十二汉纪十四世宗孝武皇帝下之下征和二年:"是时,上春秋高,疑左右皆为蛊祝诅;有与无,莫敢讼其冤者。充既知上意,因胡巫檀何言:'宫中有蛊气;不除之,上终不差。'上乃使充入宫,至省中,坏御座,掘地求蛊;又使按道侯韩说、御史章赣、黄门苏文等助充。充先治后宫希幸夫人,以次及皇后、太子宫,掘地纵横,太子、皇后无复施床处。充云:'于太子宫得木人尤多,又有帛书,所言不道;当奏闻。'太子惧,问少傅石德。德惧为师傅并诛,因谓太子曰:'前丞相父子、两公主及卫氏皆坐此,今巫与使者掘地得征验,不知巫置之邪,将实有也,无以自明。可矫以节收捕充等系狱,穷治其奸诈。且上疾在甘泉,皇后及家吏请问皆不报;上存亡未可知,而奸臣如此,太子将不念秦扶苏事邪!'太子曰:'吾人子,安得擅诛! 不如归谢,幸得无罪。'太子将往之甘泉,而江充持太子甚急;太子计不知所出,遂从石德计。秋,七月,壬午,太子使客诈为使者,收捕充等;按道侯说疑使者有诈,不肯受诏,客格杀说。太子自临斩充,骂曰:'赵虏! 前乱乃国王父子不足邪! 乃复乱吾父子也!'又炙胡巫上林中。"事见《汉书·江充传》。

⑤《资治通鉴》卷第二十二汉纪十四世宗孝武皇帝下之下征和二年:"是时,方士及诸神巫多聚京师,率皆左道惑众,变幻无所不为。女巫往来宫中,教美人度厄,每屋辄埋木人祭祀之;因妒忌恚詈,更相告讦,以为祝诅上,无道。上怒,所杀后宫延及大臣,死者数百人。上心既以为疑,尝昼寝,梦木人数千持杖欲击上,上惊寤,因是体不平,遂苦忽忽善忘。江充自以与太子及卫氏有隙,见上年老,恐晏驾后为太子所诛,因是为奸,言上疾祟在巫蛊。于是上以充为使者,治巫蛊狱。充将胡巫掘地求偶人,捕蛊及夜祠、视鬼,染污令有处,辄收捕验治,烧铁钳灼,强服之。民转相诬以巫蛊,吏辄劾以为大逆无道;自京师、三辅连及郡、国,坐而死者前后数万人。""太子立车北军南门外,召护北军使者任安,与节,令发兵。安拜受节;入,闭门不出。太子引兵去,驱四市人凡数万众,至长乐西阙下,逢丞相军,合战五日,死者数万人,血流入沟中。民间皆云'太子反',以故众不附太子,丞相附兵浸多。"

⑥《资治通鉴》卷第二十二汉纪十四世宗孝武皇帝下之下征和三年:"吏民以巫蛊相告言者,案验多不实。上颇知太子惶恐无他意,会高寝郎田千秋上急变,讼太子冤曰:'子弄父兵,罪当笞。天子之子过误杀人,当何罪哉!臣尝梦一白头翁教臣言。'上乃大感寤,召见千秋,谓曰:'父子之间,人所难言也,公独明其不然。此高庙神灵使公教我,公当遂为吾辅佐。'立拜千秋为大鸿胪,而族灭江充家,焚苏文于横桥上;及泉鸠里加兵刃于太子者,初为北地太守,后族。上怜太子无辜,乃作思子宫,为归来望思之台于湖,天下闻而悲之。"

⑦ 关于《报任安书》的书写时间,王国维先生认为作于汉武帝太始四年(前93年)十一月,因为文中提及汉武帝东巡的事,此事发生在太始三年(前94年),司马迁五十三岁。此说一出,不少学者赞同。然而也有学者认为该文字应完成于征和三年(前90年)二月,系巫蛊之祸以后的作品。《史记·田叔列传》言:"是时任安为北军使者护军,太子立车北军南门外,召任安,与节令发兵。安拜受节,入,闭门不出。武帝闻之,以为任安为详邪,不傅事,何也?任安笞辱北军钱官小吏,小吏上书言之,以为受太子节,言'幸与我其鲜好者'(可能是说符节不够鲜好,这一句人们解释有分歧)。书上闻,武帝曰:'是老吏也,见兵事起,欲坐观成败,见胜者欲合从之,有两心。安有当死之罪甚众,吾常活之,今怀诈,有不忠之心。'下安吏,诛死。"在这个语境中,《报任安书》能得到较好的诠释。否则,任安身陷囹圄,势必得寻求他解。

⑧ 司马光从钩弋夫人的得宠看到了后来巫蛊之祸的前奏。《资治通鉴》卷第二十二汉纪十四世宗孝武皇帝下之下太始三年:"是岁,皇子弗陵生。弗陵母曰河间赵婕伃,居钩弋宫,任身十四月而生。上曰:'闻昔尧十四月而生,今钩弋亦然,'乃命其所生门曰尧母门。臣光曰:为人君者,动静举措不可不慎,发于中必形于外,天下无不知之。当是时也,皇后、太子皆无恙,而命钩弋之门曰尧母,非名也。是以奸人逆探上意,知其奇爱少子,欲以为嗣,遂有危皇后、太子之心,卒成巫蛊之祸,悲夫!"

⑨ 《资治通鉴》卷第二十九汉纪二十一孝元皇帝下建昭四年："（甘）延寿、（陈）汤上疏曰：'臣闻天下之大义当混为一，昔有唐、虞，今有强汉。匈奴呼韩邪单于已称北藩，唯郅支单于叛逆，未伏其辜，大夏之西，以为强汉不能臣也。郅支单于惨毒行于民，大恶通于天；臣延寿、臣汤将义兵，行天诛，赖陛下神灵，阴阳并应，天气精明，陷陈克敌，斩郅支首及名王以下，宜县头槁街蛮夷邸间，以示万里，明犯强汉者，虽远必诛。'"事见《汉书·陈汤传》。

⑩ 《资治通鉴》卷第二十四汉纪十六孝昭皇帝下元平元年："受玺以来二十七日，使者旁午，持节诏诸官署征发凡一千一百二十七事。荒淫迷惑，失帝王礼谊，乱汉制度。臣敞等数进谏，不变更，日以益甚；恐危社稷，天下不安。"事见《汉书·霍光金日磾传》。

⑪ 《汉书·宣帝纪》："匈奴日逐王先贤掸将人众万余来降。使都护西域骑都尉郑吉迎日逐，破车师，皆封列侯。"

⑫ 《资治通鉴》卷第三十汉纪二十二孝成皇帝上之上建始四年："会西域都护段会宗为乌孙兵所围，驿骑上书，愿发城郭、敦煌兵以自救；丞相（王）商、大将军（王）凤及百僚议数日不决。凤言：'陈汤多筹策，习外国事，可问。'上召汤见宣室。汤击郅支时中寒，病两臂不屈申；汤入见，有诏毋拜，示以会宗奏。汤对曰：'臣以为此必无可忧也。'上曰：'何以言之？'汤曰：'夫胡兵五而当汉兵一，何者？兵刃朴钝，弓弩不利。今闻颇得汉巧，然犹三而当一。又《兵法》曰：客倍而主人半，然后敌。今围会宗者人众不足以胜会宗，唯陛下勿忧！且兵轻行五十里，重行三十里，今会宗欲发城郭、敦煌，历时乃至，所谓报雠之兵，非救急之用也。'上曰：'奈何？其解可必乎？度何时解？'汤知乌孙瓦合（犹如碎瓦杂居，不齐同），不能久攻，故事（以旧事测之）不过数日，因对曰：'已解矣！'屈指计其日，曰：'不出五日，当有吉语闻。'居四日，军书到，言已解。大将军凤奏以为从事中郎，莫府事一决于汤。"事见《汉书·陈汤传》。

第 5 讲　西汉穷途

前面咱们讲了汉王朝对于西域的经营，这个事件很不得了。今天您坐着高铁去西部地区，茫茫大漠，戈壁连绵，一望看不到头。咱们试想，在两千年前的古代，人们在这里驻扎，还得和中原有着密切的联系，使得中原政令上传下达，那都是很了不起的壮举。比如今天咱们看到的《居延汉简》，其中许多内容，都能反映当时汉王朝对地方的有效治理。但是治理其实付出了很大的代价，汉王朝劳师远征，成本很大。咱们讲过许多胜仗，但是也有许多败仗。比如说上一讲提到的贰师将军李广利，曾经受皇命征伐大宛去要汗血宝马，但是劳师远征，损伤过半。李广利跟匈奴打仗，后来司马迁的冤案，都因此事而生。其实李广利没有碰到匈奴的主力，反而是李陵碰到了主力。李广利仗打得很不漂亮，最后投降匈奴。因为在巫蛊之祸前后，他和丞相刘屈氂想把自己妹妹的孩子昌邑王扶上皇储的位置，但是失败。他投降匈奴后全家被杀。①

汉朝历史上腥风血雨的事很多，汉朝到了昭宣之后出现的皇帝一个不如一个，有人问为什么？这个道理也很简单，一个时代它不能永远都好，有好就有坏，这不就是辩证法吗？人不可能时刻都处于顺境，都顺风顺水，上帝不可能那么青睐你，总得给你带来些许麻烦，所以我们说"月有阴晴圆缺，人有悲欢离合"，时代也照样如此。

第5讲 西汉穷途

当时汉朝孝宣皇帝，是臣僚眼中很不错的皇帝，历史上口碑也好，但是汉宣帝的儿子汉元帝刘奭就不行，刘奭当太子的时候他爸爸就有个预言，这个预言不幸应验了。他看到太子刘奭（也就是日后的元帝）说，你看什么书呢？我看的是儒书。这下汉宣帝就很气愤，说，汉家自有道术，霸王道杂之。您听听，两条路，一个是霸道，一个是王道，这两条路交错在一起。霸道指的是法家思想，而王道指的是儒家思想，你今天光看这些儒书是没用的，奈何纯用"周政"？那些儒生名实都不分，往往他们只会坐朝论道，瘸子打驴坐着喊，这种书你不能当真的。所以皇上说了一句，日后汉家就会败在你手中。这话说得还真对了，有时候这历史就是开玩笑，人们某些话能应验。②

汉宣帝刘询像

汉王朝到了汉元帝手中就比较羸弱。汉元帝也不是一个坏人，但这人很窝囊。汉元帝干过许多事，比如说他有一个著名的故事，就是昭君出塞。匈奴的力量不如以前，内部派系林立，相互残杀，所幸这个时候呼韩邪单于依靠大汉，当时汉廷予以礼遇，甚至让他挑内廷的妃子，我看不上的美人你领走吧，于是他领走了王昭君。当然后人还演绎出许多与此有关的故事，元朝还有一个剧本叫《汉宫秋》，说王昭君不肯贿赂毛延寿，于是毛延寿把她画得丑陋无比。后来皇帝渭水饯别的时候才发现王昭君这么美，最后将毛延寿满门抄斩。当然这个事情有许多都是后人的传说，有添枝加叶。当时王昭君是和呼韩邪单于走了，到了匈奴王廷，给匈奴王生儿育女，王昭君还被人们称之为"宁胡阏氏"，阏氏是匈奴的王后。

《昭君出塞图》

而汉元帝这人优柔寡断，的确像他父亲骂的那样。他当时宠信了一堆儒生，也宠信了一堆太监，以弘恭、石显为首的宦官，在皇帝身边进谗言。有一个名臣叫萧望之，他既是皇帝的臣子，也是皇帝的老师。但是当皇帝老师谈何容易？很容易就和皇帝产生矛盾，因为老师有原则，不愿意对皇帝亦步亦趋。弘恭、石显这些人在皇帝面前进谗言，说萧望之大不敬，您就应当制裁他，给他进监狱里关两天。这时候皇帝傻傻地问，这行吗？太监说，怎么不行啊？您不信就试试。没想到萧望之才不吃这套。咱们知道古代有一句话，叫做"刑不上大夫"（《礼记·曲礼》）。不是说这个大夫阶层免于刑罚，是大夫阶层更要脸面，我不能受辱，如果说面临刑狱，我只能是死。汉朝经常有这种事，皇帝一批评，这个臣子索性就自裁了。看抓自己的人来，萧望之饮鸩自尽。萧望之一死，皇帝就号啕大哭，把石显找来臭骂一顿，石显也无可奈何。然后皇帝每年让人去萧望之的墓上祭扫，直到皇帝驾崩。③

汉元帝还不是个坏人，但是他的确是个糊涂虫。汉元帝的继任者是汉成帝，汉成帝叫刘骜，大家能通过许多汉宫戏了解他，刘骜宠幸赵飞燕赵合德姐妹，最后自己死在女人的手里头。这个时候政治是很混乱的，汉成帝本人的私生活也成了很大的问题，在壮年就驾崩。

汉成帝的继任就是汉哀帝。这汉哀帝并不是汉成帝的孩子,是过继来的。咱们也知道那个典故,断袖之交,汉哀帝喜欢男宠董贤,对董贤言听计从,甚至董贤有着皇帝的排场,④朝廷的纲常也都乱套了,这时候出现许多的乱象。

汉成帝的时间段还出现了一档子事,汉成帝的母家干政。他的母亲王政君,后来是太皇太后。王政君的侄子,就是王莽。这王家在历史上发挥的作用就越来越大。汉哀帝之后就是汉平帝,叫刘箕子,其实是个傀儡,被王莽推上来的,后来据说被王莽毒死。最后扶上了一个孺子婴,王莽后来索性代替孺子婴,临朝称制,成为皇帝。西汉气数已尽。

当时有一个大臣叫鲍宣,曾经给汉朝皇帝写过一个奏折,说老百姓有七种痛苦,有七种死法。这七种痛苦太惨了,天灾人祸,朝政腐败,官吏冤狱横生,而且朝廷税收很多,土地兼并严重,盗寇横行等等,老百姓活在那个时候很不容易。⑤皇帝像走马灯一样,但是寿数都比较短,他们的德行也都不好,最后这个天下落到食古不化的王莽手中。出现了王莽改制,天下大乱,人仰马翻。他大大辜负了天下人的希望,留下了笑柄。

天下怎么就落到王莽手中?汉王朝呈现的许多社会问题,不仅是汉王朝独有,后来唐朝也照样如此。王朝中后期土地兼并严重,财政匮乏,阶级矛盾越来越尖锐,乱局统治者收拾不了,所以人们有病乱投医,希望有个人能改弦更张,谁口碑好就找谁。关键是口碑好可未必真有水平,口碑是口碑,实际是实际。王莽就是一个例证,唐王朝大诗人白居易有句诗叫做"周公恐惧流言日,王莽谦恭未篡时"。这个话说得一针见血,周公是周初的大贤,儒家的理想人物,但周公一度也受人诋毁,而王莽在没有篡位之前何其谦恭、何其简朴,天下人都认为这是一个好人,他能安抚汉室。可是这是装出来的,白居易在这两句之后又蹦出一句,"向使当初身便死,

王莽像

一生真伪复谁知?"如果当初周公旦和王莽死掉了,那么也许历史对他们是另外一个评价。历史就是这样吊诡,否则周公是坏人,王莽是好人。但是历史就让他们活得很长,他们的本来面目都显现出来。

王莽是太皇太后王政君的侄子,装得很好。汉成帝死后就是汉哀帝,汉哀帝宠幸的是董贤。然后是汉平帝刘箕子。王莽在刘箕子食物里下毒,毒死了汉平帝,可是他还装作自己是无辜的,他把自己打扮成周公旦,上宗庙里头向列祖列宗祷告,让我代替皇帝去死。他演周公,很入戏。周公一度就在宗庙里头向列祖列宗祷告,我要替自己哥哥周武王死。这样的事纯粹就是作秀,今天看非常可笑。他害死皇帝,自己又推上一个傀儡孺子婴,没过多久孺子婴又被他给废了,自己称为皇帝,改国号为新,史称"新莽"。

新莽的改革改乱了。这王莽是个书呆子,误以为儒家经书中,古文经描写的那个世界是真的,《周礼》也是真的,古文《尚书》也是真的,《左传》也是真的,按照书中内容去做,是纯粹的教条主义、本本主义,他什么都改,改经济、改官制、改民族政策,这下天下大乱,老百姓恨他,统治集团恨他,士农工商都恨他,天下揭竿而起,人们看到他根本不是原先周公式的王莽,而是一个伪君子。绿林起义、赤眉起义,以及铜马起义,一窝蜂出来了。绿林军推举的领导人就是更始帝刘玄,而刘玄有一个手下,就是后来的光武帝刘秀,刘秀在刘玄手下一度是战战兢兢。后来汉兵绿林军打入长安城中,王莽再也无招架之力,在渐台被杜吴所杀,这时候一大群人把王莽乱刀分尸,甚至人们恨王莽恨到将他脑袋剁下来,吃掉王莽的舌头,分割他的尸体。这个脑袋给悬挂到南阳一带。⑥ 人们也没想到,王莽这颗脑袋居然一直保存了好几百年,直到西晋年间洛阳武库大火,人们发现库里还有一个东西,一瞧是王莽的脑袋。此后这个王莽的人头也就不知去向,有可能被毁掉了。可见老百姓对这个王莽恨到了什么地步(《晋书·张华传》记载,和王莽人头一起收藏的还有孔子的鞋和刘邦斩蛇的剑,可能人们在诅咒王莽)。

王莽死了之后,起义军内部产生了火拼,刘秀胜出。刘秀还是非常有心胸而且有韬略的人,他本身就是汉室宗亲,在年少的时候就待人很好,后来刘秀灭了异己势力,像赤眉军樊崇、蜀地的公孙述,还有陇西的隗嚣,这些军阀被刘秀——剪除。公元25年刘秀登基,这时候进入东汉。

刘秀治天下采取的是柔道。这一套东西,其实是学习汉初的做法。许多刘秀的长辈,一群老太太,回忆说刘秀在年少时候为人"款曲",很热情,擅长"柔道",他本身就面善。⑦ 刘秀听说之后很开心,他说,我治天下也以柔道,于是出现了"光武中兴",其实这和文景时代有相似之处。他主要的工作就是发展生产,安抚社稷,迎来了一段时间的盛世。但是,他这个时代已经不如西汉,西汉那个时代可以说

光武帝刘秀像

政治很清明，可是到了东汉，刘秀的政权和大地主达成了妥协（其实刘秀本身就是南阳的大地主），许多问题也就解决不了，埋下了定时炸弹，这成了后来愈演愈烈的社会矛盾的根源。

注释：

① 《汉书·刘屈氂传》："贰师将军李广利将兵出击匈奴，丞相（刘屈氂）为祖道，送至渭桥，与广利辞决。广利曰：'愿君侯早请昌邑王为太子。如立为帝，君侯长何忧乎？'屈氂许诺。昌邑王者，贰师将军女弟李夫人子也。贰师女为屈氂子妻，故共欲立焉。是时治巫蛊狱急，内者令郭穰告丞相夫人以丞相数有谴，使巫祠社，祝诅主上，有恶言，及与贰师共祷祠，欲令昌邑王为帝。有司奏请案验，罪至大逆不道。有诏载屈氂厨车以徇，要斩东市，妻子枭首华阳街。贰师将军妻子亦收。贰师闻之，降匈奴，宗族遂灭。"李广利投降后，被匈奴所蔑视，不久就让卫律等人找理由杀死。《资治通鉴》卷第二十一汉纪十三世宗孝武皇帝下之上太初元年，司马光对汉武帝派李广利打匈奴进行批评："臣光曰：武帝欲侯宠姬李氏，而使广利将兵伐宛，其意以为非有功不侯，不欲负高帝之约也。夫军旅大事，国之安危、民之死生系焉。苟为不择贤愚而授之，欲徼幸咫尺之功，藉以为名而私其所爱，不若无功而侯之为愈也。然则武帝有见于封国，无见于置将：谓之能守先帝之约，臣曰过矣。"

② 《资治通鉴》卷第二十七汉纪十九中宗孝宣皇帝下甘露元年："皇太子柔仁好儒，见上所用多文法吏，以刑绳下，常侍燕从容言：'陛下持刑太深，宜用儒生。'帝作色曰：'汉家自有制度，本以霸王道杂之；奈何纯任德教，用周政乎！且俗儒不达时宜，好是古非今，使人眩于名实，不知所守，何足委任！'乃叹曰：'乱我家者太子也！'"事见《汉书·元帝纪》。宣帝把王道和霸道对立化，事实上也未必如此极端。司马光对此有一段评论，指出了儒家思想中存在政治实践层面因素。"臣光曰：王霸无异道。昔三代之隆，礼乐、征伐自天子出，则谓之王。天子微弱不能治诸侯，诸侯有能率其与国

同讨不庭以尊王室者,则谓之霸。其所以行之也,皆本仁祖义,任贤使能,赏善罚恶,禁暴诛乱;顾名位有尊卑,德泽有深浅,功业有钜细,政令有广狭耳,非若白黑、甘苦之相反。汉之所以不能复三代之治者,由人主之不为,非先王之道不可复行于后世也。夫儒有君子,有小人。彼俗儒者,诚不足与为治也,独不可求真儒而用之乎!稷、契、皋陶、伯益、伊尹、周公、孔子,皆大儒也。使汉得而用之,功烈岂若是而止邪!孝宣谓太子懦而不立,闇于治体,必乱我家,则可矣;乃曰王道不可行,儒者不可用,岂不过哉!"司马光的辨析很大程度上是中肯的。

③《资治通鉴》卷第二十八汉纪二十孝元皇帝上初元二年:"弘恭、石显等知望之素高节,不诎(屈)辱,建白:'望之前幸得不坐,复赐爵邑,不悔过服罪,深怀怨望,教子上书,归非于上,自以托师傅,终必不坐,非颇屈望之于牢狱,塞其怏怏心,则圣朝无以施恩厚!'上曰:'萧太傅素刚,安肯就吏!'显等曰:'人命至重,望之所坐,语言薄罪,必无所忧。'上乃可其奏。冬,十二月,显等封诏以付谒者,敕令召望之手付。因令太常急发执金吾车骑驰围其第。使者至,召望之。望之以问门下生鲁国朱云,云者,好节士,劝望之自裁。于是望之仰天叹曰:'吾尝备位将相,年逾六十矣,老入牢狱,苟求生活,不亦鄙乎!'字谓云曰:'游,趣和药来,无久留我死!'遂饮鸩自杀。天子闻之惊,拊手曰:'曩固疑其不就牢狱,果然杀吾贤傅!'是时,太官方上昼食,上乃却食,为之涕泣,哀动左右。于是召显等责问;以议不详。皆免冠谢,良久然后已。上追念望之不忘,每岁时遣使者祠祭望之冢,终帝之世。"事见《汉书·萧望之传》。司马光对此非常愤慨:"夫恭、显之潜诉望之,其邪说诡计,诚有所不能辨也。至于始疑望之不肯就狱,恭、显以为必无忧。已而果自杀,则恭、显之欺亦明矣。在中智之君,孰不感动奋发以厎邪臣之罚!孝元则不然。虽涕泣不食以伤望之,而终不能诛恭、显,才得其免冠谢而已。如此,则奸臣安所惩乎!是使恭、显得肆其邪心而无复忌惮者也。"

④《资治通鉴》卷第三十五汉纪二十七孝哀皇帝下元寿元年:"初,丞相孔光为御史大夫,贤父恭为御史,事光;及贤为大司马,与光并为三公。上故令贤私过光。光雅

恭谨,知上欲尊宠贤。及闻贤当来也,光警戒衣冠出门待,望见贤车乃却入,贤至中门,光入阁,既下车,乃出,拜谒,送迎甚谨,不敢以宾客钧敌之礼。上闻之,喜,立拜光两兄子为谏大夫、常侍。贤自是权与人主侔矣。"事见《汉书·佞幸传》。

⑤《资治通鉴》卷第三十四汉纪二十六孝哀皇帝中建平四年:"今民有七亡:阴阳不和,水旱为灾,一亡也;县官重责更赋租税,二亡也;贪吏并公,受取不已,三亡也;豪强大姓,蚕食亡厌,四亡也;苛吏徭役,失农桑时,五亡也;部落鼓鸣,男女遮列,六亡也;盗贼劫略,取民财物,七亡也。七亡尚可,又有七死:酷吏殴杀,一死也;治狱深刻,二死也;冤陷亡辜,三死也;盗贼横发,四死也;怨仇相残,五死也;岁恶饥饿,六死也;时气疾疫,七死也。民有七亡而无一得,欲望国安,诚难;民有七死而无一生,欲望刑措,诚难。"事见《汉书·鲍宣传》。

⑥《资治通鉴》卷第三十九汉纪三十一淮阳王更始元年:"商人杜吴杀莽,校尉东海公宾就斩莽首;军人分莽身,节解脔分,争相杀者数十人;公宾就持莽首诣王宪。宪自称汉大将军,城中兵数十万皆属焉;舍东宫,妻莽后宫,乘其车服。癸丑,李松、邓晔入长安,将军赵萌、申屠建亦至;以王宪得玺绶不上,多挟宫女,建天子鼓旗,收斩之。传莽首诣宛,县于市;百姓共提击之,或切食其舌。"事见《汉书·王莽传》。

⑦《资治通鉴》卷第四十三汉纪三十五世祖光武皇帝中之下建武十七年:"帝幸章陵,修园庙,祠旧宅,观田庐,置酒作乐,赏赐。时宗室诸母因酣悦相与语曰:'文叔少时谨信,与人不款曲,唯直柔耳,今乃能如此!'帝闻之,大笑曰:'吾治天下,亦欲以柔道行之。'"事见《后汉书·光武帝纪》。

第6讲　两汉之交

　　光武中兴值得人们称道，但是也埋了许多定时炸弹，刘秀和世家大族达成了妥协，刘秀本身就是大地主，一度想丈量土地，他要"度田"，但是最后不了了之，因为不可能在自己腿上割肉。①

　　给刘秀打天下，有一个很重要的功臣叫马援。咱们知道有一个成语叫马革裹尸，就是出自马援之口。这是一个忠臣，他和割据成都的公孙述、陇西的隗嚣，都是朋友，马援去争取他们，为刘秀服务。更重要的是，马援给刘秀南征北战，开疆拓土。交趾叛乱，马援已经是个老将军，班师回朝，别人迎接他，他说男儿当马革裹尸，我就是死在外面也得打这场仗。②武陵蛮叛乱，刘秀当时就说，您就别去了，别人不能去吗？但是马援要坚持，披甲上马给皇帝看。刘秀就讲，看来您真矍铄呀。③这个话也说得不错。

　　马援是怎么死的？当时刘秀的驸马叫做梁松，这人是虎贲中郎将。而刘秀和马援的关系很密切，马援又比梁松长一辈，虽然你是驸马，你是皇帝面前的红人，但我是皇帝的功臣，还比你长一辈，没把梁松放在眼里。梁松给马援远征践行，没想到马援也不搭理，反而对着梁松一段训诫，说你作为皇室，你应该检点，否则就是悲剧。④梁松心怀妒忌。马援远征南方武陵蛮，但南方瘟疫横行，他的部队和马援自己都感染了瘟疫，梁松奉了皇命来视察前线，但是探病的时候，马援也不回礼，所以梁松又一次怨恨马援。⑤他跟皇帝说的话能好吗？他跟皇帝汇报，马援的失败和他指挥失误有关系，而且告诉皇帝马援有贪污的行为。这下皇帝很恼火，于是把马援降级处理，使得马援的灵柩都不能及时安葬。⑥后来到了汉明帝，也就是光武帝的儿子刘庄这个时期，在宫廷之中修建云台，把和光武帝一起打天下的名将的画像都贴出来，可是里面没有马援。不能不说这是冤案，直到几十年后才平反。当然梁松最后的下场也很悲惨，被皇帝收拾了，因为他招惹众怒。

马援之死就能很说明问题，王夫之写《读通鉴论》，说马援犯了一个过错，《道德经》里头有一句话叫"功遂身退"，应该退居二线的，你没退居二线。⑦这个话说得也不无道理，咱们知道伴君如伴虎。

在光武帝、汉明帝之后还发生了很多事情，当时又通西域。王莽这人瞎折腾，明明是匈奴单于，结果降封号为"降奴服于"，激化了少数民族与汉民族之间的矛盾，西域与中原隔绝四十年之久。到了班超那个时候又一次通西域，咱们都知道投笔从戎的典故。而这个时期佛教传入内地，汉明帝刘庄做了一个梦，写在正史里头。刘庄梦到西方有个神，结果醒来之后臣子告诉他，就说那个神是佛，你应该礼佛。于是迎来了大和尚，建立了东土第一个佛教寺院白马寺。梁启超先生就提出过异议，说汉明帝刘庄那个时期西

河南洛阳白马寺

域在匈奴手中，怎么可能白马驮经呢？许多史实是有争议的。⑧这里咱们能推测，可能佛教的传入要比汉明帝的这个梦早（如果此事为真，至少明帝身边已经有人得知佛教）。

这一系列事件都发生在东汉，东汉政治不如西汉。"亲贤人远小人，此先汉所以兴隆也。亲小人远贤臣，此后汉所以倾颓也。"东汉历史的大剧才刚刚拉开帷幕。

注释：

① 《资治通鉴》卷第四十三汉纪三十五世祖光武皇帝中之下建武十五年："帝以天下垦田多不以实自占，又户口、年纪互有增减，乃诏下州郡检核。于是刺史、太守多为诈巧，苟以度田为名，聚民田中，并度庐屋、里落，民遮道啼呼；或优饶豪右，侵刻羸弱。时诸郡各遣使奏事，帝见陈留吏牍上有书，视之云：'颍川、弘农可问，河南、南阳不可问。'帝诘吏由趣，吏不肯服，抵（欺）言：'于长寿街上得之'（长寿街在雒阳城中）。帝怒。时东海公阳年十二，在幄后言曰：吏受郡敕，当欲以垦田相方（以垦田之数相比）耳。'帝曰：'即如此，何故言河南、南阳不可问？'对曰：'河南帝城，多近臣；南阳帝乡，多近亲；田宅逾制，不可为准。'帝令虎贲将诘问吏，吏乃实首服，如东海公对。"

② 《资治通鉴》卷第四十三汉纪三十五世祖光武皇帝中之下建武二十年："秋，九月，马援自交趾还，平陵孟冀迎劳之。援曰：'方今匈奴、乌桓尚扰北边，欲自请击之，男儿要当死于边野，以马革裹尸还葬耳，何能卧床上在儿女子手中邪！'冀曰：'谅！为烈士当如是矣！'"

③ 《资治通鉴》卷第四十四汉纪三十六世祖光武皇帝下建武二十四年："秋七月，武陵蛮寇临沅；遣谒者李嵩、中山太守马成讨之，不克。马援请行，帝愍其老，未许，援曰：'臣尚能被甲上马。'帝令试之。援据鞍顾眄，以示可用，帝笑曰：'矍铄哉是翁！'遂遣援率中郎将马武、耿舒等将四万余人征五溪。"

④《资治通鉴》卷第四十三汉纪三十五世祖光武皇帝中之下建武二十年："马援自请击匈奴，帝许之，使出屯襄国，诏百官祖道。援谓黄门郎梁松、窦固曰：'凡人富贵，当使可复贱也；如卿等欲不可复贱，居高坚自持。勉思鄙言！'松，统之子；固，友之子也。"

⑤《资治通鉴》卷第四十四汉纪三十六世祖光武皇帝下建武二十五年："初，援尝有疾，虎贲中郎将梁松来候之，独拜床下，援不答。松去后，诸子问曰：'梁伯孙，帝婿，贵重朝廷，公卿已下莫不惮之，大人奈何独不为礼？'援曰：'我乃松父友也，虽贵，何得失其序乎！'"

⑥《资治通鉴》卷第四十四汉纪三十六世祖光武皇帝下建武二十五年："帝乃使梁松乘驿责问援，因代监军。会援卒，松因是构陷援。帝大怒，追收援新息侯印绶。初，援在交趾，常饵薏苡实，能轻身，胜瘴气，军还，载之一车。及卒后，有上书谮之者，以为前所载还皆明珠文犀。帝益怒。援妻孥惶惧，不敢以丧还旧茔，槀葬城西。宾客故人，莫敢吊会。严与援妻子草索相连，诣阙请罪。帝乃出松书以示之，方知所坐，上书诉冤，前后六上，辞甚哀切。"

⑦ 王夫之《读通鉴论》卷六 "后汉光武帝三四"："宣力以造人之国家，而卒逢罪谴者，或忌其强，或恶其不孙，而援非也，为光武所厌而已矣。老氏非知道者，而身世之际有见焉。其言曰：'功成名遂身退。'盖亦察于阴阳屈伸之数以善进退之言也。平陇下蜀，北御匈奴，南定交阯，援未可以已乎？武豁之乱，帝愍其老而不听其请往，援固请而行。天下已定，功名已著，全体肤以报亲，安禄位以戴君，奚必马革裹尸而后为愉快哉！"

⑧ 梁启超《佛教之初输入》："汉明之永平求法说，大略谓明帝感梦金人，遣使西域，赍还经像，创立寺宇。今藏中《四十二章经》，即当时所译。魏晋后之洛阳白马寺，即当时所建。甚者演为释道两教竞技剧谈，谓佛教缘此盛弘京邑。虽然，试稍用严正的史识一绳之，则兹事乃支离不可究诘。盖当时西域交通正中绝，使节往返，为事实

上所不可能。即兹一端，则此段史迹，已根本不能成立。其所宗据之《四十二章经》，察其文体，案诸经录，皆可断为两晋间人作：绝非汉时所有。至于各书关于兹事所纪载，其年月，其所遣之人，所历之地，所作之事，无一从同，而矛盾罅漏，随处发现。故以吾之武断，直谓汉明求法事，全属虚构。其源盖起于晋后释道阋争，道家捏造谰言，欲证成佛教之晚出。"（《佛学研究十八篇》，中华书局1989年6月）

第7讲　东汉风云

光武帝刘秀像

所谓光武，是说他要光耀汉武帝的辉煌，政治意义非常明显。刘秀一上来推行的是柔政，老百姓得以休养生息，汉家的气数逐渐恢复。但是我们也曾经交代过，东汉一建立，遗留了很多社会问题，出现了不少弊病。

汉家气数也很神奇，西汉从公元前202年刘邦建汉，一直到公元8年王莽篡汉，持续了二百来年；而刘秀之后，东汉从公元25年一直到220年曹丕篡汉，又持续了二百年。也就是说汉家气象四百年。历史上有几个时代是四百年的呢？其实也不多。所以东汉是百足之虫，死而不僵。

其中一个表现就是对西域的经营与管控上，两汉之交有许多军阀，在成都有公孙述，在西北有隗嚣。汉初名臣班彪起到关键作用，他儿子就是大史学家班固，以及投笔从戎的英雄班超。班彪的姑母是汉成帝时期的班婕（倢）妤，还留下了《团扇诗》。班婕妤是一个非常著名的女性，很贤惠，但是被赵飞燕所迫害。①班彪是忠于汉室的文臣，一度西北军阀隗嚣非常重视他，班彪在隗嚣面前曾经谈论过历代兴衰。隗嚣问班彪，老先生，您说现在天下又大乱了，这能持续下去吗？是否呈现出战国合纵连横的样子，还是说很快就会一统呢？班彪说，这个时代很快就能一统。为什么呢？人心向汉。汉末出现了王莽这个大坏蛋，为什么会出现外戚的专权？是因为成、哀、平三代帝王非常羸弱，都没有孩子，所以他们只能过继一个继承人；过继的继承人又非常年轻，只能外戚辅政，王莽钻了时代的空子。你不能拿偶然当作必然，而人心向汉有目共睹，所以很快就能天下一统。

班彪大义凛然，但是隗嚣不听他这一套。班彪为了说服隗嚣，还写了一篇文字，叫做《王命论》。它是讲汉朝之所以有天下，是因为有种冥冥中的神秘因素，你说群雄逐鹿，怎么就汉家有了天下呢？一定是冥冥中有天命。②今天说这种认识是比较愚昧的，但是回到那个历史背景中，人们能想到这一点，不仅看到社会的发展方向，还为之寻找理据，也代表了这些学者的远见。

而班彪的儿子，一个是班固，一个就是班超，这两个人在历史上非常有名。班超曾经经营过西域，他是定远侯，英雄人物。班彪还有一个女儿，就是班昭，班昭由于她嫁给曹姓人，称之为曹大家（读作 gū），班固的《汉书》就是在曹大家的帮助之下完成的。投笔从戎的事件开始于公元73年，这时汉家又一次经营西域。上一讲我们曾经提到过佛教的传播。白马驮经的事件一度梁启超先生质疑过，是因为当时王莽胡来，西域诸多部落和大汉的关系相当紧张，西域之路不通，怎么可能发生白马驮经呢？什么时候西域之路又通畅了呢？那就是公元73年以后，也就是说汉家派遣大将军窦固又一次打匈奴，恢复了这条道路。

而班超的投笔从戎就是发生在这个时间段,有一个著名的典故,叫不入虎穴焉得虎子。匈奴使者作祟,后来班超一不做二不休,弄死了匈奴使者,使得西域诸邦又一次和大汉加强了联系。③

而更有名的是班固,《汉书》是第一部纪传体断代史。为什么要写《汉书》? 目的就是要讴歌大汉。在司马迁身后有许多人补作过《太史公书》,因为《太史公书》到汉武帝时期就不写了,巫蛊之祸都没有写进去,于是有许多人补作它,比如说大学问家扬雄,著名的史学家褚少孙等人。而班彪也曾经补作过《史记》,称之为《史记后传》,这下他们家有非常好的学术基础。班固曾经出任兰台令史,以国家史官的身份编这个书。这部书目的非常明确,如果司马迁还想"究天人之际,通古今之变,成一家之言"的话,也就凸显史家的种种思考,那么到了班固这里有非常明确的主旋律就是宣汉。他认为司马迁有不对的地方,因为《史记》把汉家排列于秦项之末、百王之侧,诸多本纪之后才出现了《高祖本纪》《孝文本纪》《孝景本纪》《孝武本纪》,当然有几个"本纪"可能都不是司马迁写的,是后人补作的。但甭管怎么样,这种局面应当改观,我煌煌大汉,明主贤君忠臣死义之士,不宣汉哪里行呢?《汉书》的主旋律意识非常之强,《史记》《汉书》是明确的国家史,咱们把它放作"二十四史"的第一部、第二部,当之无愧。

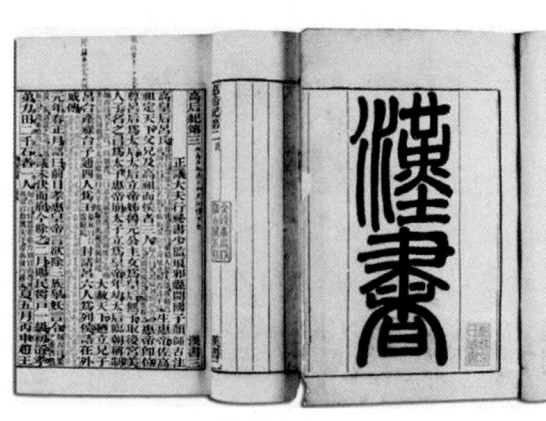

《汉书》书影

班固写《汉书》,

但是他的命运也是很坎坷。他攀附了一个非常著名的人物,外戚窦宪。窦宪是当时汉和帝的舅舅,是窦太后的兄弟。窦太后是汉和帝的母亲,汉和帝的父亲就是汉章帝。汉章帝在世的时候,窦家势力很强,窦宪曾经干出很不光彩的事,巧取豪夺,甚至这样的盘算打到了沁水公主的身上,这是公主啊。公主囿于窦家势力,忍气吞声。后来这个汉章帝去游猎看到了这块田,问这田是谁的啊?在一边的窦宪也不敢说实话,支支吾吾搪塞过去,后来汉章帝知道这个事实之后非常恼火,大骂窦宪,说你觉得你很牛吗?你忘了先帝时候惩治的贪官污吏吗?那时候没有贵戚敢作奸犯科,我要弄死你的话就好比弄死个小鸟一样,弄死一只腐鼠一样,这下把窦宪吓坏了,赶紧退田。④但是汉章帝看在皇后窦氏的面子上,没有处理他小舅子。等汉章帝一死,汉和帝登基,这个窦家专横得可不得了了。按照朝廷的制度,齐殇王的儿子刘畅,进京来朝拜窦太后,答对非常得体,所以太后非常喜欢刘畅,于是窦宪心生妒忌,心想你成了红人,把我放在哪儿?居然这个醋他也吃,他索性派刺客杀掉刘畅,⑤可见窦家势力有多大。他也知道自己惹了大娄子,向自己的姐姐请罪,提出,干脆我去打匈奴吧,我以打匈奴来赎罪。

两汉之交,匈奴发生一件大事——分裂了。匈奴分成北匈奴和南匈奴。北匈奴和南匈奴敌对,南匈奴团结汉廷打北匈奴,这下北匈奴就开始了几个世纪的西迁运动,西迁迁徙到哪儿?据说迁徙到欧洲,几个世纪之后出现匈奴大帝阿提拉,人称上帝之鞭,这都是西方史。当然,有人说这些历史中间出现很多缺环,还不好把它都联系在一起。而北匈奴的残余势力如何去肃清?当时窦宪就干了这么一件事,在公元89年的时候打匈奴,他是大将军,打到了蒙古的杭爱山,学霍去病封狼居胥,记功刻石。当时他带的幕僚之一就是大文豪班固。这下杭爱山就多了一个石碑,这个石碑就是《封燕然山铭》，石碑的铭文收在《后汉书》里头。当时班固洋洋洒洒，写的文字很漂亮，扬大汉天威。⑥距中原数千里，打了大胜仗，这都是军事史上的奇迹。

　　这个碑后来就不知其去向，直到清末的时候，有人看到这个碑。2017年中国和蒙古国联合考古队，在蒙古的杭爱山发现了这个碑。这个碑不算太大，距离地面四米，和《后汉书》上的文字完全吻合。甭管窦宪还是班固，都是朝廷的功臣。可是下边发生的事，就是非常恶劣了。窦宪回朝以后很像电视剧《雍正王朝》里的年羹尧，居功自傲，不把皇帝放在眼里，甚至要谋逆。这下让皇帝知道了，彻查，最后窦宪自尽。窦宪一死，他幕僚班固自然倒霉，没了靠山。班固手底下的恶奴也为非作歹。班固知道不知道？很可能是睁一眼闭一眼，班固手下人得罪了洛阳令种兢，这个人就罗织罪状，等窦宪倒台的时候把班固给抖了出来，挖个萝卜带出块泥，最后班固死在大狱里头。⑦《封燕然山铭》何其辉煌，但是短短一两年之后，这一群人倒台。

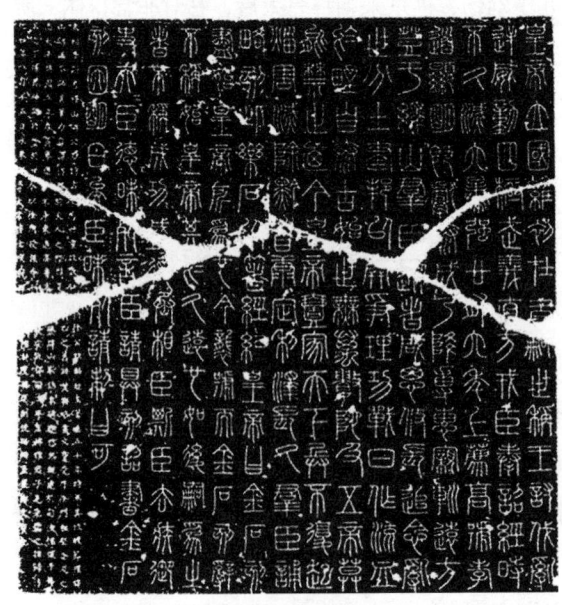

《封燕然山铭》

　　当时汉廷经营西域还有非常精彩的故事，班超有个手下叫做甘英，奉命要出使大秦（罗马），结果走到波斯湾。距离汉廷多远啊！当时就有安息人（也就是帕提亚人，您要读罗马史，知道帕提亚跟罗马是敌对关系）告诉甘英说你别再往前走了，面对的这片大海，你不准备两年三年的粮食，恐怕过不去，而且遇见善风，也就是顺风顺水，你得几个月，不顺风顺水那就不知道了，你还是掂量着办吧。甘英听了这话打了退堂鼓，班师回中原。⑧有人说如果他真通向西方的话，那大汉和罗马间发生直接的往来，是有可能的。中西交流中，大汉雄威可见一斑。

注释：

① 《资治通鉴》卷第三十一汉纪二十三孝成皇帝上之下鸿嘉三年："赵飞燕潜告许皇后、班婕妤挟媚道，祝诅后宫，詈及主上。冬，十一月，甲寅，许后废处昭台宫，后姊谒皆诛死，亲属归故郡。考问班婕妤，婕妤对曰：'妾闻"死生有命，富贵在天"。修正尚未蒙福，为邪欲以何望！使鬼神有知，不受不臣之愬；如其无知，愬之何益！故不为也。'上善其对，赦之，赐黄金百斤。赵氏姊、弟骄妒，婕妤恐久见危，乃求共养太后于长信宫。"

② 《资治通鉴》卷第四十一汉纪三十三世祖光武皇帝上之下建武五年："（隗）嚣曰：'生言周、汉之势可比，至于但见愚人习识刘氏姓号之故，而谓汉复兴，疏矣！昔秦失其鹿，刘季逐而掎之，时民复知汉乎？'彪乃为之著《王命论》以风切之，曰：'昔尧之禅舜曰：天之历数在尔躬。舜亦以命禹。洎于稷、契，咸佐唐、虞，至汤、武而有天下。刘氏承尧之祚，尧据火德而汉绍之，有赤帝子之符，故为鬼神所福飨，天下所归往。由是言之，未见运世无本，功德不纪，而得屈起在此位者也！俗见高祖兴于布衣，不达其故，至比天下于逐鹿，幸捷而得之。不知神器有命，不可以智力求也。悲夫，此世所以多乱臣贼子者也！'

③ 《资治通鉴》卷第四十五汉纪三十七显宗孝明皇帝下永平十六年："超曰：'不

入虎穴，不得虎子。当今之计，独有因夜以火攻虏，使彼不知我多少，必大震怖，可殄尽也。灭此虏，则鄯善破胆，功成事立矣。'众曰：'当与从事议之。'超怒曰：'吉凶决于今日；从事文俗吏，闻此必恐而谋泄，死无所名，非壮士也。'众曰：'善！'初夜，超遂将吏士往奔虏营。会天大风，超令十人持鼓藏虏舍后，约曰：'见火然，皆当鸣鼓大呼。'余人悉持兵弩，夹门而伏。超乃顺风纵火；前后鼓噪，虏众惊乱，超手格杀三人，吏兵斩其使及从士三十余级。余众百许人悉烧死。"

④《资治通鉴》卷第四十六汉纪三十八肃宗孝章皇帝上建初八年："宪恃宫掖声势，自王、主及阴、马诸家，莫不畏惮。宪以贱直请夺沁水公主园田，主逼畏不敢计。后帝出过园，指以问宪，宪阴喝不得对。后发觉，帝大怒，召宪切责曰：'深思前过夺主田园时，何用愈赵高指鹿为马！久念使人惊怖。昔永平中，常令阴党、阴博、邓叠三人更相纠察。故诸豪戚莫敢犯法者。今贵主尚见枉夺，何况小民哉！国家弃宪，如孤雏、腐鼠耳！'宪大惧，皇后为毁服深谢，良久乃得解，使以田还主。虽不绳其罪，然亦不授以重任。"

⑤《资治通鉴》卷第四十七汉纪三十九肃宗孝章皇帝下章和二年："会齐殇王子都乡侯畅来吊国忧，太后数召见之，窦宪惧畅分宫省之权，遣客刺杀畅于屯卫之中，而归罪于畅弟利侯刚，乃使侍御史与青州刺史杂考刚等。""于是推举，具得事实。太后怒，闭宪于内宫。宪惧诛，因自求击匈奴以赎死。"

⑥《资治通鉴》卷第四十七汉纪三十九孝和皇帝上永元元年："（窦）宪分遣副校尉阎盘、司马耿夔、耿谭将南匈奴精骑万余，与北单于战于稽洛山，大破之，单于遁走；追击诸部，遂临私渠北鞮海。斩名王已下万三千级，获生口甚众，杂畜百余万头，诸裨小王率众降者，前后八十一部二十余万人。宪、秉出塞三千余里，登燕然山，命中护军班固刻石勒功，纪汉威德而还。"

⑦《资治通鉴》卷第四十八汉纪四十孝和皇帝下永元四年："初，班固奴尝醉骂洛阳令种兢，兢因逮考窦氏宾客，收捕固，死狱中。固尝著《汉书》，尚未就，诏固女弟

曹寿妻昭踵而成之。"

⑧《资治通鉴》卷第四十八汉纪四十孝和皇帝下永元九年:"西域都护定远侯班超遣掾甘英使大秦、条支,穷西海,皆前世所不至,莫不备其风土,传其珍怪焉。及安息西界,临大海,欲渡,船人谓英曰:'海水广大,往来者逢善风,三月乃得渡,若遇迟风,亦有二岁者;故入海,人皆赍三岁粮,海中善使人思土恋慕,数有死亡者。'英乃止。"

第8讲 汉末乱世

清朝史学家赵翼的《廿二史札记》里头提到,汉朝有个非常罕见的现象,东汉时候皇帝的寿数都不长,他比较了前汉,除了后来成、哀、平三氏没有儿子,其余东汉君主寿数都不长。年幼的皇帝登基只能靠着皇帝的母家,也就是外戚。强大的外戚对皇权形成干涉,所以皇帝等亲政之后就要依据宦官的势力打杀外戚,这样就形成了一个恶性循环,东汉就在这种恶性循环里展开。

前面我们曾经提到过著名的外戚窦宪。我们知道还有一个著名的人物蔡伦,蔡伦事实上也卷进这场斗争了。蔡伦算是非常忠诚的宦官,但他必须站队,站在窦太后

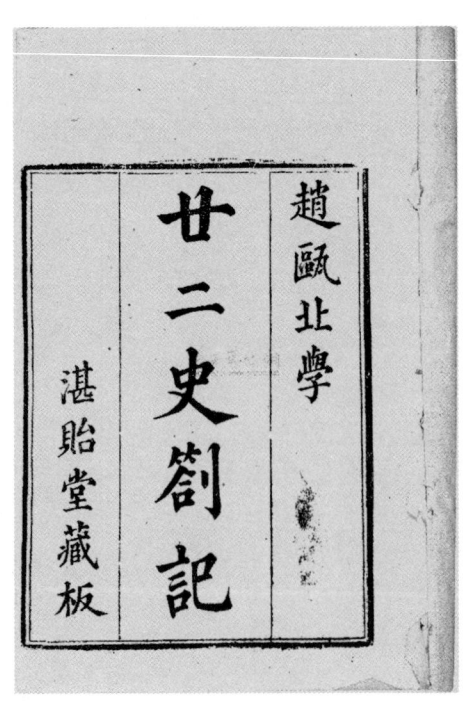

《廿二史札记》书影

这一头,帮助窦太后迫害对头宋贵人,宋贵人就被弄死,没想到宋贵人的孙子就是后来的汉安帝。等汉安帝主政,还有蔡伦的好吗?所以反攻倒算,蔡伦别瞅原先很显赫,都当了中常侍,是皇帝身边机要秘书首领,可是后来死路一条,只能自尽。①

除了窦家之外,还有后来的邓家、梁家都不可一世。尤其是梁家,有一个著名的典故,"跋扈将军"。安帝、顺帝、冲帝、质帝都和梁家有关系,小皇帝汉质帝九岁就被梁冀给毒死。因为小皇帝说了,此跋扈将军。梁冀一听,你才多大?九岁就恨我,等你二十九,我岂不是死无葬身之地!所以鸩杀汉质帝。②但是到了汉桓帝的时候又一次用宦官的力量,剪除了梁家的势力,梁家倒台万民欢腾,但把一堆宦官推向了前台,成为汉朝的中枢力量。③

《三国演义》里头有一个著名的故事,就是十常侍专政。张让、赵忠等太监权倾朝野,甚至当时皇帝曾经说,某个宦官是我的父亲,某个宦官是我的母亲,形容宦官对自己有再造之恩,反正他也不男不女。汉朝的宦权还没有到诛杀皇帝,这跟唐朝还不一样。宦官、外戚,这两种势力你方唱罢我登场,他们都是皇权的牌,但都制约了皇权。刘备跟诸葛亮说,后汉亲小人而远贤臣,一潭浑水。当时出现了著名的党锢之祸。一批忠正的士大夫,为了儒家的道义,为了朝廷的体统,和宦官集团做

蔡伦像

061

殊死斗争，付出性命，蹈死不顾，非常讲气节。赵翼的《廿二史札记》里头也说过汉朝党人讲气节。这个"党"是一个中性词。当时出现了名臣比如说范滂、张俭等等。

咱们知道后来谭嗣同在戊戌政变后写过一首诗："望门投止思张俭，忍死须臾待杜根。我自横刀向天笑，去留肝胆两昆仑。""望门投止"说的就是张俭。张俭和宦官做斗争，于是宦官通缉他，他只能逃亡。没想到各家破家相容。你来吧，没关系，你看上我们家是我们家的荣耀。④"忍死须臾待杜根"，杜根曾经劝过邓太后还政，邓太后勃然大怒，要杖毙他，没想到行刑的人有恻隐之心，把他放在口袋里，没有把他打死，然后把他扔出去了，杜根装死躲过一劫。⑤谭嗣同希望身边的人能躲过这一劫，我就从容赴死吧，有变法赴死的大无畏精神。这都是当时东汉的典故。

范滂也很有名，范滂不想连累他人，从容投案赴死。⑥《宋史·苏轼传》载，后来到了宋王朝，苏轼的母亲程氏夫人给苏轼讲书，讲到《范滂传》的时候，苏轼突然问一句，说"轼若为滂，母许之否乎？"如果日后您家儿子当了革命烈士，您答应吗？咱们都是做家长的人这个话，如果各位朋友您的孩子问您，您会怎么说？您一般不会答应，闭嘴，写作业去。人家程氏夫人怎么说？说的是"汝能为滂，吾顾不能为滂母也？"你觉得你能当范滂，我当不了范滂的母亲吗？多么崇高的精神啊！这是东汉士人精神的鼓舞。

太监迫害党人，不是死，就是把他终身监禁，⑦直到公元184年，著名的"黄巾起义"暴发。黄巾起义跟道教有关系，张梁、张角、张宝这一支头裹黄巾，《三国演义》开篇就是刘关张桃园结义（"桃园结义"这个故事是虚构，但刘关张关系很好），他们斩黄巾给汉廷立过功。

这个时候道教成为农民起义的工具，可是很快黄巾军就被平息，朝廷用的是凉州兵,凉州在今天甘肃武威这一带。

可是平息之后,东汉奄奄一息,这个时候宦官还在作祟,于是有了董卓进京。大将军何进对宦官丧失了警惕,被宦官给弄死,而袁绍、曹操这些人打击宦官,袁绍还联合了凉州的大军阀董卓。董卓进京之后诛杀宦官,可是朝廷引狼入室。一个著名的文学家蔡文姬,被匈奴兵给掳走了,后来给左贤王生儿育女,曹操统一北方之后,就把蔡文姬接回来,有著名的"文姬归汉"。而蔡文姬写过著名的《悲愤诗》和《胡笳十八拍》,控诉这种恶劣的社会环境,说为什么我生活在这个乱离的处境之中,老天爷你为什么这么不公。不是把蔡文姬给逼急了,她绝对不会这么讲。董卓胡作非为,杀掉何太后,杀掉汉少帝,立了傀儡汉献帝,汉献帝也很倒霉,原先是董卓的傀儡,后来成为曹操的傀儡,被曹丕废黜,好在没杀他,把都城迁到长安,哀鸿遍野。⑧这时候一批军阀打击董卓,咱们都知道三英战吕布的故事(也是虚构)。

董卓身边有一个著名的人物,就是吕布。我们知道《三国演义》里吕布戏貂蝉,但是《三国志》里没提到有个人叫貂蝉,只知道吕布和董卓是因为一个女的产生了矛盾,后来吕布杀掉董卓。这个情节被罗贯中添枝加叶,成了现在看到的样子。董卓一死,群雄林立,曹操"挟天子以令诸侯"逐渐统一北方。⑨官渡之战中曹操打败了袁绍,朝局出现了转机。曹操发展生产,恢复社会经济,也赢得了人心。即便是他的对头,也刮目相看。比如像孔融(咱们都知道孔融让梨,孔融后来死在曹操手里),也说过"瞻望关东可哀,梦想曹公归来"。

还有一个著名的故事,建安七子中的陈琳,非常有才华,原先给袁绍服务过,讨曹操的檄文是陈琳写的,曹操看到这个檄文告诫手下人,你们做错了,没有把这路高人给争取过来,是你们的过失。《三国演义》里演

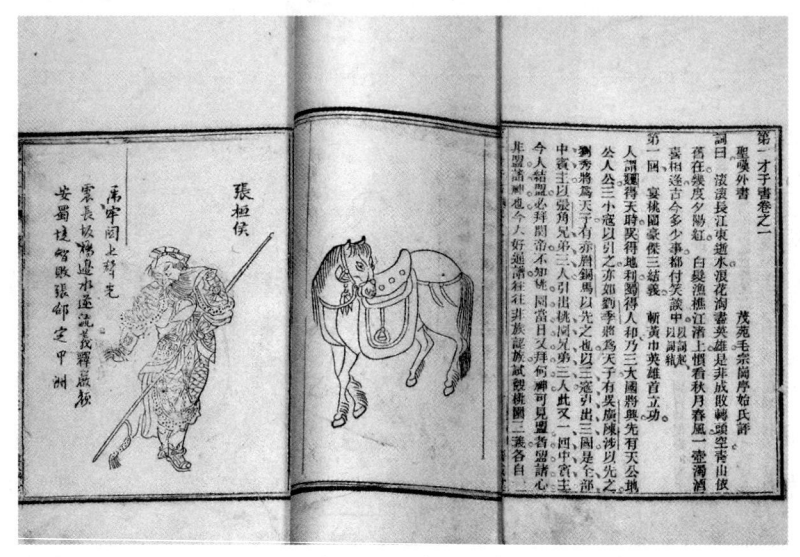

《三国演义》书影

的更神奇，曹操犯了头风病，手下人正好给曹操读陈琳骂他祖宗八代的檄文，曹操大吼一声，所有人吓坏了，没想到头风病好了。后来曹操就真把陈琳给争取过来了。曹操说，你骂我一个就行，别骂我祖宗。⑩这说明曹操能够获得人心。鲁迅先生、郭沫若先生都给曹操平过反，鲁迅说的最典型，认为曹操不应当是《三国演义》里头那个带着髯口的奸雄形象，曹操至少说是一个英雄。如果没有曹操，不知几人称王、几人称帝，⑪今天看事实应当如此。

注释：

① 《资治通鉴》卷第四十六汉纪三十八肃宗孝章皇帝上建初七年："宋贵人有宠于马太后，太后崩，窦皇后宠盛，与母沘阳公主谋陷宋氏，外令兄弟求其纤过，内使御

者侦伺得失。"《资治通鉴》卷第五十汉纪四十二孝安皇帝中建光元年:"初,长乐太仆蔡伦受窦后讽旨诬陷宋贵人,帝敕使自致廷尉,伦饮药死。"

② 《资治通鉴》卷第五十三汉纪四十五孝质皇帝本初元年:"帝少而聪慧,尝因朝会,目梁冀曰:'此跋扈将军也!'冀闻,深恶之。闰月,甲申,冀使左右置毒于煮饼而进之;帝苦烦盛,使促召太尉李固。固入前,问帝得患所由;帝尚能言,曰:'食煮饼。今腹中闷,得水尚可活。'时冀亦在侧,曰:'恐吐,不可饮水。'语未绝而崩。固伏尸号哭。"

③ 《资治通鉴》卷第五十四汉纪四十六孝桓皇帝上之下延熹二年:"是时,事猝从中发,使者交驰,公卿失其度,官府市里鼎沸,数日乃定;百姓莫不称庆。收冀财货,县官斥卖,合三十余万万,以充王府用,减天下税租之半,散其苑囿,以业穷民。""诏赏诛梁冀之功,封单超、徐璜、具瑗、左悺、唐衡皆为县侯,超食二万户,璜等各万余户,世谓之五侯。"

④ 《资治通鉴》卷第五十六汉纪四十八孝灵皇帝上之上建宁二年:"张俭亡命困迫,望门投止,莫不重其名行,破家相容。""其所经历,伏重诛者以十数,连引收考者布遍天下,宗亲并皆殄灭,郡县为之残破。"

⑤ 《资治通鉴》卷第五十汉纪四十二孝安皇帝中建光元年:"上始亲政事,尚书陈忠荐隐逸及直道之士颍川杜根、平原成翊世之徒,上皆纳用之。忠,宠之子也。初,邓太后临朝,根为郎中,与同时郎上书言:'帝年长,宜亲政事。'太后大怒,皆令盛以缣囊,于殿上扑杀之。既而载出城外,根得苏;太后使人检视,根遂诈死,三日,目中生蛆。因得逃窜,为宜城山中酒家保,积十五年。"

⑥ 《资治通鉴》卷第五十六汉纪四十八孝灵皇帝上之上建宁二年:"(范滂)母曰:'汝今得与李(膺)、杜(密)齐名,死亦何恨!既有令名,复求寿考,可兼得乎!'滂跪受教,再拜而辞。顾其子曰:'吾欲使汝为恶,恶不可为;使汝为善,则我不为恶。'行路闻之,莫不流涕。"

⑦《资治通鉴》卷第五十六汉纪四十八孝灵皇帝上之上建宁二年:"凡党人死者百余人,妻子皆徙边,天下豪桀及儒学有行义者,宦官一切指为党人;有怨隙者,因相陷害,睚眦之忿,滥入党中。州郡承旨,或有未尝交关,亦离祸毒,其死、徙、废、禁者又六七百人。"

⑧《资治通鉴》卷第五十九汉纪五十一孝献皇帝甲初平元年:"丁亥,车驾西迁,董卓收诸富室,以罪恶诛之,没入其财物,死者不可胜计;悉驱徙其余民数百万口于长安,步骑驱蹙,更相蹈藉,饥饿寇掠,积尸盈路。卓自留屯毕圭苑中,悉烧宫庙、官府、居家,二百里内,室屋荡尽,无复鸡犬。又使吕布发诸帝陵及公卿以下冢墓,收其珍宝。卓获山东兵,以猪膏涂布十余匹,用缠其身,然后烧之,先从足起。"

⑨《资治通鉴》卷第六十二汉纪五十四孝献皇帝丁建安元年:"荀彧曰:'昔晋文公纳周襄王而诸侯景从,汉高祖为义帝缟素而天下归心。自天子蒙尘,将军首唱义兵,徒以山东扰乱,未遑远赴。今銮驾旋轸,东京榛芜,义士有存本之思,兆民怀感旧之哀。诚因此时,奉主上以从人望,大顺也;秉至公以服天下,大略也;扶弘义以致英俊,大德也。四方虽有逆节,其何能为? 韩暹、杨奉,安足恤哉! 若不时定,使豪杰生心,后虽为虑,亦无及矣。'操乃遣扬武中郎将曹洪将兵西迎天子。"

⑩《资治通鉴》卷第六十四汉纪五十六孝献皇帝己建安十年:"官渡之战,袁绍使陈琳为檄书,数操罪恶,连及家世,极其丑诋。及袁氏败,琳归操,操曰:'卿昔为本初移书,但可罪状孤身,何乃上及父祖邪!'"胡三省注:"按《文选》,琳为绍檄豫州。盖帝都许,许属颍川郡,豫州部属也,故选专以檄豫州为言。琳檄略曰:'操祖父腾,与左悺、徐璜并作妖孽,饕餮放横,伤化害人。父嵩,乞匄携养,因臧买位,窃盗鼎司。操奸阉遗丑,僄狡锋侠,好乱乐祸。'又数其残贤害善,专制朝政,发掘坟陵之罪。文多不载。"琳谢罪,操释之,使与陈留阮瑀俱管记室。"

⑪《资治通鉴》卷第六十六汉纪五十八孝献皇帝辛建安十五年:"身为宰相,人臣之贵已极,意望已过矣。设使国家无有孤,不知当几人称帝,几人称王。"

第9讲 鼎足三分

说到三国时代，咱们就得说《三国演义》和一些戏。

曹操能够统一北方，获得人心，他在官渡之战中打败袁绍，是什么原因？袁绍的谋臣许攸投奔了曹操，因为他在袁绍这不得势。曹操光着脚迎接这个许先生，许先生和盘托出，袁绍的乌巢是粮仓。于是曹操一剑穿心，打了个大胜仗。①袁绍指挥失当且轻敌，致使曹操以少胜多。

但是我们应当看到更深层次的因素，陈寅恪先生《魏晋南北朝史讲演录》就探讨过汉末以后的局势。陈先生说，曹操政权和东汉政权，乃至以后司马氏政权不一致。曹操政权其实是法家政权，他不读儒家经典。《十一家注孙子》里头有曹操注。而且他提的许多方针都是利于

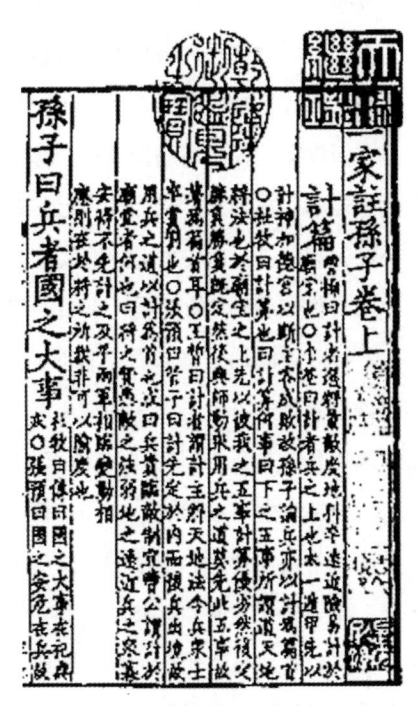

《十一家注孙子》书影

庶族地主的，比如"唯才是举"。汉的做法是"举茂才""举孝廉"，非常重德行，尤其以孝治天下。

《二十四孝》里好些故事都打着这个时代烙印，有一个故事"王祥卧冰"，他是汉魏时候人。这种故事非愚即诬，如果冰面薄的话，他怎么没掉进去。冰面厚的话根本就捂不开，就是一百个王祥光膀子趴冰上也没用。这种做法就是能通过变态的孝行来赚名声。汉朝人已经说了，"举秀才，不知《书》"，他连《书》都不懂，你怎么当秀才？"举孝廉，父别居"，你又孝又廉，结果老爹轰到一边不养活。这种做法就是作秀。

曹操已经看出了这种问题，于是他提出"唯才是举"，德行即便有瑕疵我也能用。②好些人都团结到他的羽翼之下，比如建安七子中的陈琳和孔融，事实上都是和曹操有过节的，后来被曹操争取过来。当然孔融后来是死不悔改，被曹操所杀。③但甭管怎么样，曹操的政权比较清明。

而汉家政权和司马氏政权，陈寅恪先生认为是儒家政权，儒家政权读的是经书，拿纲常礼义当作自己执政工具。袁绍也是儒家政权，袁家累世公卿，赵翼《廿二史札记》里头也曾经提到过汉家这种现象，比如"天知地知，你知我知"的杨震，袁绍的祖上袁安，既是士林领袖，也是国之重臣，按今天的话是富N代、官N代，而且是学N代。这下出现了一个词，叫做士族。这里是士大夫的"士"，为什么？它属于士大夫阶层，垄断着学术资源。这个"学"主要是儒家。

于是产生了不同统治集团，曹操是法家集团，袁绍是儒家集团，刘备是法家集团，孙策、孙坚、孙权是儒家集团。士家大族逐渐和政权紧密结合，而另外一方面，庶族地主和士家大族一定程度上能抗衡，但是没有胜过士家大族，等到什么时候庶族地主才出头呢？那已经到了刘宋以后，或者说到了隋唐科举以后，咱们以后要仔细讲。

相比儒家大族，曹操肯定会打仗，所以官渡之战他能够打败袁绍统一北方，这里偶然事件之中有着必然因素。曹操能唯才是举，能统一群众，能发展生产，他还屯田，这是多么不得了的政治智慧啊！但是曹操在另外一场战役中败北，这就是咱们所熟知的赤壁之战。

赤壁之战曹操败北也有着偶然因素。《三国演义》里赤壁之战中，孙刘联合，诸葛亮还曾经舌战群儒、借东风，在赤壁之战之中发挥很大作用，但事实上并不是如此，诸葛亮只是起到说服孙权与刘备联合抗曹的作用。孙权联合刘备抵抗曹操，他抓住了时机，火攻是一个很重要的手段，曹操也是骄兵必败，这里有着必然性。

更重要的因素是，当时统一的条件尚不具备，因为自从两汉之交以来，豪强地主膨胀的局面愈演愈烈。到东汉末期豪强地主势力相当之大，世家大族累世公卿，他们不仅掌握着钱，也掌握着兵，乃至学术资源。所以这样的局面没有解决，统一只是一个形式上的。包括西晋三十来年的统一，实质上也没有解决这个问题，近些年也有医学史家提出另外的说法，建安十三年（公元208年）赤壁之战曹操之所以败北，因为曹操军中闹了大瘟疫，这瘟疫是什么？有医生说是血吸虫病。咱们都知道毛主席写过《送瘟神》两首，"华佗无奈小虫何""纸船明烛照天烧，"说的就是挖钉螺，灭绝血吸虫。血吸虫在一千七八百年前，真能要命。当然有人说这是冬天，不是血吸虫泛滥的时候，所以有学者认为是伤寒，还有人认为是大流感。但甭管怎么样，这个时候瘟疫横行。

事实上曹操的军队内部已经出现了瘟疫，而当时没有一个妥善的处理方式。④不像今天，现代社会有一整套防范手段。可是古代，人们只能任由其发展，曹操于是败北。

曹操败北之后很快形成三国鼎立的局面。这里有两点需要澄清：第一，曹操没有那么坏。后来郭沫若先生写过一个戏，叫做《蔡文姬》。《蔡文姬》20世纪50年代末曾经在人艺上演，演员也演得非常好。说的是曹操把蔡文姬赎回来，而且蔡文姬带来了自己的孩子，和匈奴做了诀别，汉匈之间永远和睦。郭沫若先生有着非常强的以古喻今的意味，好些人看了《蔡文姬》就觉得真好，曹操怎么能是个坏人呢？曹操也有他暴虐的一面，比如曹操很好色，曹操杀了名医华佗，这都是他很不光彩的事情，人无完人。

第二，诸葛亮没那么神。诸葛亮经过罗贯中的文学塑造，有人说这都不是人，这是妖。他能掐会算，成了中华民族智慧的象征。的确诸葛亮很伟大，但是蜀汉的败亡，其实败亡在《隆中对》上。⑤《隆中对》有巨大的问题，您拿来看一看明白，这还没出隆中，做了一个纸上的分析。诸葛亮建议刘备，说你要横跨荆益二州，这个时候要躲避许多锋芒，而且要西和诸戎，南抚夷越，内修政理，外和孙权。⑥时机成熟派两支人马，一支出益州，一支出荆襄，于是天下百姓箪食壶浆，汉室可兴。

这个策略听起来非常好，但是您发现没有，中国历史上少有通过南方

《隆中对》（沈道鸿作品）

打到北方统一中国的。如果说有的话，朱元璋算作一次，可蒙古贵族已经很腐败了，许多学者说这可能是特例。如果还有一次的话，那可能是蒋介石北伐，关键北伐完了也是内部派系林立，不是铁板一块。所以中国历史上基本没有南方成功打到北方一统天下的。为什么？南方基础就不具备，它没有地理优势，打到北方补给都是问题，又没有非常贯通的交通干线。南方到北方难，北方到南方容易，因为有地理优势。

不仅如此，《隆中对》讲，西和诸戎，南抚夷越，内修政理，外和孙权，可是要外和孙权，你能不能和？孙权就那么听你的话？后来证明不是，因为赤壁之战之后，刘备得胜其实是钻了孙权的空子，他又占有了荆州，后来就占有了益州，拿下了张鲁的汉中。孙权心里非常难受，后来吕蒙渡江，刘备猇亭大战之后惨败，托孤白帝城。凭什么你拥有我荆州？所以这是一个致命问题。

这个问题不解决，一方面是曹魏，另外一方面是孙吴，分兵两处，腹背受敌，这是兵家大忌。毛主席是战略家，实事求是。咱们如果翻《晋书·食货志》，里头就讲到西晋统一之时的户口数，蜀汉二十来万户，不到九十万人。这样的户数很低，你要打曹魏出兵，如果要养活一支常备军，几十万人常备军是什么概念？平均每户就得出一个男丁，长期这么打，哪行啊？即便说当时户口簿册有很多瞒报漏报，咱们翻一倍，一百八十万、四十万户，也是不可思议的，这都违反常理。

所以最后出祁山的时候，诸葛亮都没有办法，只能以战养战，只能在那里屯田，因为粮食解决不了。《三国演义》里提到过六出祁山，实际上诸葛亮真正出祁山没那么多次。今天来看，蜀汉政权是在做困兽之斗，很麻烦。

不少朋友比较过新版的《三国演义》电视剧和老版电视剧，老版新版都有一幕"火烧子午谷"，大家有印象吗？火烧子午谷时，诸葛亮费了千辛万苦之力，把司马懿父子骗到子午谷里，但是功亏一篑。司马懿父子都抱头痛哭，咱们就完了吗？没想到瓢泼大雨。这下诸葛亮什么反应？老版的反应和新版的反应不一样，新版是陆毅同志演的诸葛亮，演得也很好，烧子午谷的时候，他对天呼告，老天爷你怎么就不开眼，天不兴汉，嘟嘟嘟说一大堆。老版是唐国强老师演的诸葛亮，瓢泼大雨浇在诸葛亮身上，他眼泪溢出来，但一言不发，哀莫大于心死。为什么如此？他揣度了诸葛亮的心理状态，就是地利、人和，我费尽心血，关键上天不赐予天时，这就是无奈。虽然是影视剧改编，但真实的诸葛亮，心境也相差不远。蜀汉政权肯定不能统一，下边收拾残局的就是曹魏，以及西晋司马氏。

注释：

① 《资治通鉴》卷第六十三汉纪五十五孝献皇帝戊建安五年："攸曰：'公孤军独守，外无救援而粮谷已尽，此危急之日也。袁氏辎重万余乘，在故市、乌巢、屯军无严备，若以轻兵袭之，不意而至，燔其积聚，不过三日，袁氏自败也。'操大喜，乃留曹洪、荀攸守营，自将步骑五千人，皆用袁军旗帜，衔枚缚马口，夜从间道出。人抱束薪，所历道有问者，语之曰：'袁公恐曹操钞略后军，遣兵以益备。'闻者信以为然，皆自若。既至，围屯，大放火，营中惊乱。"

② 《资治通鉴》卷第六十六汉纪五十八孝献皇帝辛建安十五年："春，（曹操）下令曰：'孟公绰为赵、魏老则优，不可以为滕、薛大夫。若必廉士而后可用，则齐桓其何以霸世？二三子其佐我明扬仄陋，唯才是举，吾得而用之！'"

③ 《资治通鉴》卷第六十五汉纪五十七孝献皇帝庚建安十三年："壬子，太中大夫孔融弃市。融恃其才望，数戏侮曹操，发辞偏宕，多致乖忤。操以融名重天下，外相容忍而内甚嫌之。"

④ 《资治通鉴》卷第六十五汉纪五十七孝献皇帝庚建安十三年："进，与操遇于赤

壁。时操军众，已有疾疫。初一交战，操军不利，引次江北。"

⑤ 毛泽东读姚鼐《古文辞类纂》"论辩类"苏洵《项籍》批语："其（诸葛亮）始误于隆中对，千里之遥而二分兵力。其终则关羽、刘备、诸葛三分兵力，安得不败。"（《毛泽东读文史古籍批语集》，第106页，中央文献出版社，1993年）

⑥ 《资治通鉴》卷第六十五汉纪五十七孝献皇帝庚建安十二年："将军既帝室之胄，信义著于四海，若跨有荆、益，保其岩阻，抚和戎、越，结好孙权，内修政治，外观时变，则霸业可成，汉室可兴矣。"

第10讲　政归司马

在220年曹丕篡汉之前称不上是三国鼎立，还都是群雄逐鹿、军阀割据，公元220年曹丕篡汉，221年刘备在蜀中称帝，222年孙权称吴王，228年孙权称大帝。陈寅恪先生说蜀汉政权和曹魏政权基本是庶族地主，法家思想占有举足轻重的地位。而吴主要是儒家政权，累世公卿，是世家大族。所以他们的治国方略也有很大的不同，刘备就很能说明问题。

桃园结义是罗贯中的虚构，但也一定程度上符合历史。桃园结义的时候刘备说，我是中山靖王之后，孝景皇帝玄孙，但是今天混到贩夫走卒，真是对不起老祖宗。他的祖上中山靖王是汉景帝的儿子，不计划生育，有四十多个媳妇，生了一百多个儿子。汉武帝弄了一个推恩令，结果诸侯国越分越小，谁不计划生育谁就越倒霉，所以致使到刘备这样。刘备也沾了地气。①

曹操政权也如此。曹操可能本姓夏侯，结果他们家这一支当了宦官曹腾的养子，已经沦落至此。②所以曹操也是知道民间疾苦的人，他能屯田，能唯才是举，能统一北方，但是其他军阀做不到。这就说明法家思想还是很现实的。

不仅说曹操、刘备，诸葛亮也如此，诸葛亮不通经书，他读的是兵书战策，以及法家著作，很现实。

曹魏的旗帜很鲜明，可是身边也有世家大族，就是司马氏。由于曹操势力很大，所以司马氏这一族暂时服从曹操。可是等曹操的后代不如曹操的时候，司马氏就蹦了出来。曹魏时期有"淮南三叛"，说的是曹魏的势力反抗司马氏。淮南是兵家必争之地（尤其是在今安徽寿县的寿春），曹魏借此反抗司马氏。

有一个人叫王凌，反抗司马懿。但是走漏消息，被他的同僚出卖，司马懿全知道了。司马懿是一只老狐狸，先稳住王凌，给王凌修书一封，把王凌的计划和盘托出，说：我知道我有过失，你能不能原谅我，咱们共同辅保曹魏社稷？这话说得多坦诚。王凌是个忠厚的人，力量也不够，他就信了司马懿的话。于是他和司马懿磋商，没想到司马懿在船上，就把王凌给扣下来，王凌才知道事情不妙，敢情司马懿这是一计啊，问你能不能饶了我的性命？司马懿说门都没有，我饶了你，曹魏社稷饶不了你，你必须死。所以后来王凌自尽，王凌的羽翼被屠杀。③

王凌想把楚王曹彪推上宝座，取代魏明帝曹叡。曹彪是曹操的儿子，而这个事情也就没有干成，曹彪只能自尽。曹魏对诸侯王和汉朝及司马氏政权完全不同。有个著名的故事是

《洛神赋图》局部

"曹植七步成诗"。曹植就是一个缩影，曹魏对诸侯王如同囚房一般，名为王，实际上让他到封地软禁，没过多久还得到朝廷汇报，所以才有了黄初三年曹植写的《洛神赋》。他看到洛水之上有神出现，这个神叫宓妃，"神光离合，乍阴乍阳"，曹植想和洛水之神宓妃交谈，没想到宓妃不见了，他问周围人你看见了吗？周围人说没有。曹植或多或少在迫害中产生了神经质。曹植曾经给曹彪，就是王凌想扶持的这个楚王，写过一首诗叫做《赠白马王彪》，还相互勉励，但是他们的命运都不好。

魏明帝曹叡在位时期，司马氏膨胀，后来又出现"淮南三叛"的第二叛。当时毌丘俭讨伐司马氏，照样以失败告终。④

而没过多久诸葛诞反抗司马氏。诸葛诞是谁？是诸葛亮的兄弟。《世说新语》里曾经说，诸葛亮在蜀汉，诸葛瑾在东吴，诸葛诞在曹魏，所以人们说蜀得其龙，吴得其虎，魏得其狗。当然这个狗不是贬义词，说的是他们都有用武之地。诸葛诞也曾镇压毌丘俭的兵变，但讨伐司马氏最终也失败。司马氏阴谋加上阳谋，一一铲除曹魏的力量。

司马懿夺权有一个非常著名的事件，叫高平陵事件。魏明帝曹叡239年就死了。死的时候立遗嘱，下面就是齐王曹芳登基。这个齐王谁来辅佐？得有肱股大臣，一个就是曹魏宗室曹爽，另外一个就是司马懿。他想让这两个人达到一个制衡，新皇帝在这种制衡中生存。这个思路也有他的道理，但是他没想到司马懿压根不听这套。司马懿韬光养晦，麻痹曹爽。曹爽一度收了司马懿的兵权，明升暗降让你当太傅。司马懿没做出什么反抗，韬光养晦，最后给你一个杀手锏。司马懿曾经装病，曹爽的心腹叫李胜奉曹爽的命令去探病，李胜看到侍从给司马懿喂粥，粥流到衣服上，喂几次都喂不到嘴里。当时司马懿说的话也是颤颤巍巍，他听说李胜来了，说您来有什么事吗？李胜说我要去荆州当太守。司马懿回答道你去哪儿啊？你去并州（并州在今天山西），那地方胡人多，你赶紧保命吧，能不去就不去。这时候李胜说，不是去并州，去荆州。司马懿还装，接着打岔。回去李胜就报告曹爽，说这司马懿已经不久人世了，不再是心腹大患。曹爽完全丧失警惕性。⑤

249年，曹爽祭扫明帝陵墓高平陵的时候，司马懿一不做二不休，宣布曹爽叛变，斩杀曹爽及其羽翼，一下几百口人头落地。⑥有一个著名的学者叫何晏，如果读《论语》，何晏的集解很著名，他是文献大家。何晏是当年宦官杀掉的大将军何进的孙子。何晏的母亲非常美貌，曹操又是一个好色之徒，就把何晏的母亲娶过来当自己的妾，曹操很喜欢何晏，因为他有才，甚至让何晏的衣服拟于太子，曹丕什么规格，何晏什么规格。所以何晏被曹丕所憎恨。何晏为人高傲党附于曹爽，曹爽倒台，何晏也人头落

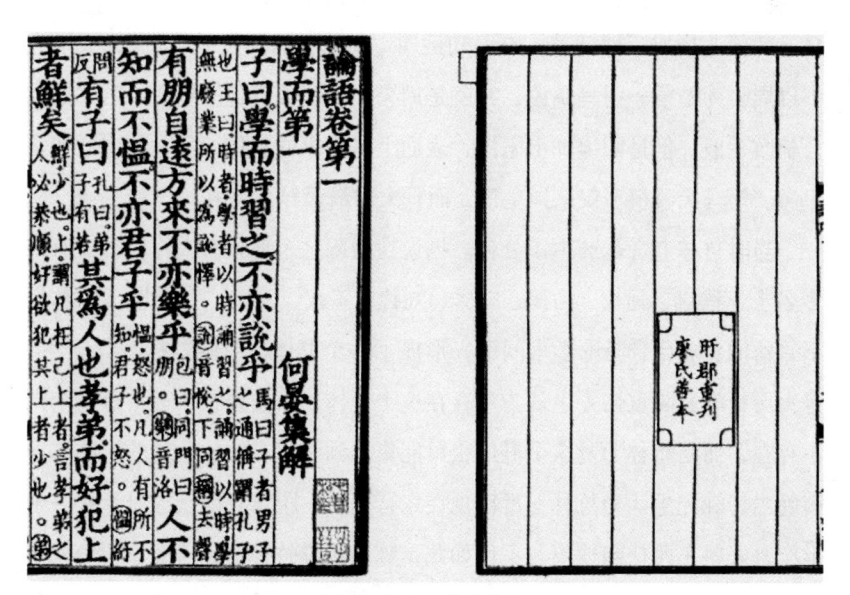

何晏注《论语集解》书影

《竹林七贤与荣启期》砖画

地。这么一个大学者，一命呜呼。⑦

高平陵事件之后，司马氏加紧了他夺权的步伐。齐王曹芳之后就是高贵乡公曹髦。高贵乡公曹髦不想当司马昭的傀儡，所以他就举兵反抗，没想到司马昭把高贵乡公给弄死了，把杀了他的人当作凶手法办，而且还大哭，这叫"兔死狐悲"。⑧咱们都知道周初政治家周公旦，很不得了，辅佐自己的侄儿周成王诵登基，有一句话叫"周公吐哺，天下归心"，天下人都以周公为楷模。司马昭说，我就是周公，我辅佐曹魏的皇帝，就如同周公辅政一般。但是阳谋加上阴谋，表面上是儒家的宽仁，实际上内心非常卑劣。司马氏政权不仅杀掉皇帝，而且大肆消灭异己势力。

当时竹林七贤就产生了分化。据说在山阳这个地方有一片竹林，有许多名士，嵇康、阮籍、山涛、向秀、刘伶、王戎、阮咸，七贤聚于竹林之下，饮酒、赋诗、谈论学术问题，形成了一个群体，叫做竹林七贤。⑨但是大历史学家陈寅恪先生认为不存在这个群体，不是说竹林七贤这七个人不存在，而是竹林七贤这个群体很可能集不到一起，竹林七贤的说法本身就晚出，陈先生认为竹林七贤出现在东晋以后，距离曹魏已经过了快一个世纪，好些东西扑朔迷离。不仅如此，陈先生说竹林七贤内部价值观就不统一，比如像嵇康、阮籍、刘伶等人，这些人是司马氏政权的对立面，我不会跟你合作的。而像王戎、山涛这样的人，本身就是变节分子，投靠司马氏政权。

最典型的事件就是嵇康，他写了几篇文章，提到过一个观点，叫"越名教而任自然"。何晏、王弼主张"名教出于自然"，也就是说儒家的礼法出自道家无为的境界，先有自然才可能有人类社会，才可能有礼法等上层建筑。而到了嵇康这升格了，说"越名教而任自然"，他提出这么一个口号，意味着司马昭说的纲常伦理都不要了，自然最重要。这是道家的境界。嵇康喜欢神仙方术，也喜欢道家，用这种方式来标榜自己和司马氏格格不入。山涛山巨源，他写了一封信劝嵇康为司马氏服务，但是嵇康复信，就是著名的《与山巨源绝交书》，提出另外一个口号叫"非汤武而薄周孔"，这是他的政治观。商汤和周武王是靠着武力推翻夏桀和商纣，这是造反的；而周公、孔子祖述尧舜，尧舜搞禅让，和平地改朝换代。"非汤武而薄周孔"是说嵇康认为两样都不好，鲁迅先生有一个话，你叫司马昭篡权的时候，到底采取哪种手段？所以这就直击司马氏政权执政合理性，你存在就是不合理的。

司马氏政权也知道其中奥妙，后来坐吕安之狱。嵇康帮吕安说话，钟会这个人不是个东西，嵇康得罪了他，他在司马昭面前，没少说坏话。当时许多太学生给嵇康求情，司马氏居然冒天下之大不韪，一定得杀掉嵇康。因为不杀他，下边司马氏没法夺权。所以嵇康从容赴死，才有那个弹《广陵散》的故事。⑩

阮籍就是一个明哲保身的人。阮籍一方面有贵族身份，但另外一方面他也不喜欢儒家经典，喜欢道家思想。阮籍采取和稀泥的方式——酩酊大醉，来对付司马昭。司马昭看到阮籍的姑娘已经长大了，说你干脆跟我们家结亲吧。这是政治婚姻，如果阮籍答应的话，那么日后他的女儿就是司马氏皇后，但是他不想让自己的女儿毁在政治婚姻上。使者提亲，他酩酊大醉，一说话就醉，醉了六十天，没有机会来提亲，所以只能作罢。后来司马昭要篡权，加九锡，即九种重要的礼乐名物。这是权臣成为皇帝之前的最后一步。司马昭加九锡，而他还得假惺惺地说我不行，我德薄，让九锡。这时候让九锡的表给阮籍写。一方面阮籍是大文豪，辞采清壮；另外一方面考验阮籍是否站在司马昭这边。这非常地阴，阮籍采取的法子也是酩酊大醉，但是刀架项，你不写不行。最后阮籍大醉之中写出《劝进表》。阮籍这一辈子玩了个和稀泥，但是他以放浪形骸的方式，表现出自己和司马氏的格格不入；而司马昭每每还袒护他，因为他是士人领袖，留着有用。⑪据说阮嗣宗每与之言，言皆玄远。比如说你走在王府井大街上，你问一个人说天安门怎么走，那个人说我跟你讲讲宇宙是这么来的，你会认为这人是安定医院跑出来的。阮籍就这样避祸，但通过这种方式也能表现出个性，也是一种反抗。阮籍五十出头就死了。

除此以外还有刘伶。刘伶"以酒为名"，声称"死便埋我"。他赤身裸体躺在屋里头，以这种方式表现自己个性。刘伶曾经对别人说，我以天地为衣，你怎么进我裤裆里来了？ 刘伶信的也是道家思想，也和司马氏政权格格不入。⑫

司马氏采取的是很不光彩的手段，一方面他要斩杀异己，另一方面还得把自己打扮得醇厚严谨，我是周公，我忠孝仁爱，实际上这都是在作秀。所以这个时候，阮籍、嵇康的行为也是一种讽刺。

司马氏政权要拉拢自己的羽翼，比如说王戎、山涛，这一类变节分子。有个著名的故事，当时有人和王戎谈论，圣教和老庄有什么异同。圣教也就是儒家的思想。有人说"将无同"。"将无同"，有不同的解释，今天咱们一般认为是"差不多"。而这下王戎很高兴，你当我的幕僚吧。人称"三语掾",三个字就当了幕僚。[13] "将无同"就意味着许多谈玄的人,已经把玄学的内容和统治阶层意志结合在一起了,可以为司马氏服务,存在的东西就有合理性。陈寅恪先生指出过,清谈之风在嵇康、阮籍那个时代都是实谈,通过老庄思想表现出和儒家大族司马氏的格格不入。比如咱们在教室里正襟危坐听老师讲课,这时候突然进来一位爷,一米九的大个儿、两百来斤,光着大膀子,身上纹六条龙坐你旁边,你肯定躲开吧?因为不是一路人。但是后来实谈逐渐流于清谈,也就是茶余饭后的谈资,也是一种无奈之举。司马氏就是在这种背景之下获得的政权,有着很多不光彩的地方,也隐含着许多矛盾。虽然公元280年司马炎一统天下,但实际上这个统一是短暂的。

注释:

① 《资治通鉴》卷第六十汉纪五十二孝献皇帝乙初平二年:"初,涿郡刘备,中山靖王之后也。"胡三省注:"《蜀书》云:备,中山靖王胜子陆城亭侯贞之后;然自祖父以上,世系不可考。""少孤贫,与母以贩履为业,长七尺五寸,垂手下膝,顾自见其耳;有大志,少语言,喜怒不形于色。尝与公孙瓒同师事卢植,由是往依瓒。瓒使备与田楷徇青州有功,因以为平原相。备少与河东关羽、涿郡张飞相友善;以羽、飞为别部司马,分统部曲。备与二人寝则同床,恩若兄弟。"

② 《资治通鉴》卷第五十八汉纪五十孝灵皇帝中中平元年:"操父嵩,为中常侍曹腾养子,不能审其生出本末,或云夏侯氏子也。"胡三省注:"吴人作《曹瞒传》及郭颁《世语》,并云嵩,夏侯氏之子,夏侯惇之叔父,操于惇为从父兄弟。"

③ 《资治通鉴》卷第七十五魏纪七邵陵厉公中嘉平三年:"懿将中军乘水道讨凌,先下赦赦凌罪,又为书谕凌,已而大军掩至百尺。凌自知势穷,乃乘船单出迎懿,遣掾王彧谢罪,送印绶、节钺。懿军到丘头,凌面缚水次,懿承诏遣主簿解其缚。凌既蒙

赦，加恃旧好，不复自疑，径乘小船欲趋懿。懿使人逆止之，住船淮中，相去十余丈。凌知见外，乃遥谓懿曰：'卿直以折简（写信）召我，我当敢不至邪，而乃引军来乎！'懿曰：'以卿非肯逐折简者故也。'凌曰：'卿负我！'懿曰：'我宁负卿，不负国家！'遂遣步骑六百送凌西诣京师。凌试索棺钉以观懿意，懿命给之。五月，甲寅，凌行到项，遂饮药死。"

④《资治通鉴》卷第七十六魏纪八高贵乡公上正元二年："毋丘俭走，北至慎县。左右人兵稍弃俭去，俭藏水边草中。甲辰，安风津民张属就杀俭，传首京师，封属为侯。诸葛诞至寿春，寿春城中十余万口，惧诛，或流迸山泽，或散走入吴。诏以诞为镇东大将军、仪同三司，都督扬州诸军事。夷毋丘俭三族。俭党七百余人系狱，侍御史杜友治之，惟诛首事者十余人，余皆奏免之。"

⑤《资治通鉴》卷第七十五魏纪七邵阳厉公中正始九年："冬，河南尹李胜出为荆州刺史，过辞太傅懿。懿令两婢侍。持衣，衣落；指口言渴，婢进粥，懿不持杯而饮，粥皆流出霑胸。胜曰：'众情谓明公旧风发动，何意尊体乃尔！'懿使声气才属，说：'年老枕疾，死在旦夕。君当屈并州，并州近胡，好为之备！恐不复相见，以子师、昭兄弟为托。'胜曰：'当还忝本州（指的是荆州，李胜是荆州人），非并州。'懿乃错乱其辞曰：'君方到并州？'胜复曰：'当忝荆州。'懿曰：'年老意荒，不解君言。'今还为本州，盛德壮烈，好建功勋！'胜退，告爽曰：'司马公尸居余气，形神已离，不足虑矣。'他日，又向爽等垂泣曰：'太傅病不可复济，令人怆然！'故爽等不复设备。"

⑥《资治通鉴》卷第七十五魏纪七邵陵厉公中嘉平元年："春，正月，甲午，帝谒高平陵，大将军爽与弟中领军羲、武卫将军训、散骑常侍彦皆从。太傅懿以皇太后令，闭诸城门，勒兵据武库，授兵出屯洛水浮桥；召司徒高柔假节行大将军事，据爽营；太仆王观行中领军事，据羲营。因奏爽罪恶于帝曰……戊戌，有司奏'黄门张当私以所择才人与爽，疑有奸'。收当付廷尉考实，辞云：'爽与尚书何晏、邓飏、丁谧、司隶校尉毕轨、荆州刺史李胜等阴谋反逆，须三月中发。'于是收爽、羲、训、晏、飏、谧、

轨、胜并桓范皆下狱，劾以大逆不道，与张当俱夷三族。"

⑦《资治通鉴》卷第七十五魏纪七邵陵厉公中嘉平元年："何晏等方用事，自以为一时才杰，人莫能及。晏尝为名士品目曰：'"唯深也故能通天下之志"，夏侯泰初是也。唯几也故能成天下之务，司马子元是也。"唯神也不疾而速，不行而至"，吾闻其语，未见其人。'盖欲以神况诸己也。"

⑧《资治通鉴》卷第七十七魏纪九元皇帝上景元元年："帝遂拔剑升辇，率殿中宿卫苍头官僮鼓噪而出。昭弟屯骑校尉伷遇帝于东止车门，左右呵之，伷众奔走。中护军贾充自外入，逆与帝战于南阙下，帝自用剑。众欲退，骑督成倅弟太子舍人济问充曰：'事急矣，当云何？'充曰：'司马公畜养汝等，正为今日。今日之事，无所问也！'济即抽戈前刺帝，殒于车下。昭闻之，大惊，自投于地。太傅孚奔往，枕帝股而哭甚哀，曰：'杀陛下者，臣之罪也！'"

⑨《资治通鉴》卷第七十八魏纪十元皇帝下景元三年："谯郡嵇康，文辞壮丽，好言老、庄而尚奇任侠，与陈留阮籍、籍兄子咸、河内山涛、河南向秀、琅邪王戎、沛国刘伶特相友善，号竹林七贤。皆崇尚虚无，轻蔑礼法，纵酒昏酣，遗落世事。"

⑩《资治通鉴》卷第七十八魏纪十元皇帝下景元三年："钟会方有宠于司马昭，闻嵇康名而造之，康箕踞而锻（打铁），不为之礼。会将去，康曰：'何所闻而来，何所见而去？'会曰：'闻所闻而来，见所见而去！'遂深衔之。山涛为吏部郎，举康自代；康与涛书，自说不堪流俗，而非薄汤、武。昭闻而怒之。康与东平吕安亲善，安兄巽诬安不孝，康为证其不然。（钟）会因谮'康尝欲助毌丘俭，且安、康有盛名于世，而言论放荡，害时乱教，宜因此除之'。昭遂杀安及康。康尝诣隐者汲郡孙登，登曰：'子才多识寡，难乎免于今之世矣！'"

⑪《资治通鉴》卷第七十八魏纪十元皇帝下景元三年："阮籍为步兵校尉，其母卒，籍方与人围棋，对者求止，籍留与决赌。既而饮酒二斗，举声一号，吐血数升，毁瘠骨立。居丧，饮酒无异平日。司隶校尉何曾恶之，面质籍于司马昭座曰：'卿，纵情、

背礼、败俗之人，今忠贤执政，综核名实，若卿之曹，不可长也！'因谓昭曰：'公方以孝治天下，而听阮籍以重哀饮酒食肉于公座，何以训人！宜摈之四裔，无令污染华夏。'昭爱籍才，常拥护之。"

⑫《资治通鉴》卷第七十八魏纪十元皇帝下景元三年："刘伶嗜酒，常乘鹿车，携一壶酒，使人荷锸随之，曰：'死便埋我。'当时士大夫皆以为贤，争慕效之，谓之放达。"

⑬《资治通鉴》卷第八十二晋纪四孝惠皇帝上元康七年："阮咸之子瞻尝见戎，戎问曰：'圣人贵名教，老、庄明自然，其旨同异？'瞻曰：'将无同！'戎咨嗟良久，遂辟之。时人谓之'三语掾'。"

第11讲　八王之乱

司马氏夺权过程，很不光彩，这个话都不是咱们今天说，古人就说，都不是别人说，是司马氏家族自己人说。东晋的时候宰相王导曾经给晋明帝讲历史（这种做法不仅司马光在干，历代都在干，相当于最高统治集团的集体学习）。讲他祖上是如何得到政权的，尤其是高平陵事件，诛杀高贵乡公曹髦，后来如何登基。这就把小皇帝给听傻了，小皇帝说了这么一句，诚如您所说的话，晋朝国祚焉能长久。①采取的是卑劣的手段，表面上装出儒家的宽大仁爱，能服人吗？能得民心吗？这个话说得也对。

西晋统一三十来年，从公元280年到316年，很短暂。东晋非常腐败，从316年到420年刘裕代晋。这个时间段中国大地乱了套，鲁迅先生《魏晋风度及文章与药及酒之关系》一文中，有个话叫"乱也看惯了，篡也看惯了，无国可爱，无君可忠"。从曹丕篡汉220年到刘裕代晋420年，二百年中政权更迭像走马灯一样，出现的皇帝多达七八十个，平均每个皇帝在位时间只有三年不到，所以鲁迅如是观。

司马氏政权一上来就产生种种问题。第一个，司马氏政权的治国方略有问题。它拿儒家思想来粉饰门面，但实际上实行的是阴谋，这种做法跟"外儒内法"很相似。但是你用的全都是阴谋术，就难以得民心。人家汉家还主张"霸王道杂糅"，该用霸道用霸道，该用王道用王道，可是你光明正大地少。中国历代讲究宗天神学,头上三尺有神明,有天命,这不是说迷信,而是古人认为君权是有力量束缚的。真能称得上"专制"二字的只能是秦始皇这样的少数人,除此以外剩下的君王都有所顾忌。可是天听谁的?"天听自我民听,天视自我民视。""民为邦本,本固邦宁。"儒家从法理上论证了民意和天意是吻合的,这对于皇帝就有很大的制衡力量。不能说古代没有制衡,只不过这种制衡跟现代西方法理制衡不是一回事。所以司马氏政权的立国方略就有很大问题,和实际差别太大。

另外一点,它的国家结构有问题。国家结构就是中央和地方的关系。司马炎统一,采取的方式就是分封亲戚。秦始皇已经认识到,分封制度可能是取乱之举。咸阳宫中就有一场辩论,辩论的是到底采取分封还是郡县,最后李斯胜出,一定是郡县。汉朝建立采取过郡国并行,这个"国"给朝廷带来很大麻烦,出现吴楚七国之乱,好不容易收拾干净了,采取郡县制度吧,"国"就成为一个装点了。郡县制度中央集权,保障了政令的上传下达,是历史发展的趋势。

可是司马氏政权是儒家政权。儒家思想在先秦阶段讲究分封,认为周文王的分封好,君主受制于诸侯,这样形成制衡。这个思路在周朝合适,在秦汉不合适,到了魏晋以后更不合适。司马氏政权错误地吸取了曹魏败亡的教训,一方面他们认为儒家典籍是合理的,应当进行分封。另外一方面,他们主张曹魏败亡的教训是没有庞大的亲戚子侄集团,所以他把自己的亲戚子侄集团分封成诸侯。②这下自己给自己挖了陷阱,开了名副其实的倒车。实际上曹魏时期的诸侯,曹彪、曹植这些人,名为诸侯,实际上如同囚房。此后在中国历史上出现分封基本都是逆流。西晋有分封,明朝也有分封,所以后来有了八王之乱,以及靖难之役。有统一就有反弹,也说明西晋统一条件不成熟。

明朝的张居正，也给小皇帝万历上历史课。张居正给万历编的图文并茂的历史教材，叫《帝鉴图说》，按今天说法就是绘本。里面讲昏君是什么样，明君是什么样。他提到一个典故，就是司马炎的事。

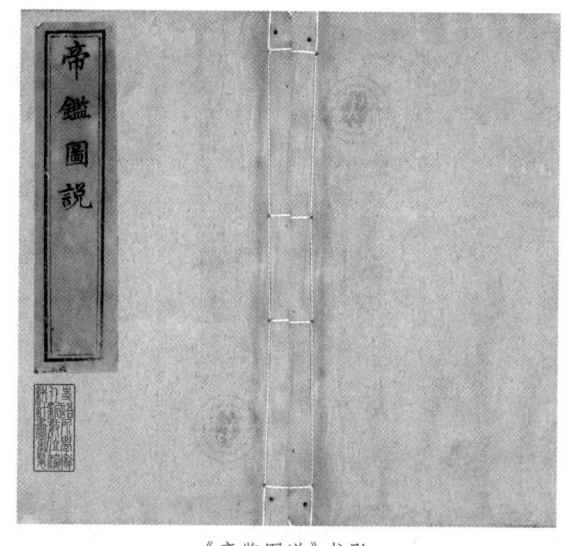

司马炎非常好色，如何去临幸妃子呢？用羊拉着自己的车辇，羊走到哪停下来，他就去哪个妃子那里。此事后来产生了插曲，妃子们都想让皇帝青睐自己，就在地上洒盐水，羊喜欢盐水，于是就顺着盐水跑到自己那。这都成为笑柄。③

280年统一了，而司马炎驾崩之后，继任者是司马衷，就是晋惠帝。天下大饥荒，他问丞相，老百姓没有粮食吃，怎么不吃肉粥？还有一次，他听到池塘里的青蛙在叫，问这个青蛙为什么叫？是为了公事还是私事？大臣就说它为公事叫就是公事，为私事叫就是私事。这个皇帝，有人说他是白痴（但是也有人说不是这样，他有点智商），致使政出多门，卖官鬻爵。有人作《钱神论》来讽刺当时的社会。④司马炎要考这个太子，你写个文章吧。司马衷有一媳妇，历史上有名的刁妇，就是贾南风。贾家势力也很大，所以她成为皇后。这个贾后长得漂亮吗？奇丑无比，据文献记载，她浑身上下是黑颜色，身形短小，而且眉后还有胎记，就这样一位姑奶奶。⑤这

晋武帝司马炎像

个姑奶奶就认得一条——权，坚决不能让自己的丈夫失势。这时候晋武帝要出题目考他，她找来文臣写文章，引经据典写得洋洋洒洒。她手下一个叫张泓的很聪明，拿到文章之后看了一遍，这写的哪合格啊？您丈夫哪有这智商啊？把经典全去掉，写得朴实一些，张泓让她丈夫誊抄（司马衷还会抄，说明他不是完全弱智）。这时司马炎拿到文章，看自己儿子虽然差了点，但还凑合，差了点就差了点吧，干脆就他吧。⑥于是，他一命呜呼之后，晋惠帝登基。贾南风一手遮天，下边兴风作浪。

八王也不止八个，持续的时间达十几年，杀来杀去，一片狼藉。西晋政权就在这个背景之下摇摇欲坠。你摇摇欲坠，人家有崛起的，这就是诸多北方少数民族。

当时出现了所谓五胡，匈奴、鲜卑、羯、氐、羌。有人说羯人是匈奴的一支，氐人是羌人的一支，这个话题也非常复杂。曹操干了一件事情，分匈奴为五部落，五部落设行政长官，行政最高长官即五部落大单于，用行政手段来管辖匈奴人，⑦这个意义非常之大。

除了匈奴之外，其他少数民族也活跃在今天中华大地上，纷纷内迁。内迁的原因，一方面是有他们自身的因素，另外一方面华夏的统治者要使用少数民族的人口，把他们当作农奴乃至奴隶，进行剥削压榨。可是这些民族来到华夏腹地，毕竟跟华夏人民格格不入，动不动就是骚动。西晋时候有一个人叫江统，写过一篇文章叫做《徙戎论》，他告诫西晋统治者别迁他们了，他们迁来是祸，干脆哪来的回哪去吧。⑧这代表当时有知识分子是警醒的。但是请神容易送神难。

西晋八王之乱杀红了眼，汉民族杀来杀去，少数民族坐收渔利，匈奴人建立政权。匈奴人有一支在并州，就是今天山西腹地这块。首领的名字叫刘渊。他心里有非常强的华夏情结，汉民族不是和匈奴民族和亲过吗？那好了，匈奴的单于就是汉皇帝的外甥。干脆我姓我妈的姓，我比其他人距离汉室更近，比司马氏政权更正统。所以刘渊索性就姓刘。这体现了少数民族对华夏的认同，也表明分裂中存在统一的因素。西晋王室奈何他不得，他力量大了，在并州称帝，⑨史称汉赵，又叫胡赵，当然也有称作前赵的。这就一发不可收拾，不仅有前赵，有了后赵，有了巴蜀的成汉，还有各式各样的割据政权，这下西晋政权可够受的了。

后来西晋的统治者被匈奴这一支所操纵，刘渊死后，刘渊的儿子刘聪继位。刘聪很凶残，把两代西晋的皇帝都诛杀，据说西晋的皇帝得给刘聪服务，你别瞅你是皇帝，你得给我行酒、洗爵、执盖，干粗活。⑩这时候西晋皇帝如此，平常人更是如此。

前赵之后就是后赵，后赵的首领是石勒。石勒曾经俘虏过西晋一大堆臣子，他曾问过一个名臣，叫王衍。王衍一度被人们称赞，说他有高士之风，甚至说他的气节能跟古人并列；但是在铁蹄面前，王衍可就认怂了。石勒说，你是名士，你是高官，你给我说一说西晋是怎么腐败的？王衍说我也不想当官，我当了官也不想理政。他说的也是实话，这些世家大族不想当好官，认为处理政务是俗事，所以他们采取很消极的态度。石勒反而恼火。你不想当官还当到这么高？我告诉你，你们西晋就毁在你们手里了，你这样的人就是蛀虫。石勒弄死了这群人，倒没用刀，把墙推倒，活活把王衍等人给砸死。⑪后来匈奴建立汉赵，从刘渊到刘聪，再到刘曜，把西晋皇帝玩弄于股掌之中，最后杀掉西晋的皇帝，于是司马氏政权不得不从北方迁徙到南方，史称"永嘉南渡"。这一次南渡是非常悲壮的一次民族迁徙，北方过不了，逃到南方，说明南方比较稳定，北方比较混乱，所以这个时候只能偏安一隅。

注释：

① 《世说新语·尤悔》："王导、温峤俱见明帝，帝问温前世所以得天下之由，温未答。顷，王曰：'温峤年少未谙，臣为陛下陈之。'王乃具叙宣王创业之始，诛夷名族，宠树同己，及文王之末高贵乡公事。明帝闻之，覆面著床曰：'若如公言，祚安得长！'"

② 《资治通鉴》卷第七十九晋纪一世祖武皇帝上之上泰始元年："丙寅，王即皇帝位，大赦，改元。丁卯，奉魏帝为陈留王，即宫于邺。优崇之礼，皆仿魏初故事。魏氏诸王皆降为侯。追尊宣王为宣皇帝，景王为景皇帝，文王为文皇帝；尊王太后曰皇太后。封皇叔祖孚为安平王，叔父干为平原王，亮为扶风王，伷为东莞王，骏为汝阴王、肜为梁王，伦为琅邪王，弟攸为齐王、鉴为乐安王、机为燕王；又封群从司徒望等十七人皆为王。"

③ 《资治通鉴》卷第八十一晋纪三世祖武皇帝中太康二年："春，三月，诏选孙皓宫人五千人入宫。帝既平吴，颇事游宴，怠于政事，掖庭殆将万人。常乘羊车，恣其所之，至便宴寝；宫人竞以竹叶插户，盐汁洒地，以引帝车。而后父杨骏及弟珧、济始用事。交通请谒，势倾内外，时人谓之三杨，旧臣多被疏退。山涛数有规讽，帝虽知而不能改。"

④ 《资治通鉴》卷第八十三晋纪五孝惠皇帝上之下元康九年："帝为人戆騃（痴

傻），尝在华林园闻虾蟆，谓左右曰：'此鸣者，为官乎，为私乎？'时天下荒馑，百姓饿死，帝闻之曰：'何不食肉糜？'由是权在群下，政出多门，势位之家，更相荐讬，有如互市。贾（充）、郭（槐）恣横，货赂公行。南阳鲁褒作《钱神论》以讥之曰：'钱之为体，有乾、坤之象，亲之如兄，字曰孔方。无德而尊，无势而热，排金门，入紫闼，危可使安，死可使活，贵可使贱，生可使杀。是故忿争非钱不胜，幽滞非钱不拔，怨仇非钱不解，令闻非钱不发。洛中朱衣、当涂之士，爱我家兄，皆无已已，执我之手，抱我终始。凡今之人，惟钱而已！'"

⑤《资治通鉴》卷第七十九晋纪一世祖武皇帝上之上泰始七年："（武）帝曰：'卫公女有五可，贾公女有五不可：卫氏种贤而多子，美而长、白；贾氏妒而少子，丑而短、黑。'后固以为请，荀𫖮、荀勖、冯纨皆称充女绝美，且有才德，帝遂从之。留充复居旧任。"《晋书·惠贾皇后》："短形青黑色，眉后有疵。"

⑥《资治通鉴》卷第八十晋纪二世祖武皇帝上之下咸宁四年："帝悉召东宫官属，为设宴会，而密封尚书疑事，令太子决之。贾妃大惧，倩外人代对，多引古义。给使张泓曰：'太子不学，陛下所知，而答诏多引古义，必责作草主，更益谴负，不如直以意对。'妃大喜，谓泓曰：'便为我好答，富贵与汝共之。'泓即具草，令太子自写，帝省之甚悦。"

⑦《资治通鉴》卷第六十七汉纪五十九孝献皇帝壬建安二十一年："秋，七月，南单于呼厨泉入朝于魏，魏王操因留之于邺，使右贤王去卑监其国。单于岁给绵、绢、钱、谷如列侯，子孙传袭其号。分其众为五部，各立其贵人为帅，选汉人为司马以监督之。"

⑧《资治通鉴》卷第八十三晋纪五孝惠皇帝上之下元康九年："太子洗马陈留江统以为戎、狄乱华，宜早绝其原，乃作《徙戎论》以警朝廷曰：'夫夷、蛮、戎、狄，地在要荒，禹平九土而西戎即叙。其性气贪婪，凶悍不仁。四夷之中，戎、狄为甚，弱则畏服，强则侵叛。当其强也，以汉高祖困于白登、孝文军于霸上。及其弱也，以元、成之微而单于入朝。此其已然之效也。……夫为邦者，忧不在寡而在不安，以四海之广，

士民之富，岂须夷虏在内然后取足哉！此等皆可申谕发遣，还其本域，慰彼羁旅怀土之思，释我华夏纤介之忧，'惠此中国，以绥四方'，德施永世，于计为长也！'朝廷不能用。"

⑨《资治通鉴》卷第八十五晋纪七孝惠皇帝中之下永兴元年："刘渊迁都左国城。胡、晋归之者愈众。渊谓群臣曰：'昔汉有天下久长，恩结于民。吾，汉氏之甥，约为兄弟；兄亡弟绍，不亦可乎！'乃建国号曰汉。刘宣等请上尊号，渊曰：'今四方未定，且可依高祖称汉王。'于是即汉王位。"

⑩《资治通鉴》卷第九十晋纪十二中宗元皇帝上建武元年："十二月，（刘）聪飨群臣于光极殿，使愍帝行酒洗爵；已而更衣，又使之执盖。晋臣多涕泣，有失声者。尚书郎陇西辛宾起，抱帝大哭，聪命引出，斩之。"

⑪《资治通鉴》卷第八十七晋纪九孝怀皇帝中永嘉五年："夏，四月，石勒率轻骑追太傅越之丧，及于苦县宁平城，大败晋兵，纵骑围而射之，将士十余万人相践如山，无一人得免者。执太尉衍、襄阳王范、任城王济、武陵庄王澹、西河王喜、梁怀王禧、齐王超、吏部尚书刘望、廷尉诸葛铨、豫州刺史刘乔、太傅长史庾敳等，坐之幕下，问以晋故。（王）衍具陈祸败之由，云计不在己；且自言少无宦情，不豫世事；因劝勒称尊号，冀以自免。勒曰：'君少壮登朝，名盖四海，身居重任，何得言无宦情邪！破坏天下，非君而谁！'命左右扶出。众人畏死，多自陈述。独襄阳王范神色俨然，顾呵之曰：'今日之事，何复纷纭！'勒谓孔苌曰：'吾行天下多矣，未尝见此辈人，当可存乎？'苌曰：'彼皆晋之王公，终不为吾用。'勒曰：'虽然，要不可加以锋刃。'夜，使人排墙杀之。"

第12讲　魏晋风度

西晋政权统一中蕴藏很大危机，有很多内在的矛盾。有的人比较高明，比如有一个魏晋间的名士，叫张翰。张翰当着当着官，不当了。他是吴中人，他想起自己家乡有好吃的，怀念起莼菜羹、鲈鱼片，所以他马上挂官而去，正好躲过了八王之乱。①有的人对时局有敏感性，看到苗头不好，能趋利避害。但是更多的人恋权，就卷入八王之乱中。八王之乱十几年，使得年轻的西晋政权受到致命性的打击。

这样的背景之下，北方少数民族跃跃欲试，前面咱们曾经讲到，匈奴族建立的政权前赵，或者叫做汉赵。后来西晋两代皇帝都死在刘聪的手里。前赵的刘聪曾经问过晋怀帝，你们汉人怎么就这么容易内斗呢？晋怀帝也很无奈，讲我们汉人内斗你们不就省事了吗？省得你们再收拾我们了。②你看这个话，作为成为俘虏的皇帝讲出来，心里是多么压抑。

其他少数民族政权也纷纷建国，比如说在西南蜀中有一个政权——成汉政权，304年建国。成汉政权是氐族建立，也打出了汉的旗号，可见即便是少数民族，对汉文化也心向往之。氐族的李特、李雄建立的是流民政权，西南地区军阀巧取豪夺，让他们当自己的农奴或者奴隶，要他们交沉重的赋税，这下他们受不了，于是产生民变。蜀中这个地方，一夫当关万夫莫开，就是中原王朝暗弱的时间段，蜀中基本上有割据政权。大家知道后来的钓鱼城保卫战，蒙古人都费了九牛二虎之力，最后损失惨重。

除了成汉政权，还有刚才说的前赵。前赵皇帝从刘渊到刘聪，然后到刘曜，越发腐败。到了刘聪这儿，朝廷没有多大，它只不过就是汉的一个郡而已，但是极其奢靡。一个皇帝有一万多女人，显然是暴发户的心理。刘聪死了之后，继任者是刘粲。刘粲和他的庶母昼夜奸淫，这些庶母比他也大不了多少。③当时宰相叫靳准，跟刘汉政权有不共戴天之仇，于是他冲进宫中，杀掉了刘粲，同时他一把大火把原先刘渊、刘聪的坟墓全给烧掉。不仅烧掉，而且掘墓鞭尸，④前赵政权就已经乱成一锅粥。

刘粲继任者就是刘曜，刘曜手下有一个大将，名字叫做石勒，他是羯族人。石勒算作几个统治者之中有雄才的，他饱读诗书，汉化程度也很高。这个人推行了一些符合民心的举措，而他的对头就是匈奴族的刘曜，刘曜怎么看自己这个部下都别扭，石勒索性摆脱了前赵的控制，建立的国史称后赵。前赵是匈奴族建立的，后赵就是羯族建立的，首都定都在襄国，襄国就在今天河北邢台一带，这是古代的赵地，刘曜被石勒所杀。

石勒有一个侄子，特别臭名昭著，叫石虎。石虎倒行逆施，不仅荒淫残暴，而且还有野心，算作历史上有名的暴君。石虎把都城从襄国迁到邺，这个邺位于漳水流域，是兵家必争之地。据说石虎比刘聪要残暴得多，比如说皇家的苑囿围场养了虎豹，如果老百姓伤害动物，老百姓就被处死，人的性命还不如动物，酷吏借"犯兽"之罪勒索百姓家财产、霸占民女，死者百余家。石虎大兴宫殿，兴发劳役，男丁必须得给他服务，弄得老百姓卖孩子，在路边上吊的不计其数。⑤在这个背景之下，他统治集团内部也产生很大矛盾，石虎一度还是站着说话不腰疼，他说你们汉人很不好，汉人出现了八王之乱，我都想象不到我们内部能这么样仇杀。这话音未落，血光之灾就来了。他的太子叫石宣，还有一个小儿子叫石韬。石韬是亲王，石宣是太子。据说是因为石韬盖的宫殿梁柱规模较大，石宣很妒忌，索性杀了石韬。这个爸爸很不是滋味，他大骂石宣，你怎么能够这么滥杀无辜。而石宣一不做二不休，造反了。石虎很有手段，轻而易举平息了石宣的暴乱，把石宣处死。手段闻所未闻，捆在辘轳上，头发拔掉，砍掉手足、剜出眼睛，放到火堆上活活烧死。这是亲儿子，咱们一般都想不到。最让人觉得可怜的是，石宣还给石虎生了孙子，几岁的小男孩揪住爷爷的衣服说，你饶我一命。就这样也不行，石虎眼睁睁看着孙子被弄死。⑥其残暴可见一斑。

当时民族矛盾也很尖锐。有一个羯族的贵胄叫做孙珍，还有一个汉族的高官叫做崔约。孙珍眼睛有毛病，跟崔约闲谈，崔约说拿尿能治你的眼睛。孙珍听愣了，尿怎么能治呢？他说你们羯族人眼睛跟我们汉族人不一样，高鼻深目，正好能装尿。这下孙珍恼羞成怒，就告诉石宣（石宣最有胡人特征），把崔约灭门了。⑦

石虎病逝，儿子石世被另外一个儿子石遵所杀，而石遵被石闵所杀。后赵宫廷已经杀红了眼，这时一个汉族高官叫冉闵，下了一道命令，咱们汉人应该团结一心，一致对付羯人，奖励自己的部下杀一个羯人封多大的官，赏多少钱，一片腥风血雨，鼻子高的都被杀了。⑧

这种做法令人发指，老百姓来说是灭顶之灾，老百姓渴求太平，谁能够稳定社会秩序，我们就跟着谁走。冉闵后来也建国叫做冉魏，但冉魏灭于前燕，冉闵至死不悔。⑨而另外氐人建立的前秦，逐渐发展起来，后来统一了北方，于是有了淝水之战。

这种混乱不仅有人祸，还有天灾。自从东汉晚期，一直到魏晋时代，大瘟疫不断，人口死亡，缺医少药，曹植曾经有一篇文章叫《说疫气》，他描绘家家都有哭声，户户都在披麻戴孝。有一个著名的医生叫张仲景，写了《伤寒论》，这部书成为后代中医临床学的重要经典。他在序里明确地说，张家本身是望族，有二三百口，但是大瘟疫一来，绝大多数人没命了。在这个背景下，张仲景"勤求古训，博采众方"，据说张仲景当长沙太守，不升堂问案理政，而在堂上诊病，后来才有"坐堂"一词。

建安七子事实上除了孔融、陈琳早死，剩下五子，好几位死在当时的大瘟疫之中。有一个很好玩的故事，曹丕参加王粲的追悼会。王粲很有才，写过《登楼赋》，后代文人还有登楼之悲。王粲年纪轻轻便死了，看到人们哭得很伤心，曹丕说先别哭，我听说王粲生前喜欢听驴叫，干脆咱们以这种方式送他最后一程。进而悼念王粲的方式就很奇事，整个灵堂之上是驴叫，表现出当时君臣的所思所想。启功老先生讲过，为什么王粲喜欢听驴叫？因为驴叫好听，它有四声，启先生说是 ā á ǎ à，王粲喜欢，进而曹丕君臣也在学。启先生这是玩笑话，流出的是魏晋人在天灾面前的真性情。

人们也有途径摆脱痛苦。鲁迅先生《而已集》之中有一篇文章，早年间还放在语文书中，叫《魏晋风度及文章与药及酒之关系》，相信不少朋友读过。这里说魏晋风度，是人们不受羁绊，活出个性，呈现出很奇怪的活法，通过这种方式表现与众不同。不仅如此，也通过魏晋风度来疏解灾难，瞅我这么神经

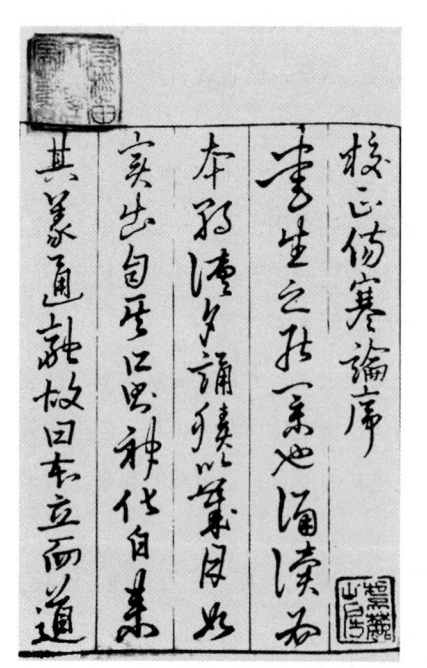

《伤寒论》书影

病，统治者你就不要找我的茬了。魏晋风度有两样东西帮助了它，鲁迅说第一个就是药，这个药后来叫做五石散，石钟乳、石硫黄、白石英、紫石英、赤石脂。这个药鲁迅说有麻痹神经的作用，大抵和鸦片一样，人们吃了能够散发，表现出中毒的症状，当时人们倒在一边，浑身抽搐，这种症状一般人学不来的，只有吃了这种昂贵的药才有如此症状。可是还有的人为了装自己是高富帅，索性在街边学散发，这种属于山寨版。

也有中医专家发现五石散说的这五味药，中医还在用，而且这五味药达不到中毒的症状，到底是什么中毒？于是就有中医史家进行考证，发现其中原先有味药被替换了，那味药叫礜石，这个"礜"字《说文解字》说"毒石也"，那是砷化物，和砒霜类似的物质。它并不是完全不能内服，在古医书里头用量比较微小，但是长期积聚造成砷中毒。当时说人们宽袍大袖，不能穿窄的衣服。像今天咱们穿西装，这肯定不行，皮肤很容易就被磨破，磨破之后没有抗生素就溃烂败血症。这种样子有医学家分析，和砷中毒症状有着很大的相似性。

除了五石散，还有一种东西就是酒。甭管是阮籍还是刘伶，都非常好酒，借酒消愁。特殊的社会环境，使得人们表现出癫狂的状态，通过非常的方式表达自己超凡的思想。但是鲁迅先生也说，这个时间段也留下了宝贵的思想，人们称之为"为艺术而艺术的时代"，即艺术的自觉时代。原先艺术没有独立，是附着在世俗思想之中，或成为政治的工具。比如书法独立吗？没有。汉朝的书法其实已经相当好了，可是《曹全碑》作者是曹全吗？《张迁碑》作者是张迁吗？都不是，是一般的工匠，他要为统治者服务。可魏晋时候艺术独立了，不仅有王羲之、顾恺之这样的艺术巨匠，还有一批艺术的理论。

这时候人们总结理论、反思规律，出现为艺术而艺术的时代。当时文学理论中就有一篇非常不得了的文字，曹丕写的《典论·论文》。《典论》一共二十篇，《论文》这一篇是二十篇之中仅存的，它是中国迄今为止见到的最早一篇文学理论著作。这篇文字里头曹丕把文章提到很高的地位，"经国之大业，不朽之盛事"。他不仅如此，还提出了文以气为主，气这种东西恐怕是人先天就注定的，你是有气质的人，写出的文章自然好，因为你的气好。你的气质差，你自然文章比较差。所以这和当时的贵族制度、门阀政治有很大的关联度。我们能够看出来这些话只能从贵族口中说出，曹丕明确地说即便是爸爸，这种气也不能传给儿子。咱们看的确如此，书法里头讲究"晋人尚韵"，这个"韵"跟刚才说的气很相似，都是一种先天的东西，王羲之之所以是王羲之，王献之之所以是王献之，因为他先天骨子里注定有天赋。一般人没有这样的先天的资质，就是累死也没用。这个时代，大崛起大沉沦、大创造大毁灭并生。它有少数民族南下，有统治者的腐败，有生灵涂炭，但是也有文化的大飞跃，名士们流露出独步古今的潇洒。这些东西也是咱们中华民族文化中不可或缺的链条。

曹丕《典论》书影

注释：

① 《资治通鉴》卷第八十四晋纪六惠孝皇帝中之上太安元年："张翰、顾荣皆虑及

祸，翰因秋风起，思菰菜、蓴羹、鲈鱼鲙，叹曰：'人生贵适志耳，富贵何为！'即引去。"

② 《资治通鉴》卷第八十八晋纪十孝怀皇帝下永嘉六年："汉主聪封帝为会稽郡公，加仪同三司。聪从容谓帝曰：'卿昔为豫章王，朕与王武子（王济）造卿，武子称朕于卿，卿言闻其名久矣，赠朕柘弓银砚（砚）；卿颇记否？'帝曰：'臣安敢忘之！但恨尔日不早识龙颜！'聪曰：'卿家骨肉何相残如此？'帝曰：'大汉将应天受命，故为陛下自相驱除。此殆天意，非人事也！且臣家若能奉武皇帝之业，九族敦睦，陛下何由得之！'聪喜。"

③ 《资治通鉴》卷第八十九晋纪十一孝愍皇帝下建兴二年："十一月，汉主聪以晋王粲为相国、大单于，总百揆。粲少有俊才，自为宰相，骄奢专恣，远贤亲佞，严刻愎谏，国人始恶之。"胡三省注："为后粲为靳准所弑张本。"《资治通鉴》卷第九十晋纪十二中宗元皇帝上太兴元年："靳太后等皆年未盈二十，粲多行无礼，无复哀戚。"《晋书·刘粲载记》："既嗣伪位，尊聪后靳氏为皇太后，樊氏号弘道皇后，宣氏号弘德皇后，王氏号弘孝皇后。靳等年皆未满二十，并国色也，粲晨夜烝淫于内，志不在哀。"

④ 《资治通鉴》卷第九十晋纪十二中宗元皇帝上太兴元年："（靳）准将作乱，谋于王延。延弗从，驰，将告之；遇靳康，劫延以归。准遂勒兵升光极殿，使甲士执粲，数而杀之，谥曰隐帝。刘氏男女，无少长皆斩东市。发永光、宣光二陵，斩聪尸，焚其宗庙。准自号大将军、汉天王，称制，置百官。"

⑤ 《晋书·石季龙载记》："季龙性既好猎，其后体重，不能跨鞍，乃造猎车千乘，辕长三丈，高一丈八尺，置（网）高一丈七尺，格兽车四十乘，立三级行楼二层于其上，克期将校猎。自灵昌津南至荥阳，东极阳都，使御史监察，其中禽兽有犯者罪至大辟。御史因之擅作威福，百姓有美女好牛马者，求之不得，便诬以犯兽论，死者百余家，海岱、河济间人无宁志矣。"《资治通鉴》卷第九十七晋纪十九显宗成皇帝下咸康八年："'（石虎）征士五人出车一乘，牛二头，米十五斛，绢十匹，调不办者斩。'民至鬻子

以供军须，犹不能给，自经于道树者相望。"

⑥《资治通鉴》卷第九十八晋纪二十孝宗穆皇帝上之下永和四年："（石虎）积柴于邺北，树标其上，标末置鹿卢，穿之以绳，倚梯柴积，送（石）宣其下，使（石）韬所幸宦者郝稚、刘霸拔其发，抽其舌，牵之登梯；郝稚以绳贯其颔，鹿卢绞上。刘霸断其手足，斫眼溃肠，如韬之伤。四面纵火，烟炎际天。虎从昭仪已下数千人登中台以观之。火灭，取灰分置诸门交道中。杀其妻子九人。宣少子才数岁，虎素爱之，抱之而泣，欲赦之，其大臣不听，就抱中取而杀之；儿挽虎衣大叫，至于绝带，虎因此发病。又废其后杜氏为庶人。诛其四率（前后左右）已下三百人，宦者五十人，皆车裂节解，弃之漳水。"

⑦《资治通鉴》卷第九十六晋纪十八显宗成皇帝中之下咸康六年："太子詹事孙珍病目，求方于侍中崔约，约戏之曰：'溺中则愈。'珍曰：'目何可溺？'约曰：'卿目腕腕（目深），正耐溺中。'珍恨之，以白（石）宣。宣于兄弟中最胡状目深，闻之怒，诛约父子。于是公卿以下畏珍侧目。"

⑧《资治通鉴》卷第九十八晋纪二十孝宗穆皇帝上之下永和五年："闵知胡之不为己用，班令内外：'赵人斩一胡首送凤阳门者，文官进位三等，武官悉拜牙门。'一日之中，斩首数万。闵亲帅赵人以诛胡、羯，无贵贱、男女、少长皆斩之，死者二十余万，尸诸城外，悉为野犬豺狼所食。其屯戍四方者，闵皆以书命赵人为将帅者诛之，或高鼻多须滥死者半。"

⑨《资治通鉴》卷第九十九晋纪二十一穆宗孝皇帝中之上永和八年："己卯，冉闵至蓟。（慕容）儁大赦。立闵而责之曰：'汝奴仆下才，何得妄称帝？'闵曰：'天下大乱，尔曹夷狄禽兽之类犹称帝，况我中土英雄，何得不称帝邪！'儁怒，鞭之三百，送于龙城。"

第13讲　兵败淝水

后赵的石虎倒行逆施，杀人不计其数，许多人非常反感石虎，这时出了一个汉族的首领冉闵。冉闵建立的国家叫冉魏，他采取的政策就是民族复仇，大凡鼻子高一点的人都被视作石虎的余孽，看作羯人，于是大肆屠杀。这种状况的确是当时民族交融过程中产生的历史震荡。

但是就是这个冉魏，政权存在也不长，因为冉闵是一个项羽式的人物，他有他的复仇情绪，没有什么头脑，所以后来被前燕政权镇压下去。前燕是慕容氏建立的，慕容鲜卑在鲜卑贵族之中算是比较先进，前燕逮着冉闵，把冉闵鞭打三百之后枭首。冉闵死得也非常惨。

各族争夺过程之中兴起了另一个国家——前秦。前秦又叫苻秦，是氐族政权，有人说氐是鲜卑的一支。这个氏族的政权逐渐崛起，趁着乱局攻入长安建国，史称前秦。

前秦开国君主是苻洪，苻洪的儿子是苻健，苻健非常有本事，他的大位被苻生所继承。苻生不是个东西，也属于十足的暴君。苻生是一只眼，今天叫做独眼龙，年纪轻轻，但是杀人如麻。当时有这么一个现象，谁要在他面前提"少""缺"这样的字眼，苻生就大发雷霆，认为这个人在嘲笑自己，于是就把这个人弄死。有官员主张为百姓禳灾，他反对，主张百姓爱死不死。他剥人面皮，使人歌舞；专务杀人，嗜血为乐，已经疯狂到了这个地步。身边的人如果对他唯唯诺诺的话，他会很生气，你是怕我吗？所以就把这个人也弄死。如果这个人对苻生溜须拍马，他认为你也不是东西，溜须拍马的人也照样完蛋。①

这样一个杀人如麻的狂魔，死在他一个兄弟苻坚的手里。苻坚汉化程度很高，有雄才伟略。赵翼的《廿二史札记》专门写过，有的少数民族首领汉化程度很高，好读儒家经典，想把儒家的礼义原则贯彻到治国方略中。苻坚南征北伐，开拓疆土，剿平了许多敌对势力。更重要的是他能够团结各个民族，并重用汉人。这在当时暴君横行的时代里是少见的。

他身边有不少汉族地主，其中有一个人叫做王猛。这个人很有名气，苻坚对他说，你就是诸葛，你就是管仲。可见王猛在苻坚心里的位置。②

王猛是汉人，当时东晋王室已经南渡，东晋王朝的贵族桓温进行过北伐。北伐打到关中一带，这时候王猛拜谒过桓温。桓温看到王猛很吃惊，王猛不仅穿着破旧的衣服，而且在桓温面前一边谈话一边扪虱。古人洗澡都很少，身上经常长虱子，长虱子就得抠，可是他面见的是上差，他还是这么做。桓温不以为意，问了王猛一个问题，说我千里迢迢北伐，解救北方的老百姓，怎么三秦豪杰都不欢迎我，对我很冷淡？王猛一语道破天机，说您不能赖老百姓，为什么？因为您的大兵到这，作壁上观，没有什么动静，平民百姓不知道你到底是为了谁，你是为了晋王室，还是为了自己的私利？如果你要是为了

王猛像

自己的私利，赢得一个北伐的好名声，那谁去帮助你啊？这话让桓温如梦初醒，桓温认为王猛说得太对了，比我们南方一大群士人水平都要高。桓温动了念想，想带王猛走。但是王猛他非常慎重，王猛曾经请教过他的老师（当然这个老师肯定是世外高人，史书没有留下他的名号）。王猛就问我自己该不该跟着东晋贵族去南方？老师告诉他，你别去，你是寒门出身。咱们说过，东晋是门阀政治，在这样的政治环境之下，你怎么可能受到他们的重用？你没用武之地反而受到排挤，还是当闲云野鹤的好。王猛就留在了北方。③

没想到，苻秦的统治者苻坚非常重视王猛。许多氐族的贵胄也就看不过去，凭什么我跟着你打天下，出生入死，让一个汉人操控着权柄？而王猛帮助苻坚进行大刀阔斧的改革，推行汉化政策，打击不法的氐族贵族。有一个氐族贵族叫樊世，一个老顽固，在皇帝苻坚面前大骂王猛，而且说王猛一无是处，认为王猛的改革是胡闹。这就看皇帝该怎么做了。苻坚是有为之君，站到王猛一边，非但没有处罚王猛，反而把这些说王猛坏话的、一意孤行的氐族贵胄进行严肃处理，甚至朝堂上抽打他们，从而树立了王猛的威信。④所以一个改革家能否大刀阔斧，不仅是他的知识结构、社会经验、政治智慧使然，更依赖背后的政治后盾。如果没有强有力的支持，下边所有工作都可能付之一炬。苻坚的确是令人称道。

所以在王猛的辅佐之下，苻坚很快一统北方，十六国局面出现了一次大洗牌。这个十六国只是约略的说法，是因为崔鸿的《十六国春秋》把这个时代叫做十六国，后人沿用了这个说法。北方混乱半个世纪，统一，应当说这都有王猛的功劳。

王猛先苻坚而死，临终的时候，王猛对苻坚做了嘱托，说陛下非常不得了，能够一统北方是许多统治者不及的，关键是你要知道，咱们现在的

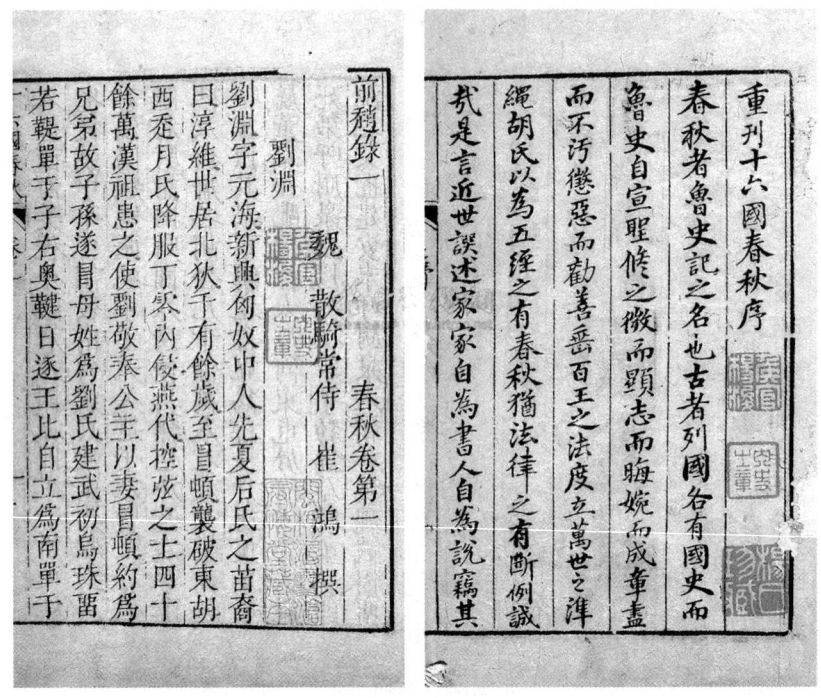

《十六国春秋》书影

对头有两个：一个是鲜卑人，一个是羌人。建立前燕的鲜卑，称之为慕容鲜卑。鲜卑人一度投降前秦，可是人降而心未降，对你貌合神离。还有羌人姚苌他们，崛起于西部，照样跟你这儿阳奉阴违。所以你的心腹大患不是汉人，你千万不要去打东晋，东晋虽然偏安在南方，可是它是人心所向，威风倒了架子不倒，碰它有可能万劫不复。⑤从后来历史的发展看，王猛之言难能可贵。因为苻秦内部还不是铁板一块，南征有可能后院着火。

大家记得陶渊明写的《桃花源记》吗？《桃花源记》中学都讲过，语文老师会讲《桃花源记》是当时东晋末年、刘宋初年陶渊明对黑暗的批判，对于光明的希求，他写了一个浪漫主义的理想世界，其实是不存在的。但

104

是大历史学家陈寅恪先生有一篇文章叫《桃花源记旁证》，陈先生指出，陶渊明描绘的桃花源是有可能存在的。北方存在一个个坞堡（有叫做堡坞，或者坞壁的），众多土著部落和外界基本没有什么往来，这和陶渊明"率妻子邑人来此绝境"的描述吻合，其中"男女衣着，悉如外人，"他们"不知有汉，无论魏晋"。这里头说"自云先世避秦时乱"，陈先生说这个秦不是秦始皇的秦，应当是苻坚建立的苻秦。

当然，陈先生这个说法只是一种可能。当时在北方存在的大量坞堡，它们在大山深处，处于自给自足的状态，并且控制着人口，国家根本影响不了它。所以在这样的前提下，甭管是鲜卑人，还是羌人，你能控制吗？所以王猛这个说法特别有针对性。

苻坚答应了王猛，王猛溘然长逝。但是之后他就被胜利冲昏头脑，凭什么不能打东晋？所以下边他背离了王猛正确的路线，他身边许多人，包括贵胄、亲戚尤其是他的皇后张氏，都提出了不同的意见，认为打东晋太悬了。这个张氏很聪明，反感她丈夫的武断行为。⑥但是苻坚太骄傲，一意孤行，划拉一大堆乌合之众，号称百万要伐东晋，所以这场仗就难以避免了。

东晋朝廷一听，非常紧张，皇帝和其他大臣一样，都没有充分的准备。东晋是门阀政治，田余庆先生写的《东晋门阀政治》，分析得非常入理。一般说左边叫门，右边叫阀，世家大族具有的排场，一般人不具备。田余庆先生仔细解释，说形成门阀政治应当说仅是东晋一朝。东晋一朝很特殊，是门阀地主干预制约皇权，但是皇权和诸多门阀并生，门阀不敢轻易取代皇权，形成种种制衡。虽然有皇权和门阀之间的矛盾，但也有几大门阀势力之间的矛盾。有一句话叫"王与马共天下"，也就是说王家力量太大了。晋元帝司马睿之所以能在南方落足，是因为王家大地主支持他，人们看到皇帝和王家一起出现，才意识到敢情东晋皇帝还是很有势力的，这下才支持司马氏政权。一度东晋的皇帝想把王导拉到龙床之上一起坐，王导再三推辞才作罢。东晋皇帝给王家的信极其客套，甚至出现许多下级给上级的字眼，比如说"敬白""敬言""拜首言"，这哪是皇帝下的圣旨啊？倒像是下级给上级的报告。皇帝称王导为仲父，历史上称仲父的不多，那是吕不韦级别的人物，王家力量可见一斑。

除了王家还有谢家，比如说丞相谢安，谢安的侄子谢玄。谢家不得了，谢玄掌握着一支很重要的武装力量，叫做北府兵。北府兵在京口（今天江苏镇江一带）。⑦这支力量很精锐，主力是北方来的流民，从中挑的是精壮男子，这成为东晋的依靠，也是淝水之战的中坚力量，更是后边刘裕起家的家底。

除了王谢二家之外，还有桓家。桓温也是有一腔热情，他总是要北伐，但是北伐不成。桓温的力量在荆州。于是这下又形成了一个矛盾，就是荆扬之争。谢家的人和桓家的人也在争夺，但是一般没打破平衡。虽然后来桓温的儿子桓玄一度称帝，国号楚，⑧但这是倒行逆施，反而给他带来了杀身大祸。除此以外还有庾家，庾家也是东晋皇室的依赖力量。王、谢、桓、庾四家操控着东晋的国柄，但是在外患来临的时候，这四家能团结在一起，抵御外侮。公元383年出现了这一场仗，就是淝水（在今安徽寿县东南）之战。

苻坚组织的人非常杂，这里有许多人不想打仗。除了他自己人之外，还有大量的异族兵，这些人都不想送死。而在淝水列阵，东晋说咱们君子协定，你们先退却一步，等列好阵，咱们再见分晓。这个苻坚很自信，退就退，他知道古代有个典故是退避三舍，晋文公的故事，反而以不利为有利。但是别忘了，你的这个阵线还没有统一，于是他下令退的时候就乱套了，里边有南方的一个间谍，叫朱序，大喊秦人败了，这个话可要命了，这下树倒猢狲散，这场仗成了中国历史上典型的以少胜多的战役。⑨有一个成语，叫草木皆兵，也叫风声鹤唳。苻坚被打怕了，居然看到远处八公山山头草木在动，以为是东晋的伏兵，事实上东晋没有那么多人马。当捷报传到建康告诉宰相谢安的时候，谢安在下棋。谢安慢条斯理地拆开书信，跟他下棋的官员眼睛睁大了瞪着谢丞相，到底这场仗怎么了？谢丞相很从容地说，小孩子们打胜了。这下所有人非常高兴，谢安高不高兴？谢安更高兴，于是一溜烟回到府邸，居然自己的木屐踩在门槛上碎裂了他还全然不知，可见内心非常雀跃。⑩但是，古人讲喜怒不形于色，这才是大将风度。

东晋利用了前秦内部的矛盾，很多人根本不想给他卖命，当朱序一声"秦败"的时候，肯定拔腿就跑。东晋形成了统一战线，王、谢、桓、庾几家的力量也不弱，虽然说他们跑到了南方，但是南方的贵族一直手握重兵，荆州本身就是军事重镇，而扬州是京畿地区尤其是北府兵成为淝水之战的中坚。在外患面前，内忧就解决了。

更重要的一条是东晋王朝是当时人心所向的政权。汉文化固然有它的毛病，可是，就当时来说，谁能推行汉族制度，谁就能够拥有执政的合理性，谁就能够加强集权。东晋位于江表，这里逐渐在开发，在司马迁写《史记》的时候，写到《货殖列传》，说南方无冻馁之人，也无千金之家。没人饿死冻死，但说这太富庶也不可能，南方当时还比较落后，处于火耕水耨。可是经历了永嘉南渡，一大批北方人包括衣冠贵族和民众来到南方，带来了文化，带来了政权，当然也带来了手工技术，以及先进的农业生产经验，这是南方开发的一个重要时期。南方开发有三个重要时期：一个是永嘉南渡，一个是安史之乱，一个就是靖康之乱。三个历史时期，都是北方出了大乱子，人们跑到南方，把北方的先进文化经验带到南方。南方相对稳定，这成为东晋政权乃至后来的南朝存在的经济条件。

注释：

① 《资治通鉴》卷第一百晋纪二十二孝宗穆皇帝中之下永和十一年："秦淮南王（苻）生幼无一目，性粗暴。其祖父洪尝戏之曰：'吾闻瞎儿一泪，信乎？'生怒，引佩刀自刺出血，曰：'此亦一泪也。'洪大惊，鞭之。生曰：'性耐刀矟，不堪鞭棰！'"《资治通鉴》卷第一百晋纪二十二孝宗穆皇帝中之下永和十二年："秦主生下诏曰：'朕受皇天之命，君临万邦；嗣统以来，有何不善，而谤讟（诽谤）之音，扇满天下！杀不过千，而谓之残虐！行者比肩，未足为希。方当峻刑极罚，复如朕何！'自去春以来，潼关之西，至于长安，虎狼为暴，昼则继道，夜则发屋，不食六畜。专务食人，凡杀七百余人。民废耕桑，相聚邑居，而为害不息。秋，七月，秦群臣奏请禳灾。生曰：'野兽饥则食人，饱当自止，何禳之有！且天岂不爱民哉，正以犯罪者多，故助朕杀之耳！'"《资治通鉴》卷第一百晋纪二十二孝宗穆皇帝中之下升平元年："生饮酒无昼夜，或连月不出。奏事不省，往往寝落（留止不下）。或醉中决事；左右因以为奸，赏罚无准。或至申酉乃出视朝，乘醉多所杀戮。自以眇目，讳言'残、缺、偏、只、少、无、不具'之类，误犯而死者，不可胜数。好生剥牛、羊、驴、马、燖鸡、豚、鹅、鸭，纵之殿前，数十为群。或剥人面皮，使之歌舞，临观以为乐。尝问左右曰：'自吾临天下，汝外间何所闻？'或对曰：'圣明宰世，赏罚明当，天下唯歌太平。'怒曰：'汝媚我也！'引而斩之。他日又问，或对曰：'陛下刑罚微过。'又怒曰：'汝谤我也！'亦斩之。勋旧亲戚，诛之殆尽，群臣得保一日，如度十年。"

② 《资治通鉴》卷第一百三晋纪二十五太宗简文皇帝咸安元年："坚报曰：'朕之于卿，义则君臣，亲逾骨肉，虽复桓、昭有管、乐，玄德之有孔明，自谓逾之。'"

③ 《资治通鉴》卷第九十九晋纪二十一孝宗穆皇帝中之上永和十年："北海王猛，少好学，倜傥有大志，不屑细务，人皆轻之。猛悠然自得，隐居华阴。闻桓温入关，

披褐诣之,扪虱而谈当世之务,旁若无人。温异之,问曰:'吾奉天子之命,将锐兵十万为百姓除残贼,而三秦豪杰未有至者,何也?'猛曰:'公不远数千里,深入敌境,今长安咫尺而不渡灞水,百姓未知公心,所以不至。'温嘿然无以应,徐曰:'江东无卿比也!'""欲与俱还,猛辞不就。"胡三省注:"猛不肯从温,温岂不欲杀之邪! 盖温军已败,匆匆退师,不暇杀之也。"《晋书·王猛传》:"温之将还,赐猛车马,拜高官督护,请与俱南。猛还山谘师,师曰:'卿与桓温岂并世哉! 在此自可富贵,何为远乎!'猛乃止。"

④ 《资治通鉴》卷第一百晋纪二十二孝宗穆皇帝中之下升平二年:"王猛日亲幸用事,宗亲勋旧多疾之,特进、姑臧侯樊世,本氐豪,佐秦主健定关中,谓猛曰:'吾辈耕之,君食之邪?'猛曰:'非徒使君耕之,又将使君炊之!'世大怒曰:'要当悬汝头于长安城门;不然,吾不处世!'猛以白坚,坚曰:'必杀此老氐,然后百寮可肃。'会世入言事,与猛争论于坚前,世欲起击猛;坚怒,斩之。于是群臣见猛皆屏息。"

⑤ 《资治通鉴》卷第一百三晋纪二十五烈宗孝武皇帝上之上宁康三年:"秋,七月,坚亲至猛第视疾,访以后事。猛曰:'晋虽僻处江南,然正朔相承,上下安和,臣没之后,愿勿以晋为图。鲜卑、西羌,我之仇敌,终为人患,宜渐除之,以便社稷。'言终而卒。坚比敛,三临哭,谓太子宏曰:'天不欲使吾平壹六合邪,何夺吾景略(王猛的字)之速也?'葬之如汉霍光故事。"

⑥ 《资治通鉴》卷第一百四晋纪二十六烈宗孝武皇帝上之中太元七年:"(苻)所幸张夫人谏曰:'妾闻天地之生万物,圣王之治天下,皆因其自然而顺之,故功无不成。是以黄帝服牛乘马,因其性也;禹濬九川,障九泽,因其势也;后稷播殖百谷,因其时也;汤、武帅天下而攻桀、纣,因其心也;皆有因则成,无因则败。今朝野之人皆言晋不可伐,陛下独决意行之,妾不知陛下何所因也。《书》曰:"天聪明自我民聪明",天犹因民,而况人乎! 妾又闻王者出师,必上观天道,下顺人心。今人心既不然矣,请验之天道。谚云:"鸡夜鸣者不利行师,犬群嗥者宫室将空,兵动马惊,军败不归。"自秋、冬以来,

众鸡夜鸣,群犬哀嗥,厩马多惊,武库兵器自动有声,此皆非出师之祥也。'坚曰:'军旅之事,非妇人所当预也!'"

⑦《资治通鉴》卷第一百四晋纪二十六烈宗孝武皇帝上之中太元二年:"(桓)玄募骁勇之士,得彭城刘牢之等数人。以牢之为参军,常领精锐为前锋,战无不捷。时号'北府兵',敌人畏之。"

⑧《资治通鉴》卷第一百一十三晋纪三十五安皇帝戊元兴三年:"玄自即位,心常不自安。二月,己丑朔,夜,涛水入石头,流杀人甚多,謹哗震天。玄闻之惧,曰:'奴辈作矣!'"

⑨《资治通鉴》卷第一百五晋纪二十七烈宗孝武皇帝上之下太元八年:"秦步骑崩溃,争赴淮水,士卒死者万五千人,执秦扬州刺史王显等,尽收其器械军实。于是谢石等诸军,水陆继进。秦王坚与阳平公融登寿阳城望之,见晋兵部阵严整,又望八公山上草木皆以为晋兵,顾谓融曰:'此亦勍敌,何谓弱也!'怃然始有惧色。""秦兵逼肥(淝)水而陈,晋兵不得渡。谢玄遣使谓阳平公融曰:'君悬军深入,而置陈逼水,此乃持久之计,非欲速战者也。若移陈少却,使晋兵得渡,以决胜负,不亦善乎!'秦诸将皆曰:'我众彼寡,不如遏之,使不得上,可以万全。'坚曰:'但引兵少却,使之半渡,我以铁骑蹵而杀之,蔑不胜矣!'融亦以为然,遂麾兵使却。秦兵遂退,不可复止。谢玄、谢琰、桓伊等引兵渡水击之。融驰骑略陈,欲以帅退者,马倒,为晋兵所杀,秦兵遂溃。玄等乘胜追击,至于青冈;秦兵大败,自相蹈藉而死者,蔽野塞川。其走者闻风声鹤唳,皆以为晋兵且至,昼夜不敢息,草行露宿,重以饥冻,死者什七、八。"

⑩《资治通鉴》卷第一百五晋纪二十七烈宗孝武皇帝上之下太元八年:"谢安得驿书,知秦兵已败,时方与客围棋,摄书置床上,了无喜色,围棋如故。客问之,徐答曰:'小儿辈遂已破贼。'既罢,还内,过户限,不觉屐齿之折。"

第14讲　北方乱局

淝水之战是中国历史上有名的一次以少胜多的战役。它说明一个问题，即便是像苻秦这样的有力政权，即便是像苻坚这样很有为的君主，一下子完成统一仍是不太可能的。公元383年，距离西晋统一中国已经过去了一百年，但是距离隋朝一统天下还有两百年之久；隋朝在589年一统天下之前，历史环境之中分裂的因素还比较多，贸然统一也会分裂，道理显而易见。

淝水一败就印证了王猛的说法，东晋碰不得。苻坚的版图四分五裂，先冒出来的就是慕容鲜卑。慕容鲜卑曾经建立过前燕，但是前燕政权被苻秦征服了，前燕贵族也成为苻秦的臣子，可这时候前秦崩溃人家可就冒出来，复国成为后燕，它照样盘踞北方，老巢在今辽宁朝阳。这样的话天高皇帝远，你还惹不了它。还有一支慕容鲜卑在河南和山东的交界，古人叫滑台（在今天安阳一带的滑县）的地方，建立了南燕。[①]

除了慕容鲜卑之外，羌人又冒出来了。王猛说一定得提防他们，羌人也非常凶残。羌人姚苌曾是苻坚身边的臣子，在淝水之战失败之后还一度派羌族首领姚苌平息西燕的叛乱，但没想到他马上摇身一变成了皇帝，史称"后秦"。前秦是氐族建立的，后秦是羌族建立的。后秦政权一度版图也很辽阔，成为北方的一个强国。[②]

苻坚想跑到甘肃的南安一带去避难，想东山再起，日后再攻下长安。可是，后秦的羌人已经把苻坚围个水泄不通，围在陕西岐山一带。姚苌管苻坚要玉玺，苻坚死活不给，这种信物国宝怎么能给你这种叛贼！苻坚知道下场会很惨，索性杀了他两个小女儿。他也相当的残忍，说我的女儿怎么能够陷落于敌手？他被姚苌的人给吊死，死的时候四十八岁，张夫人也自尽。③

这时候天下就乱了，除了前面说的后燕、南燕、后秦外，一批少数民族首领建国，比如说鲜卑族贵族乞伏国仁建立了西秦，氐族的另一支吕光建立了后凉，还有拓跋鲜卑建立的代（在河北、山西交界这一带）。代地政权不起眼，谁也没意识到，日后就是它会异军突起，统一北方，这就是北魏的前身。它的开创者是拓跋珪。④

东晋倒是偏安在南方，而五胡十六国逐渐接近尾声。后来还发现了大兴安岭深处的嘎仙洞遗址，就有碑文，记述了拓跋鲜卑帝王发家的历史，这个碑文用汉文书写，引经据典，可见他们进行了深刻的汉化。北魏一度不受人重视，越是这样越可能以后有大的作为。后燕雄踞北方，它的首都在中山（今天河北定州市一带）。后燕的统治者太子慕容宝非常贪婪，当北魏政权来朝贡的时候，他向北魏索贿，我看好了你这个使团的良马。结果没想到使者断然拒绝，你太贪婪了？于是两者结下了梁

嘎仙洞遗址

子，公元395年慕容宝借讨伐北魏，北魏的统治者拓跋珪只能应战。这个战役发生在参合陂，在内蒙古凉城一带，它离山西也不算远。慕容宝非常骄傲，他兵强马壮，而拓跋珪采取的是诱敌深入、避实击虚的策略。这一场仗他先散播了谣言，说慕容宝的父亲慕容垂已经死了，没想到鲜卑的士卒就信了，涣散了慕容宝的军心，后来避其精锐，击其惰归，打赢了这场仗。⑤这场仗曾经杀俘五万，很惨烈。慕容鲜卑的力量衰落下去，同是鲜卑族的拓跋氏逐渐崛起。

这时，五胡十六国进入尾声。慕容鲜卑建立的后燕政权，它的势力范围还挺辽阔，一度统辖到了山东一带。在泰山有一支起义的人马，领袖叫王始。王始也建国，被称为"泰山贼"，这是乌合之众，他本身是汉族农民，建立的政权也不牢固。王始聚众在泰山，自称为太平皇帝，封他的父亲为太上皇，封他的哥哥兄弟为征西将军、征东将军。后来他兵败被俘，后燕的贵族慕容镇审讯他，在临刑的时候问他，你爸爸在哪里呢？你的哥哥和兄弟又在哪里？结果下边说这个话让行刑官听呆了："太上皇蒙尘于外"（您听这口气，临死还称太上皇），意思是他爸爸日子也不好过；而征西将军、征东将军为贼兵所害，所以就剩下我了，"惟朕一身，独无聊赖"。这个话不仅把行刑官听呆了，也把他媳妇气懵了。史书没留下他媳妇的名字，也肯定是捆绑起来等待处决。他媳妇说，闭上你那臭嘴吧，要不是你这个嘴，你会有今天嘛。没想到王始还振振有词，他还称他媳妇为皇后，"自古岂有不亡之国！"倒也对，从古到今有几个家不败，有几个国不亡，所以我跟他们一样也是天命所归，没什么怕的。这个话传到镇压他的慕容德的耳朵里，史书就记载俩字"哂之"，大概是鼻子里哼了一声。⑥

像王始建立的这样的政权，当时应是很多的，在那个乱世谁都想分得一杯羹，所以这时候一批人都冒了出来。固然说官逼民反，可是你能否替天行道，拨乱反正，赢得天意民心？好像这不是一回事。所以农民战争有反抗性的同时，也有着破坏性和盲目性，往往成为破坏旧秩序后改朝换代的工具。五胡十六国时期有几个统治者是名正言顺的呢？其实也没有几个。

史书的记载就很有意思，甭管是《通鉴》，还是《南史》《北史》，国家的正史都讲究正统。比如《三国志》里头蜀汉和孙权就不是正统，只有曹魏是正统。而曹魏之后司马晋是正统，其他政权都不是正统，因为只有这样才能捋出一条线索，华夏文化的香火能传下来。这是从古代封建史官的角度写历史。那其他政权是什么？其他政权就称之为《载记》，比如刚才咱们讲的苻坚，书中就有《苻坚载记》，（而像王始这样的起义者，也用不上《载记》）。古往今来有多少人想当皇帝，但是"岂有不败之家、不亡之国"，道理如此。慕容德对王始嗤之以鼻，但保不齐你是下一个王始，到时，也许未必有王始淡定。但是得民心者得天下，从长时段看是不错的。

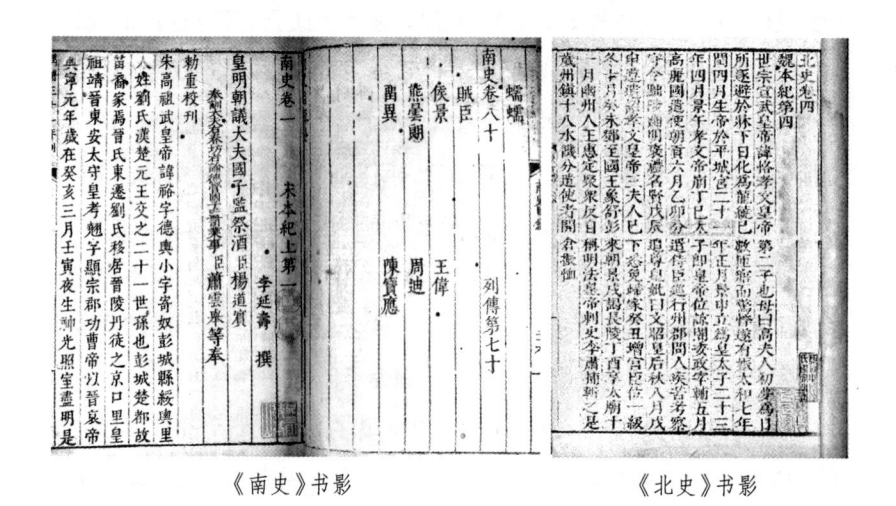

《南史》书影　　　　　　《北史》书影

注释：

① 《资治通鉴》卷第一百一十晋纪三十二安皇帝乙隆安二年："春，正月，燕范阳王德自邺帅户四万南徙滑台。魏卫王仪入邺，收其仓库，追德至河，弗及。赵王麟上尊号于德，德用兄垂故事，称燕王。改永康三年为元年，以统府行帝制。"

② 《资治通鉴》卷第一百五晋纪二十七烈宗孝武皇帝上之下太元九年："（姚）苌遣龙骧长史赵都、参军姜协诣秦王坚谢罪；坚怒，杀之。苌惧，奔渭北马牧，于是天水尹纬、尹详、南安庞演等，纠扇羌豪，帅其户口归苌者五万余家，推苌为盟主。苌自称大将军、大单于、万年秦王，大赦，改元白雀。"

③ 《资治通鉴》卷第一百六晋纪二十八烈宗孝武皇帝中之上武帝太元十年："后秦王苌使求传国玺于秦王坚曰：'苌次应历数，可以为惠。'坚瞋目叱之曰：'小羌敢逼天子，五胡次序，无汝羌名。玺已送晋，不可得也！'苌复遣右司马尹纬说坚，求为禅代；坚曰：'禅代，圣贤之事，姚苌叛贼，何得为之！'坚与纬语，问纬：'在朕朝何官？'纬曰：'尚书令史。'坚叹曰：'卿，王景略（王猛）之俦，宰相才也，而朕不知卿，宜其亡也。'坚自以平生遇苌有恩，尤忿之，数骂苌求死，谓张夫人曰：'岂可令羌奴辱吾儿。'乃先杀宝、锦。辛丑，苌遣人缢坚于新平佛寺。张夫人、中山公诜皆自杀。后秦将士皆为之哀恸。苌欲隐其名，谥坚曰壮烈天王。"

④ 《资治通鉴》卷第一百六晋纪二十八烈宗孝武皇帝中之上武帝太元十一年："春，正月，戊申，拓跋珪大会于牛川，即代王位，改元登国。以长孙嵩为南部大人，叔孙普洛为北部大人，分治其众。""代王初改称魏王。"胡三省注："拓跋氏自此国号魏。"

⑤ 《资治通鉴》卷第一百八晋纪三十烈宗孝武皇帝下太元二十年："（燕太子）宝之发中山也，燕主垂已有疾，既至五原，珪使人邀中山之路，伺其使者，尽执之。宝等数月不闻垂起居，珪使所执使者临河告之曰：'若父已死，何不早归！'宝等忧恐，士卒骇动。"魏军晨夜兼行，乙酉，暮，至参合陂西。燕军在陂东，营于蟠羊山南水上。魏王珪夜部分诸将，掩覆燕军，士卒衔枚束马口潜进。丙戌，日出，魏军登山，下临

燕营；燕军将东引。顾见之，士卒大惊扰乱。珪纵兵击之，燕兵走赴水，人马相腾蹑，压溺死者以万数。略阳公遵以兵邀其前，燕兵四五万人，一时放仗敛手就禽，其遗迸去者不过数千人。太子宝等皆单骑仅免。杀燕右仆射陈留悼王绍，生禽鲁阳王倭奴、桂林王道成、济阴公尹国等文武将吏数千人，兵甲粮货以钜万计。道成，垂之弟子也。"

⑥《资治通鉴》卷第一百一十三晋纪三十五安皇帝戊元兴二年："泰山贼王始聚众数万，自称太平皇帝，署置公卿；南燕桂林王镇讨禽之。临刑，或问其父及兄弟安在。始曰：'太上皇蒙尘于外，征东、征西为乱兵所害。'其妻怒之曰：'君正坐此口，奈何尚尔！'始曰：'皇后不知，自古岂有不亡之国！朕则崩矣，终不改号！'"《晋书·慕容德载记》："行刑者以刀镮筑之，仰视曰：'崩即崩矣，终不改帝号。'德闻而哂之。"

第15讲　胡夏兴亡

社会一乱，人们都想称王称帝，所以，政权就像走马灯一样。当时在西部有这样一个政权，是匈奴族建立的，它位于今天陕西北部和内蒙古界的榆林，榆林边上有一个县叫做靖边县，如果今天来到这的话，就能看到一面是农田，另一面是茫茫大漠，景色也很别致。在农田和大漠的交界之处，直到今天还有一个城址，当地人叫白城子。白色的土，非常显眼。考古学家告诉我们，这就是五胡十六国时期胡夏的城址。

北魏有仇人，其中之一就是赫赫连勃勃这支匈奴。赫连勃勃原先叫刘勃勃，匈奴人认为自己姓刘，自己的血统比司马氏政权更靠近汉，干吗你能称帝我就不能呢？刘勃勃他爸爸被拓跋鲜卑给弄死了，所以这一支和拓跋鲜卑有血海深仇。他在起事称帝之前曾经投靠过北魏的对头——后秦。后秦主姚苌，也就是逼死苻坚那位，是前秦的叛徒。姚苌继任者是姚兴，刘勃勃就投靠了他。但是没想到，随着事态的发展，北魏政权和后秦政权讲和了，这时候刘勃勃特别愤恨，北魏和我有杀父之仇，我怎么还能在你这混下去？于是他率着一干人等，依据内蒙古和陕北交界的这块地方建了国，他认为我祖上就应当是刘邦，而我们匈奴是大禹的一支，建立国号叫夏。①

《史记》写到匈奴的时候，的确交代匈奴的祖上是大禹。这个说法可不可信？历史学家还有争议。这种情况是可能的，大禹有一支可能跑到北方，和匈奴融合了。当然还有其他的可能，就是古人族属认错了，蛮、夷、戎、狄经常认错，因为华夏人看到和自己不一样的人往往分不清楚。今天也是，咱们看外表也分不清欧洲人究竟是德国人还是英国人。赫连勃勃称自己是大禹之后，胡夏的势力范围在今天的河套一带。他定都在今天的陕北榆林的靖边，史称叫做统万城。这个名号也非常好玩，统是统一的统，万是万里江山的万，顾名思义，我就要统一万里江山，表现出他的雄心。

建城的过程也非常复杂，他选址选到"统万"这个地方，觉得这个地方不仅有肥沃的粮田，而且背靠大漠，地理位置很优越，在此建都有着得天独厚的优势。于是他派自己的亲信，寻找一大群能工巧匠，以及大量民夫，给他建这个城。赫连勃勃这个人非常残忍，对这些工匠也极端苛刻，当时有这样的做法，如果监工拿一个锥子在土上扎，能扎进去一寸，这个负责的工匠就是死。②据说人们用三合土（包括石灰、黏土、黄土）堆在一起造的这个城。由于石灰、黏土是白色，所以直到今天它还泛白，当地人俗称叫白城子。他这时候不称刘勃勃了，改姓叫赫连，这个姓氏是他造出来的。赫是显赫的赫，连是连接的连，显赫地连接上苍，赫然与天神相连，所以他姓赫连。③他死活不愿意定都长安。④

有一个人叫韦祖思，是个读书人，非常有名，人们对他的口碑很好。赫连勃勃见到韦祖思，

统万城遗址

没想到韦祖思对赫连勃勃非常恐惧,知道这是一个杀人魔王,对赫连勃勃恐惧大于恭敬,这下让赫连勃勃看出来了。赫连勃勃大怒,你怎么这样?我对你以国士相待,可是你居然怕我。赫连勃勃说你昔日不拜后秦主姚兴,你怎么就拜我?我活着的时候你尚且对我如此,我死了之后你还不拿笔把我给骂烂了?所以就把韦祖思给弄死了。⑤

南朝有一个学者叫刘义庆,他有本书叫《宣验记》(见萧子显《南齐书》),也写得神神鬼鬼,说当时佛教盛行,赫连勃勃把这个佛像放在自己的背上,这下所有人既是在拜佛像,也是在拜他,跟别人说你拜佛像即为拜我,我就是佛。这么一个杀人魔王还自称是佛。但是据说赫连勃勃的死也很悲惨,刘义庆说这是被雷劈死,不仅雷劈死了赫连勃勃,而且把赫连勃勃的坟墓也给劈碎了,人们发现赫连勃勃尸体露于外,他的身上还写着"凶虐无道"的字眼。这个说法今天看表达的是人们对他的愤恨,肯定有渲染的成分。

这个政权从赫连勃勃传到了他的继任者赫连昌,由赫连昌传到赫连定。这个政权从407年到431年。到428年的时候,北魏和胡夏打了一仗,胡夏败北,北魏的皇帝拓跋焘,有雄才大略,打下了统万城,感慨胡夏的暴虐。⑥居然发现一封信,有一个叫赵逸的文臣歌颂赫连勃勃功绩,说是拍马屁式的文字。他写得实在太肉麻了,从大禹开始讴歌,说胡夏政权的老祖宗大禹就是一个仁慈的圣祖,他能够疏导山川,治理水患,老百姓享其福祉。但是后来有了各种各样的纷扰,虽然夏王朝覆灭,但是夏王朝有一支匈奴继承了华夏的正统,而匈奴之中有一支在这个地方建立了仁慈的政权。胡夏对老百姓极其关爱,拥有天意民心。这封信文字用了许多的典故,写得极其华美。拓跋焘看到这封信很生气,说这样的信就说明胡夏不亡都算怪的。于是就调查这封信是谁写的,发现是当时胡夏国的著作郎

（也就是专门负责文书档案的官员）叫赵逸。拓跋焘打算治罪赵逸，但手下的崔浩说这些东西是文士的虚夸之辞，不得已为之，不足为罪。⑦

拓跋焘非常信任崔浩，一度对投降的许多少数民族将领说，你别瞅这个瘦小的崔浩，他一个人就抵好几十万兵，但是崔浩死得也非常悲惨。崔浩后来给拓跋鲜卑修历史，拓跋焘说，怎么实事求是怎么写。崔浩就当真了，于是把史书写成；不仅写成，还把它刻成石头放在显眼的地方，这下鲜卑贵族在早期不符合华夏伦常的、伤风败俗的种种暴行公之于众。于是鲜卑贵族怒了，声讨崔浩。⑧拓跋焘也不敢保他，于是把崔浩灭族，这是鲜卑历史上的一个文字狱。⑨崔浩曾经说，汉族的士大夫无奈写了这些文字，只能歌功颂德，您也没有必要跟他较真。所以赵逸才逃过一劫，但是他没赵逸那么命好。其实修史只不过是一个导火索，北方崔、卢诸多大族遭受了灭顶之灾。

北魏逐渐崛起，后来渐渐统一北方，五胡十六国到了尾声。咱们得感谢司马光，他把乱世一年一年记载得很清楚，五胡十六国的暴君、佞臣、逆理伤道的事件，今天能厘清。如果没有司马光做的工作，许多文献与事件也就湮灭了。崔鸿的《十六国春秋》说当时有十六国，成汉、二赵、三秦、四燕、五凉，还有夏，但是您仔细数，不止十六国。这十六国，短的八九年。长的二三十年。这样的气数非常短，为什么如此，值得思考。原因之一就是当时没有强有力的中央集权，而一旦野心家开始其篡权过程就一发不可收拾，相互效尤。

中国五千年文明，绵延至今没有绝断，没有一个国度如此。究其原因是什么？很重要一条，就是中国有一个强大的公权力在支撑，在建造公权力的同时也建造了一整套制度文化。古代政治有自身的制约因素，比如帝王有一群谏臣，有儒家思想，有天道鬼神及祖宗之法，这一套东西都在制约着帝王的权力。所以中国古代像汉唐时代能够防范许多不良的社会倾向，使得社会相当程度上稳定下来。《资治通鉴》目的要干吗？是通过历史把政治的合理性讲清楚，告诉皇帝什么该做、什么不该做。

所以我们说，五胡十六国之所以乱，是因为它陷入看人家称帝眼红，称帝后大搞腐败，最终亡国恶性循环之中。人们是如何走出这样的恶性循环，如何重建社会秩序的，值得深入探讨。

注释：

① 《资治通鉴》卷第一百一十四晋纪三十六安皇帝己义熙四年："夏王勃勃闻秦兵且至，退保河曲。齐难以勃勃既远，纵兵野掠；勃勃潜师袭之，俘斩七千余人。难引兵退走，勃勃追至木城，禽之，虏其将士万三千人。于是岭北夷、夏附于勃勃者以万数，勃勃皆置守宰以抚之。"

② 《资治通鉴》卷第一百一十六晋纪三十八安皇帝辛义熙九年："夏王勃勃大赦，改元凤翔；以叱干阿利领将作大匠，发岭北夷、夏十万人筑都城于朔方水北、黑水之南。勃勃曰：'朕方统一天下，君临万邦，宜名新城曰统万。'阿利性巧而残忍，蒸土筑城，锥入一寸，即杀作者而并筑之。勃勃以为忠，委任之。凡造兵器成，呈之，工人必有死者：射甲不入则斩弓人，入则斩甲匠。又铸铜为一大鼓，飞廉、翁仲、铜驼、龙虎之属，饰以黄金，列于宫殿之前。凡杀工匠数千，由是器物皆精利。"《资治通鉴》卷第一百一十八晋纪四十恭皇帝上元熙元年："勃勃性骄虐，视民如草芥。常居城上，置弓剑于侧，有所嫌忿，手自杀。群臣迕视者凿其目，笑者决其唇，谏者先截其舌而后斩之。"

③ 《资治通鉴》卷第一百一十六晋纪三十八安皇帝辛义熙九年："勃勃自谓其祖从母姓为刘，非礼也。古人氏族无常，乃改姓赫连氏，言帝王系天为子，其徽赫与天连也；其非正统者，皆以铁伐为氏"，胡三省注："勃勃父卫辰本铁弗氏，故改其非正统者为铁

伐氏。""言其刚锐如铁,皆堪伐人也。"

④《资治通鉴》卷第一百一十八晋纪四十恭皇帝元熙元年:"群臣请都长安。勃勃曰:'朕岂不知长安历世帝王之都,沃饶险固!然晋人僻远,终不能为吾患。魏与我风俗略同,土壤邻接,自统万距魏境裁百余里,朕在长安,统万必危;若在统万,魏必不敢济河而西。诸卿适未见此耳。'皆曰:'非所及也。'乃于长安置南台,以赫连璝领大将军、雍州牧、录南台尚书事;勃勃还统万,大赦,改元真兴。"

⑤《资治通鉴》卷第一百一十八晋纪四十恭皇帝元熙元年:"夏主勃勃征隐士京兆韦祖思。祖思既至,恭惧过甚,勃勃怒曰:'我以国士征汝,汝乃以非类遇我!汝昔不拜姚兴,今何独拜我?我在,汝犹不以我为帝王;我死,汝曹弄笔,当置我于何地邪!'遂杀之。"

⑥《资治通鉴》卷第一百二十宋纪二太祖文皇帝上之上元嘉四年:"初,夏世祖性豪侈,筑统万城,高十仞,基厚三十步,上广十步,宫墙高五仞,其坚可以厉刀斧。台榭壮丽,皆雕镂图画,被以绮绣,穷极文采。魏主顾谓左右曰:'蕞尔国而用民如此,欲不亡得乎!'"

⑦《资治通鉴》卷第一百二十宋纪二太祖文皇帝上之上元嘉四年:"得夏太史令张渊、徐辩,复以为太史令。得故晋将毛脩之、秦将军库洛干,归库洛干于秦,以毛脩之善烹调,用为太官令。魏主见夏著作郎天水赵逸所为文,誉夏主太过,怒曰:'此竖无道,何敢如是!谁所为邪?当速推之!'崔浩曰:'文士褒贬,多过其实,盖非得已,不足罪也。'乃止。魏主纳夏世祖三女为贵人。"

⑧《资治通鉴》卷第一百二十五宋纪七太祖文皇帝中之下元嘉二十七年:"魏主以浩监秘书事,使与高允等共撰《国记》,曰:'务从实录。'著作令史闵湛、郗标,性巧佞,为浩所宠信。浩尝注《易》及《论语》、《诗》、《书》,湛、标上疏言:'马、郑、王、贾不如浩之精微,乞收境内诸书,班浩所注,令天下习业。并求敕浩注《礼》传,令后生得观正义。'浩亦荐湛、标有著述才。湛、标又劝浩刊所撰国史于石,以彰直笔。高允闻

之，谓著作郎宗钦曰：'湛、标所营，分寸之间，恐为崔门万世之祸，吾徒亦无噍类矣！'浩竟用湛、标议，刊石立于郊坛东，方百步，用功三百万。浩书魏之先世，事皆详实，列于衢路，往来见者咸以为言。北人无不忿恚，相与潛浩于帝，以为暴扬国恶。帝大怒，使有司按浩及秘书郎吏等罪状。"

⑨ 《资治通鉴》卷第一百二十五宋纪七太祖文皇帝中之下元嘉二十七年："六月，己亥，诏诛清河崔氏与浩同宗者无远近，及浩姻家范阳卢氏、太原郭氏、河东柳氏，并夷其族，余皆止诛其身。槛浩置槛内，送城南，卫士数十人溲（小便）其上，呼声嗷嗷，闻于行路。"

第16讲　南朝荒主

公元439年北魏一统黄河流域，这时候五胡十六国画上了句号。而南方是东晋王朝，司马晋和很多王朝一样呈现出的状态是虎头蛇尾，也就是说在司马昭、司马炎时期能够一统中国，可是八王之乱，五胡内迁永嘉南渡，实力越来越弱。

东晋司马氏政权对王、谢、桓、庾几家毕恭毕敬。举个例子来说，简文帝司马昱是司马氏政权里头比较像样的皇帝，仪表堂堂，应对得体。简文帝没有当皇帝的时候还只是一介诸侯，就对大将军桓温毕恭毕敬；当了皇帝也唯唯诺诺，生怕被废。①《世说新语》里讲司马昱和桓温两个人碰到了一起，桓温说您先走，司马昱说无论如何我不能先走，您先走。无奈，桓温先走。桓温先走，他还找了一个理由，说我给您打前站。于是他背了一句诗："伯也执殳，为王前驱。"这是《诗经·王风·伯兮》，一个女子在说自己的丈夫给王当警卫，拿着殳，给王打前站。桓温引用这句诗说，我就是给您打前站的卫士。这下司马昱诚惶诚恐，也背了一首诗，这是《诗经·鲁颂·泮水》，他讲："无小无大，从公于迈。"甭管是大的贵族还是小的贵族，都跟您鲁公一起往前走，您走到哪儿我走到哪儿，可见这两个人多么客套。当然这种客套中我们能看出，皇权已经跌落了，他不得不和大门阀打成一片，在门阀的支持之下才能生存，所谓吃人家嘴短拿人家手短。

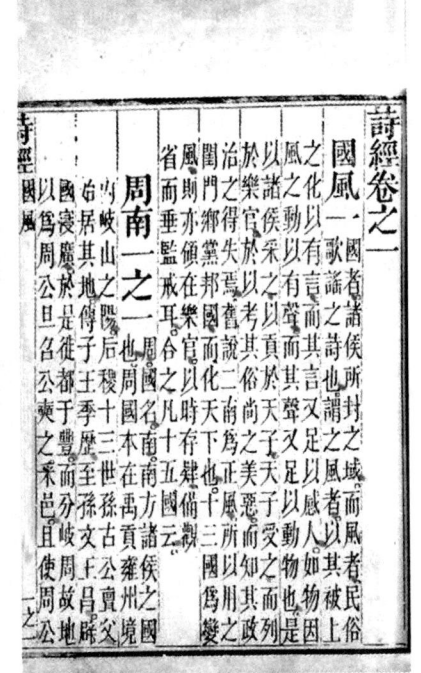

《诗经》书影

当时还有一个故事，简文帝已经称帝，在密室之中召见大将军桓温探讨国事。密室比较黑，大将军桓温来了，就问陛下在哪儿？结果简文帝就说了三个字"某在斯"，"某在斯"今天的汉语就是我在这里。当时所有人都说这个皇帝答得好。这是什么原因？他用的是《论语》的典故，孔子曾经对一个人非常恭敬，这个人叫师冕。师冕是师官，但这是一个瞽目的乐师，也就是盲人。古代当乐师的人往往都是盲人，比如西方的《荷马史诗》，荷马就是唱歌的盲诗人。孔子对这样的人非常尊敬，告诉师冕这是座位，这是台阶，等上了台阶，上了座位之后，孔子讲"某在斯，某在斯"。

我在这我在这,您跟着我。这时候简文帝也说"某在斯",有人说这应当是一种讽刺,他告诉大将军桓温,你再有势力,你也是瞎子,没有皇帝也不行。我用孔子的话,那说明我有孔子的权威,你也得听我的,非常委婉。所以这两个故事表现出东晋的皇权和大门阀几家的焦灼状态,这种状态持续到东晋灭亡。

东晋一代不如一代,晋安帝司马德宗也是傻子,有人说他还不如晋惠帝,所以大权旁落。另外一个司马氏贵族司马道子,权倾朝野。后来司马道子又把大权给了他的儿子司马元显,他更说一不二。②而当时桓温已经死了,桓温的儿子桓玄,比他爸爸野心还要大。桓玄手握荆州重兵,兵临城下,控制了司马德宗不说,而且杀了司马道子和司马元显,朝廷大乱。③他一不做二不休,称帝,国号叫做楚,但没想到万劫不复。

司马氏政权虽然腐败,但是毕竟一度是人心所向。咱们讲过的淝水之战就是很典型的例子,把司马氏政权给打压下去,而且称帝,犯了大忌讳,这时有一个人冒了出来,声称吊民伐罪,灭掉了称帝的桓玄,这人就是大将军刘裕。

还记得吗?咱们中学曾经学过辛弃疾一首词《永遇乐·京口北固亭怀古》,其中有一句叫"人道寄奴曾住",寄奴就是刘裕的小名。刘裕出身寒微,他不是门阀地主,是庶族地主,④掌管着北府兵。北府兵就在京口,也就是今天镇江一带,这支重兵是淝水之战的主力,

南朝宋武帝刘裕像

也是刘裕的后盾，以及平衡东晋皇权和门阀世家的力量。这时候刘裕平息了桓玄的叛乱，又让晋安帝复位，但是后来功勋卓著的刘裕缢杀晋安帝，毒死了晋恭帝，自己称帝。历史进入南朝。因为刘裕受封为宋公，所以国号为宋，史称为南朝宋，又称刘宋，和后代赵宋相区别。

刘宋起家于寒门，能够带来比较鲜活的血液。刘裕主政之后，主要的任务就是稳定社会秩序，发展生产，重用次等贵族与寒门地主，应当说这都代表了时代的方向。清代人赵翼写《廿二史札记》，其中有一则叫"南朝多用寒门"。因为他发家就是寒门，他称帝之后也重用寒门地主。而刘裕用的一批人存在一个很有趣的现象，很边缘化的行政长官真正掌握实权，所以赵翼《廿二史札记》说这个时代以典签、长史为重。典签是一种巡查式的人员，管监察。长史就是丞相府或者将军府官员的幕僚长。这些人原在门阀政治中都是靠边站的，可是在这个时候掌了重权。陈寅恪先生的讲稿《魏晋南北朝史讲演录》指出，南朝的帝王任用比较寒微的官员，给予他们全权，所以成为真正意义上的长官，借此收拢权力。

这就和东晋很不一样。东晋门阀政治中，大贵族往往不理政。比如王羲之，他是王右军，应当打仗，但他是书法家。为什么产生这样的现象？最直接的原因是世家大族看不上俗务。《颜氏家训·涉务》说当时建康令，按今天说就是南京市市长王复指马为虎。您听过指鹿为马，他指马为虎。王复看见马吓坏了，马一声长啸，他觉得这哪里是马，这不就是老虎吗？吓死本宝宝了，他居然羸弱至此。

《晋书·王徽之传》载，王羲之有一个儿子王徽之，曾经担任过车骑将军桓冲的骑曹参军，也是吊儿郎当，桓冲问他管哪个部门，他说"似是马曹"；又问他你管马的话，这个马有多少？他说我不了解马，更不知道数；

桓冲又问，那马死了多少？结果他照样用孔子的话，叫"未之生，焉之死"。马活着的数都说不清楚说什么死的呢？这种做法今天看就是懒政，但是在当时贵族圈里相当普遍。

南朝多用寒门，对这样的风气就是一种纠正，刘宋政权开国君主是刘裕有作为。可是此后刘宋多出暴君，这跟后面接任的萧齐一样。赵翼有一则札记，就是"宋齐多荒主"，荒主是荒淫无道的主上。你自己懒政就得了，还涂炭生灵，不能不说这都是历史上的祸害。

王羲之像

比如说刘宋有一代皇帝叫刘骏，就是宋孝武帝。有一个王家人，叫王僧达，曾经支持过刘骏，但刘骏也厌恶他的傲慢。王家是大贵族，非常看不起刘宋的一班亲戚。孝武帝他妈路太后曾经向孝武帝哭诉过一件事情，路家人有一个叫路琼之的，和王僧达住邻居，他毕恭毕敬地去见王僧达。王僧达何其傲慢，上来就问，原先我们王家有一个马夫叫做路庆之，是你什么人？这下路琼之一听傻了，路庆之是我爷爷，所以非常尴尬。等路琼之一走，王僧达干了一件更令人气愤的事，把他坐的榻给烧了，嫌它恶心。这样的委屈他倾诉给太后，太后倾诉给皇帝，但是宋孝武帝什么态度？反而把路琼之骂一顿，你这孩子上他那干吗去？你不是自讨没趣吗？可见当时刘宋政权也比较窝囊。但是祸因恶积，王僧达屡次犯了皇上的忌讳，皇上一不做二不休，借口谋反把他给弄死。⑤

宋孝武帝刘骏，一度看他爷爷宋武帝刘裕不顺溜，觉得自己爷爷是个大老粗。寄奴刘裕称帝以后，提倡节俭，发展生产，在宫廷之中弄了一个"陈列室"，放置了许多他贫困时候的物件给子孙后代看，告诫子孙不准奢侈。其实这样的做法有效性很差，孙子刘骏指着他爷爷的这些东西说，我爷爷一介田舍公，有这些不少了。⑥居然说过这种话！

刘骏之后的帝王，更为凶残。刘骏之后是刘子业，史称前废帝。刘子业很不是东西，不仅杀人如麻，而且禽兽不如。比如他母亲太后王氏生病了，这时候他不去看，说这个病人的屋子里有鬼。结果气得太后就骂，我怎么生出你这么一个货色。⑦这居然是刘宋的皇帝。

刘子业还滥杀无辜，大凡他的亲眷全杀。你们可能是我日后的心腹大患。当时他有一个远房的兄弟人叫刘子鸾。刘子鸾非常有文采，写过赋，被刘子业逼死，临死前说了那么一句话，如果有来世的话，无论如何我不生在帝王之家。⑧这多么无奈啊！当时刘子业还有几个叔叔，他们长得非常肥硕，他开玩笑，这几个叔叔都是猪，把这几个叔叔用竹笼盛起来称重，居然玩这种游戏。其中有一个名字叫做刘彧，这个刘彧被他封为"猪王"，而另外跟刘彧一起被绑的，被他封为"贼王""杀王"。⑨

这种荒淫无道古往今来也很少，据说刘子业曾让宫女裸游，有一个宫女不干，刘子业索性把她弄死了，于是梦见宫女向他索命，说在上帝面前已经告了他，你拿命来。刘子业越想越害怕，于是找来巫师来除妖，一顿折腾又唱又跳。而其中有一个太监，叫寿寂之，这个人跟刘彧联合到一起，把刘子业给射死，终于消灭了这么个杀人魔王。接下来登基的就是刘彧，就是被他封为"猪王"的那位叔父。⑩

按说受过迫害，就应当有仁善之心，可是权力让他彻头彻尾的变态。刘彧登基之后，史称宋明帝。他比任何一个暴君都有过之无不及。他翦杀同宗亲王二十多个，而且颁布诏书，都有冠冕堂皇的理由，据说文辞都特别好，历数这些人的罪状，你看这些人真是罪大恶极，一定该死，但事实上是子虚乌有。所以说文献档案就完全可靠吗？前面咱们曾经讲过统万城里留下的那篇文字，由著作郎赵逸写的，称颂赫连勃勃丰功伟绩，说他是仁慈圣君，事实上跟实际情况天壤之别。历史是复杂的，人们留下的遗迹体现了当事人的所思所想，受制于条件，许多问题都得往深一步考虑。刘宋政权如此凶残，败亡也就指日可待了，接手的萧齐政权也没有好哪儿去，所以南朝照样处于一片黑暗之中。

注释：

① 《资治通鉴》卷第一百三晋纪二十五太宗简文皇帝咸安元年："温威振内外，帝虽处尊位，拱默而已，常惧废黜。……帝美风仪，善容止，留心典籍，凝尘满席，湛如也。虽神识恬畅，然无济世大略，谢安以为惠帝之流，但清谈差胜耳。"

② 《资治通鉴》卷第一百一十一晋纪三十三安皇帝丙隆安三年："时人谓道子为东录，元显为西录；西府车骑填凑，东第门可张罗矣。元显无良师友，所亲信者率皆佞谀之人，或以为一时英杰，或以为风流名士。由是元显日益骄侈，讽礼官立议，以己德隆望重，既录百揆，百揆皆应尽敬。"

③ 《资治通鉴》卷第一百一十二晋纪三十四安皇帝丁元兴元年："癸酉，有司奏会稽王道子酗纵不孝，当弃市，诏徙安成郡；斩元显及东海王彦璋（元显之子）、谯王尚之、庾楷、张法顺、毛泰等于建康市。""太尉（桓）玄使御史杜林防卫会稽文孝王（司马）道子至安成，林承玄旨，酖道子，杀之。"

④ 《资治通鉴》卷第一百一十三晋纪三十五安皇帝戊元兴三年："初，裕名微位薄，轻狡无行，盛流皆不与相知，惟王谧独奇贵之，谓裕曰：'卿当为一代英雄。'"

⑤ 《资治通鉴》卷第一百二十八宋纪十世祖孝武皇帝上大明二年："中书令王僧达，幼聪警能文，而跌荡不拘。帝初践阼，擢为仆射，居颜（竣）、刘（延孙）之右。自

负才地,谓当时莫及,一二年间,即望宰相。既而迁护军,怏怏不得志,累启求出。上不悦,由是稍稍下迁,五岁七徙,再被弹削。僧达既耻且怨,所上表奏,辞旨抑扬,又好非议朝政,上已积愤怒。路太后兄子尝诣僧达,趋升其榻,僧达令舁(共同用手抬)弃之。太后大怒,固邀上令必杀僧达。会高阇反,上因诬僧达与阇通谋,八月,丙戌,收付廷尉,赐死。"《南史·王僧达传》:"黄门郎路琼之,太后兄庆之孙也,宅与僧达门并。尝盛车服诣僧达,僧达将猎,已改服。琼之就坐,僧达了不与语,谓曰:'身昔门下驺人路庆之者,是君何亲?'遂焚琼之所坐床。太后怒,泣涕于帝曰:'我尚在而人陵之,我死后乞食矣。'帝曰:'琼之年少,无事诣王僧达门,见辱乃其宜耳。僧达贵公子,岂可以此加罪乎?'"

⑥《资治通鉴》卷第一百二十九宋纪十一世祖孝武皇帝下大明七年:"上始大修宫室,土木被锦绣,嬖妾幸臣,赏赐倾府藏。坏高祖所居阴室,于其处起玉烛殿。与群臣观之,床头有土障,壁上挂葛灯笼、麻蝇拂。侍中袁觊因盛称高祖俭素之德。上不答,独曰:'田舍公得此,已为过矣。'"

⑦《资治通鉴》卷第一百二十九宋纪十一世祖孝武皇帝下大明八年:"王太后疾笃,使呼废帝。帝曰:'病人间多鬼,那可往!'太后怒,谓侍者:'取刀来,剖我腹,那得生宁馨儿(这样的孩子)!'己丑,太后殂。"

⑧《资治通鉴》卷第一百三十宋纪十二太宗明皇帝上之上泰始元年:"新安王子鸾有宠于世祖,帝疾之。辛丑,遣使赐子鸾死,又杀其母弟南海王子师及其母妹,发殷贵妃墓。"胡三省注:"殷贵妃,盖生子鸾、子师及一女。母弟、母妹,谓同母弟、妹也。"《宋书·刘子鸾传》:"帝素疾子鸾有宠,既诛群公,乃遣使赐死,时年十岁。子鸾临死,谓左右曰:'愿身不复生王家。'"

⑨《资治通鉴》卷第一百三十宋纪十二太宗明皇帝上之上泰始元年:"帝畏忌诸父,恐其在外为患,皆聚之建康,拘于殿内,殴捶陵曳,无复人理。湘东王(刘)彧、建安王(刘)休仁、山阳王(刘)休祐,皆肥壮,帝为竹笼,盛而称之,以彧尤肥,谓之

'猪王',谓休仁为'杀王',休祐为'贼王'。以三王年长,尤恶之。"

⑩ 《资治通鉴》卷第一百三十宋纪十二太宗明皇帝上之上泰始元年:"先是帝游华林园竹林堂,使宫人倮相逐,一人不从命,斩之,夜,梦在竹林堂,有女子骂曰:'帝悖虐不道,明年不及熟矣!'帝于宫中求得一人似所梦者斩之。又梦所杀者骂曰:'我已诉上帝矣!'于是巫觋言竹林堂有鬼。""其夕,帝悉屏侍卫,与群巫及彩女数百人射鬼于竹林堂。事毕,将奏乐,寿寂之抽刀前入,姜产之次之,淳于文祖等皆随其后。休仁闻行声甚疾,谓休祐曰:'事作矣!'相随奔景阳山。帝见寂之至,引弓射之,不中。彩女皆迸走,帝亦走,大呼'寂寂'者三,寂之追而弑之。"

第17讲　鲜卑改革

有一句话叫做"南朝北朝是对头",矛盾非常大。史书上,南朝称北朝为"索虏",好些绘画上也是这样,他们头上有辫子,还剃发,称为"索虏"。北朝称南朝为岛夷,也不是什么好称呼。他们对骂,但自己都认为自己是正统。

说到少数民族政权汉化,肯定说到北魏孝文帝改革。这一次改革对于历史发展影响太大了,中学都讲孝文帝改革。孝文帝有一个强势的奶奶,就是文明太后冯氏。按照北魏的制度,如果你的儿子被选成太子,当妈的

《北魏帝王出御图》

就要倒霉，要赐自尽，怕他母亲会干涉皇帝的权力（仿汉武帝赐死钩弋夫人之事）。文明太后冯氏其实是孝文帝的奶奶，是孝文帝爸爸献文帝的母亲，但不是生身母亲，生身母亲李氏已经赐自尽，这下的话她就辅佐献文帝成人。①

献文帝也够绝的，十八岁就称太上皇，让位给孝文帝拓跋宏。献文帝为什么让位？文明皇后和他有矛盾，把这儿子扒拉到一边儿，到他二十三岁的时候，公元476年，据说就是用毒药毒死了献文皇帝。②于是小皇帝，孝文帝拓跋宏在他奶奶的辅佑下君临天下。这个女人非常有手腕，推行改革，剪除异己，这时候大权实际上落在了文明太后的手中。

经历了大战乱，北魏一统天下之后，许多土地成为无主荒地，经济发展水平就比较低。当时坞堡林立，陶渊明的《桃花源记》按照陈寅恪先生的说法，武陵人就是进到坞堡之中。这种群落朝廷干预不了，大量的人口躲在坞堡之中，不交税、不服徭役，国家的正常财政运转产生了很大问题，所以必须要改。

而另外一方面，鲜卑制度和汉民族相比，水准很低，一定要见贤思齐。越是落后的民族越想改革，其落后性使其改革需求非常迫切。而北方又有一个强大的民族在威胁着它，那就是柔然。柔然一度对它称臣过，甚至还帮他灭了胡夏，也就是赫连勃勃、赫连定那个朝廷。但是柔然还跃跃欲试，北魏在长城一带布置了防线，史称叫做六镇。六镇就是他们镇守边庭的中坚力量。

在这样的内外要求之下必定要改革，就是经济上的改革。推行均田，无主荒地给老百姓种，老百姓服徭役纳赋税，其实这跟商鞅变法开阡陌、授田给农民是很相似的，因为魏晋历史出现了反弹。服了徭役得纳赋税，就有了租调制，用三长取代了宗主督护，文明太后极力支持。③

这时候古都从平城迁到天下中心的洛阳，得中原者得天下，有云冈石窟，也有龙门石窟。孝文帝骗这些贵族，说要打南方，结果到洛阳那谁也不想走了，那干脆咱们就待在洛阳吧，慢慢经营。④这个故事大家也都知道。

除此以外强行地推行汉化，不推行汉化就受到很严重的处罚，穿汉服、说汉语、改汉姓、用汉人制度。原先鲜卑的姓不要了，拓跋改姓为元，所以国姓就是元姓。步六孤改成陆姓，丘穆棱改成穆，后世这些汉姓相当一部分都是鲜卑贵族，这是国家强有力的手段。

这次改革打下了坚实的基础，一方面是经济的基础，它为后来隋朝统一提供了经济条件，北魏后来分裂为东、西魏，然后北齐、北周代之，之后隋统一，它的一系列成果就被隋所沿用，尤其均田制、府兵制、租庸调制，这种制度成为一统天下的后盾。除此以外，改革还加速了少数民族和汉民族的融合，对少数民族的封建化起到非常大的促进。

但问题也留了下来。它汉化，好的坏的都学。可是汉族政权文化制度也有它的问题。汉族有门阀制度，北方五姓，崔、卢、李、郑、王。这五姓可不得了，这都是大贵族。在加速汉化的同时北魏统治者也形成了世家大族的政治特权，其实并不是先进的制度。这样改革激化了阶级矛盾。我待在中土洛阳，我就是高贵的人。原先镇守边庭的六镇呢？处境非常悲惨。六镇鲜卑人越发贫困，而服役的贫困汉人和他们纠合在一起，就爆发了著名的"六镇起义"。后来在隋唐社会活跃的人，按陈寅恪先生思路往前追溯的话，能找到六镇这里。

北朝如此，南朝也如此，统治阶级内部矛盾和阶级矛盾都很严重。赵翼《廿二史札记》中有一则，说宋朝宗室都被屠戮。我们曾经讲过宋明帝刘彧的诏书是无耻谰言。刘彧的继任者刘昱，就是后废帝。刘昱的癖好是杀人，他和地痞一样成天拎着凶器在街市上晃悠，瞅谁不高兴就杀掉谁。而且他搞宵禁，谁要躲不及就是死，时人说他罪逾桀纣。⑤

南朝齐太祖萧道成像

但是他也惹了一个人,这个人名字叫做萧道成。萧道成掌握兵权。他指着萧道成的肚子,大肚子好玩嘿,拿当靶子好不好。于是手下人拦着,你千万别射,这射就死了,您可以用别的箭,千万别用真箭。他用替代品射中萧道成的肚脐,射完之后夸耀,你们看我棒吧。⑥萧道成搞了政变,弄死刘昱,推上一个傀儡叫做刘准。没过多久,这个萧道成又叫他让位,刘准可吓坏了,问萧道成的人你是不是杀了我?回答说,我不杀你,你就看你们怎么取代司马氏政权的,我就怎么取代你们。⑦农民起义领袖王始临死的时候说过"自古岂有不亡之国",这就是现世报。

刘宋持续了六十年。479年萧道成逼着刘准让位,史称叫萧齐。而这萧齐也是一个杀人如麻的时代,萧道成之后七代皇帝中,三代皇帝是暴君,比刘宋有过之无不及。其中的郁林王萧昭业跟他的庶母霍氏通奸,而且还咒他爷爷齐武帝和他爸爸太子萧长懋死,他爸爸真死了,于是他重赏姓杨的一个女巫;他爷爷病危时写一个大喜字和三十六个小喜字。⑧郁林王一上台,国库就让他给挥霍完了,这时候他叔父萧鸾取代了他,历史上称之为齐明帝。齐明帝也杀人不眨眼,但是他还掉眼泪,据说他诛杀人前肯定号啕大哭,手下人就知道了,鳄鱼掉眼泪了,第二天就腥风血雨。⑨而且他杀了异己,大都是姓萧的,杀完之后才让他的心腹打报告,这时候他居然还给驳回去。手下人说,不杀不行,最后屡次打报告,最后才批,⑩就这样的一个极其虚伪的人。赵翼《廿二史札记》记齐高、武子孙是齐明帝一人所杀,其惨毒自古未有。刘宋和萧齐统治者都不怎么样。

注释:

① 《资治通鉴》卷第一百一十五晋纪三十七安皇帝庚义熙五年:"魏故事,凡立嗣子辄先杀其母,乃赐嗣母刘贵人死。(拓跋)珪召嗣谕之曰:'汉武帝杀钩弋夫人,以防母后豫政,外家为乱也。汝当继统,吾故远迹古人,为国家长久之计耳。'"《资治通鉴》卷第一百二十八宋纪十世祖孝武皇帝上孝建三年:"二月,丁巳,魏主立子弘为皇太子,先使其母李贵人条记所付讬兄弟,然后依故事赐死。"

② 《资治通鉴》卷第一百三十四宋纪十六苍梧王下元徽四年:"魏冯太后内行不正,以李奕之死怨显祖,密行鸩毒,夏,六月,辛未,显祖殂。壬申,大赦,改元承明。葬显祖于金陵,谥曰献文皇帝。"

③ 《资治通鉴》卷第一百三十六齐纪二世祖武皇帝上之下永明四年:"魏无乡党之法,唯立宗主督护;民多隐冒,三五十家始为一户。内秘书令李冲上言:'宜准古法:五家立邻长,五邻立里长,五里立党长,取乡人强谨者为之。邻长复一夫,里长二夫,党长三夫,三载无过,则升一等。其民调,一夫一妇,帛一匹,粟二石。大率十匹为公调,二匹为调外费,三匹为百官俸。此外复有杂调。民年八十已上,听一子不从役。孤独、癃老、笃疾、贫穷不能自存者,三长内迭养食之。'"群臣多言:'九品差调,为日已久,一旦改法,恐成扰乱。'文明太后曰:'立三长则课调有常准,苞荫之户可出,侥幸之人可止,何为不可。'"

④ 《资治通鉴》卷第一百三十八齐纪四世祖武皇帝下永明十一年:"魏主自发平城至洛阳,霖雨不止。丙子,诏诸军前发。丁丑,帝戎服,执鞭乘马而出。群臣稽颡于马前……李冲言于上曰:'陛下将定鼎洛邑,宗庙宫室,非可马上游行以待之。愿陛下暂还代都,俟群臣经营毕功,然后备文物、鸣和鸾而临之。'帝曰:'朕将巡省州郡,至

邺小停，春首即还，未宜归北.'……冬，十月，戊寅朔，魏主如金墉城，征穆亮，使与尚书李冲、将作大匠董尔经营洛都。"

⑤《资治通鉴》卷第一百三十四宋纪十六顺皇帝昇明元年："（帝）常着小袴衫，营署巷陌，无不贯穿；或夜宿客舍，或昼卧道傍，排突厮养，与之交易，或遭慢辱，悦而受之。凡诸鄙事，裁衣、作帽，过目则能；未尝吹篪，执管便韵。及京口既平，骄恣尤甚，无日不出，夕去晨返，晨出暮归。从者并执铤矛，行人男女及犬马牛驴，逢无免者。民间扰惧，商贩皆息，门户昼闭，行人殆绝。针、椎、凿、锯，不离左右。小有忤意，即加屠剖。一日不杀，则惨然不乐；殿省忧惶，食息不保。""勃知不免，手搏帝耳，唾骂之曰：'汝罪逾桀、纣，屠戮无日，'遂死。"

⑥《资治通鉴》卷第一百三十四宋纪十六顺皇帝昇明元年："帝尝直入领军府。时盛热，萧道成昼卧裸袒。帝立道成于室内，画腹为的，自引满，将射之。道成敛版曰：'老臣无罪。'左右王天恩曰：'领军腹大，是佳射堋；一箭便死，后无复射；不如以骲箭（骨箭，但胡三省说骨箭也能射死人，应该不是骨箭）射之。'帝乃更以骲箭射，正中其齐（脐）。投弓大笑曰：'此手何如！'"

⑦《资治通鉴》卷第一百三十五齐纪一太祖高皇帝建元元年："帝收泪谓（王）敬则（萧道成派来逼宫的）曰：'欲见杀乎？'敬则曰：'出居别宫耳。官先取司马家亦如此.'帝泣而弹指曰：'愿后身世世勿复生天王家！'宫中皆哭。"

⑧《资治通鉴》卷第一百三十八齐纪四世祖武皇帝下永明十一年："侍太子疾及居丧，忧容号毁，见者鸣咽；裁还私室，即欢笑酣饮。常令女巫杨氏祷祀，速求天位。及太子卒，谓由杨氏之力，倍加敬信。既为太孙，世祖有疾，又令杨氏祷祀。时何妃犹在西州，世祖疾稍危，太孙与何妃书，纸中央作一大喜字，而作三十六小喜字绕之。"

⑨《资治通鉴》卷第一百四十一齐纪七高宗明皇帝下永泰元年："每与上屏人久语毕，上索香火，鸣咽流涕，明日必有所诛。会上疾暴甚，绝而复苏，（萧）遥光遂行其策；

丁未，杀河东王铉、临贺王子岳、西阳王子文、永阳王子峻、南康王子琳、衡阳王子珉、湘东王子建、南郡王子夏、桂阳王昭粲、巴陵王昭秀，于是太祖、世祖及世宗诸子皆尽矣。"

⑩《资治通鉴》卷第一百四十一齐纪七高宗明皇帝下永泰元年："（萧）铉等已死，乃使公卿奏其罪状，请诛之，下诏不许；再奏，然后许之。"

第18讲　河阴之变

孝文帝改革在推进少数民族政权封建化的同时，也产生了很大的问题。全盘汉化的话，汉文化的问题也搬来了，统治阶层越来越高高在上，只能走向腐败。有件大事发生在519年，有一个人叫张仲瑀，汉族的官员，他的身份是给事中，他给皇帝魏孝明帝还有胡太后提出建议，改革官职。北魏政权之中鲜卑贵族，尤其是军功贵族的比重太大，他建议把军功贵族边缘化，重用汉人，尤其要重用靠选拔制度走上历史舞台的汉人。这有合理性，但是引起轩然大波。鲜卑贵胄火冒三丈，一群人视之为眼中钉。可是张氏父子也不觉得有什么，因为张仲瑀他爸爸是征西大将军张彝，虽然告病在家，但是他这个地位还在，干脆让他们骂去吧。但是没想到这些鲜卑贵族勾结在一起，处处散发传单，约定在某日某时去诛杀张仲瑀。鲜卑贵族反对派进入张仲瑀的府邸，对张仲瑀一顿痛打，不仅打张仲瑀，还烧他们家。他老爹张彝已经是中风的患者，人们索性把老爷子也痛打一顿，当时张仲瑀他哥哥跪倒在地，请求饶他父亲一命。没想到，闹事的人把张仲瑀的哥哥扔到火堆里活活烧死。第二天这个老头就死了，而张仲瑀躲过一劫，留得一口气。①

这下事闹大了，魏明帝知道了，胡太后也知道了，一方面要惩治元凶，八个罪魁祸首斩首。可是参与的人太多，怎么处理？只能是法不责众，很快太后颁布特赦令,她饶过了这些鲜卑贵胄,也就是认可了鲜卑贵族乃至他们贪污腐败行为的合理性。②这个事件反映的是汉族制度文化和鲜卑贵族已习惯及利益形成的矛盾。在这样的冲突之下鲜卑贵族胜出,这是北魏灭亡的前奏。虽然这个事被压下来,但是短短十年之后的528年出现尔朱荣之乱,使北魏地覆天翻,给朝廷敲响了丧钟。尔朱荣之乱之后的四五年北魏分裂,东魏、西魏出现了。

有一本书叫《洛阳伽蓝记》,写得非常生动。《洛阳伽蓝记》里头描绘的是洛阳伽蓝(也就是佛寺),其中有一则就是白马寺(咱们知道白马驮经的故事)。胡太后是王朝实际的最高统治者,胡太后年轻貌美就守寡了,她丈夫是魏宣武帝,魏宣武帝不忍心把她赐死,她活了下来,赐死王储母亲的制度到这就废止了。胡太后也没干什么好事,除了穷奢极欲大搞腐败之外,似乎也没什么可称述。北魏版图还是很辽阔的,属国都给北魏进贡从事贸易,于是大批的珠宝、玉器、绸缎涌向府库之中,一度胡太后率领鲜卑贵胄去绸缎库,她说你们就随便挑,挑多少是多少。于是下边这些贵族就非常没品,据说有的贵族背着、抱着、扛着,甚至扛不动摔大马趴,这下所有人都乐了,太后说,那你们就别拿了,给别人留下笑柄了。③

太后如此,许多贵族也竞相斗富。有一个大贵族,叫做元

《洛阳伽蓝记》书影

雍。据说元雍府邸非常豪华，而且拥有大量男仆女仆，堪比皇宫。和元雍斗富的有一个人，更胜之无不及，叫元琛。元琛也是贵胄，曾经宴会群臣，把当时所有人的器皿都换成珠玉珍宝制成的，让所有人参观他珠玉绸缎的府库，人们都看傻了。这时候他说了一句话，我不恨我见不着石崇，只恨石崇见不着我。咱们知道石崇是司马炎那个时候斗富的能手，结果石崇斗过了王恺。他居然说，石崇在我面前都得甘拜下风。据说看完他的府库之后，一个叫元戎的贵族惊叹，他居然这么有钱！元戎讲，原先我以为元雍比我有钱，现在居然冒出来一个元琛。别人就安慰他，你就是那个袁术，袁术割据在淮南，却不知道背后还有刘备。④

统治阶层还大修佛寺。洛阳这个地方有龙门石窟，龙门石窟有大量的造像，相当的造像就是这个时间所修的，耗费了大量的资财。胡太后曾经到过白马寺，向一个叫宝公的和尚咨询过国家大政。宝公说了七个字，叫"把粟与鸡呼朱朱"。这个话说的是一把米给小鸡，叫朱朱朱朱（喂鸡的声音）。谁也不懂是什么意思，但是下面发生的尔朱荣之乱，让人们毛骨悚然。宝公说得对呀！

龙门造像

年轻的魏明帝和母亲的矛盾越来越大。魏明帝想亲政,他母亲胡太后不给他权力,而且他母亲重用的男宠和魏明帝矛盾也激化了。魏明帝想暗地里结合势力,要弄死男宠,而且轰走他妈。魏明帝要请来太原王尔朱荣。消息走漏,太后索性先下手为强,毒死了自己的亲儿子,尔朱荣可就不干了,杀进了洛阳,冲进宫廷。太后把才三岁的傀儡小皇帝元钊推上宝座,自己接着垂帘听政。尔朱荣说美死你,把太后和小皇帝元钊扔到黄河之中。尔朱荣立了一个皇帝,就是元子攸,史称魏孝庄帝,让文武群臣去河阴这个地方(在今天河南孟津一带)迎元子攸。没想到这是一个骗局,文武百官去了,尔朱荣历数文武百官的罪行,说天下有今天都是你们闹的,将文武两千余人统统斩杀。⑤这个惨案使得北魏的贵族大受打击。此后元子攸也不想当傀儡,又反抗尔朱荣,尔朱荣被杀,但是尔朱荣的同党又杀掉元子攸,中原各种势力杀红了眼。

后来人们才想到《洛阳伽蓝记》里宝公那句"把粟与鸡呼朱朱",这句话是一个预言。正史之中屡有预言出现,你说这是真的假的?是后来写的,还是当时人真就有这样的先见?咱们今天还不好说。宝公当时这个预言应验了。"把粟与鸡"就是把小米喂鸡,喂鸡发出的声音"朱朱",今天喂鸡的声音也差不多。朱朱,两个朱就是二朱,"二"和"尔"是同音字,

白马寺

尔朱氏是复姓。所以这里说的这个意思，你把尔朱荣找来，就好比是把米给他一样，鸡吃起来很贪婪，吃了米它也不会善罢甘休。《洛阳伽蓝记》的作者杨炫之也是当时人，他经历了几场大的变乱，对历史痛定思痛，总结昔日洛阳的繁华，尤其佛寺的鼎盛，他不想让历史流走，所以才有了这本书。尔朱荣之乱之后，北魏气数殆尽，冒出了一个将领，这个人叫高欢。高欢是六镇之中怀朔镇的人，建立了一番功业。

注释：

① 《资治通鉴》卷第一百四十九梁纪五高祖武皇帝五天监十八年："魏征西将军张彝之子（张）仲瑀上封事，求铨削选格，排抑武人，不使豫清品。于是喧谤盈路，立榜大巷，克期会集，屠害其家；彝父子晏然，不以为意。二月，庚午，羽林、虎贲近千人，相帅至尚书省诟骂，求仲瑀兄左民郎中（张）始均不获，以瓦石击省门；上下慑惧，莫敢禁讨。遂持火掠道中薪蒿，以杖石为兵器，直造其第，曳彝堂下，捶辱极意，焚其第舍。始均逾垣走，复还拜贼，请其父命，贼就殴击，生投之火中。仲瑀重伤走免，彝仅有余息，再宿而死。远近震骇。"

② 《资治通鉴》卷第一百四十九梁纪五高祖武皇帝五天监十八年："胡太后收掩羽林、虎贲凶强者八人斩之，其余不复穷治。乙亥，大赦以安之，因令武官得依资入选。识者知魏之将乱矣。"

③ 《资治通鉴》卷第一百四十九梁纪五高祖武皇帝五天监十八年："魏累世强盛，东夷、西域贡献不绝，又立互市以致南货，至是府库盈溢。胡太后尝幸绢藏，命王公嫔主从行者百余人各自负绢，称力取之，少者不减百余匹。尚书令仪同三司李崇、章武王融，负绢过重，颠仆于地，崇伤腰，融损足，太后夺其绢，使空出，时人笑之。融，太洛之子也。侍中崔光止取两匹，太后怪其少，对曰：'臣两手唯堪两匹。'众皆愧之。"

④ 《资治通鉴》卷第一百四十九梁纪五高祖武皇帝五天监十八年："河间王（元）

琛,每欲与(元)雍争富,骏马十余匹,皆以银为槽,窗户之上,玉凤衔铃,金龙吐旆。尝会诸王宴饮,酒器有水精锋,马脑椀,赤玉卮,制作精巧,皆中国所无。又陈女乐、名马及诸奇宝,复引诸王历观府库,金钱,缯布,不可胜计,顾谓章武王(元)融曰:'不恨我不见石崇,恨石崇不见我。'融素以富自负,归而惋叹三日,京兆王继闻而省之,谓曰:'卿之货财计不减于彼,何为愧羨乃尔?'融曰:'始谓富于我者独高阳耳,不意复有河间!'继曰:'卿似袁术在淮南,不知世间复有刘备耳。'融乃笑而起。"

⑤《资治通鉴》卷第一百五十二梁纪八高祖武皇帝八大通二年:"魏肃宗(明帝)亦恶(郑)俨、(徐)纥等,逼于太后,不能去,密诏荣举兵内向,欲以胁太后。荣以高欢为前锋,行至上党,帝复以私诏止之。俨、纥恐祸及己,阴与太后谋酖帝,癸丑,帝暴殂……乙卯,(元)钊即位。钊始生三岁,太后欲久专政,故贪其幼而立之。""丁酉,会荣于河阳,将士咸称万岁。戊戌,济河,子攸即帝位,以劭为无上王、子正为始平王;以荣为侍中、都督中外诸军事、大将军、尚书令、领军将军、领左右,封太原王。""庚子,荣遣骑执太后及幼主,送至河阴。太后对荣多所陈说,荣拂衣而起,沉太后及幼主于河。""引百官于行宫西北,云欲祭天。百官既集,列胡骑围之,责以天下丧乱,肃宗暴崩,皆由朝臣贪虐,不能匡弼,因纵兵杀之,自丞相高阳王雍、司空元钦、仪同三司义阳王略以下,死者二千余人。"

第19讲　萧梁闹剧

"尔朱荣之乱"发生在北魏的后期，整个北魏朝廷被折腾个底儿朝天，宗室王公被尔朱荣一党屠杀殆尽，尔朱荣最后也死在战乱之中。这样的乱局和北魏统治者自身的腐败有着密切联系。

在"尔朱荣之乱"平息的过程之中涌现出一批有政治头脑的将领。北魏有六镇，都在北方，防范北方强大的少数民族。这时候统治集团产生了很剧烈的阶级分化，原先的公卿随着北魏统治者迁徙到洛阳，非富即贵。但是镇守在六镇出生入死的一堆人却受着磨难，不仅承受着外族的威胁，而且还忍受着北魏统治者的压榨，所以爆发了著名的六镇起义。后来六镇起义被平息，有一个人出现了，他就是高欢。

高欢发家于怀朔镇，本身是汉人，但是受了鲜卑的影响。在历史上有汉化就有胡化，这两个过程是交互的，你学习我，我也学习你。有人喜欢汉，有人喜欢胡。高欢是典型胡化的汉人，高欢收拾完残局，扶上来皇帝元修。

元修在历史上称之为北魏孝武帝，人品很次，他不仅大搞腐败，骄奢淫逸，还乱伦，和他的堂妹等许多人有着不清不楚的关系。高欢手握重兵和大权，但是对元修挺礼敬，你乱伦就乱伦去吧，你腐败就腐败吧。但是没想到，元修还不想当傀儡，他脱离了高欢，跑进了关中投奔另外一个军阀宇文泰。①这个人也非常不得了，他是后来北周的奠基者。有人说这是"辟汤入火"。②

这下就乱套了，高欢不得不扶上另外一个皇帝，北魏的孝静帝元善见。扶上元善见之后，那个宇文泰手中还有一个元修，这下就形成两个政权割据对立的局面。在高欢手里头都于邺城的元善见政权，历史上称之为东魏。而掌握在宇文泰手中的元修政权，历史上称之为西魏，北魏的气数终结了。元修进了关中以后照样淫逸，接茬乱伦，宇文泰没有高欢那么纵容他，后来元修手下许多人被宇文泰收拾了，而且元修也被宇文泰给毒死，他自投罗网，就是这么样一个糊涂虫。③

北朝周太祖宇文泰像

高欢死掉之后，儿子高澄继承权位。有这么一段故事，高澄也不是个东西，和他的庶母郑氏有染。鲜卑族经常有这样的习俗，后来唐王朝出现乱伦事件很正常，因为他也带着鲜卑族的痕迹。当年郑氏和高欢的儿子高澄有染，这个事情被别人看到了，有的宫女告诉了高欢，高欢勃然大怒，要把自己儿子高澄废掉，你个禽兽，我凭什么还让你继承呢？但是这个时候出现了一个人，叫司马子如，是他的文臣。高澄还有他的母亲娄昭君（娄昭君是高欢的原配夫人）娘俩非常着急，高澄来求司马子如，您帮我们出一个主意，怎么能保住继承人的位置。司马子如找到高欢，他也不提这档子事，就说我想见一见娄昭君，您的夫人。而高欢一五一十说出来，我现在很讨厌娄昭君，因为她给我生了一个乱伦的儿子高澄。我现在正想收拾她,您也不要去见她。这个话是高欢自己讲的,而司马子如一听就顺着高欢的话继续往下说,你绝对不能废除他继承人的位置,为什么?家丑不可外扬,这种事您得掩饰,堵人视听,否则的话那不让人笑话死了?这种事发生了不算什么,他说他们家也发生过,只不过不张扬而已。而您现在要看到两点,第一点就是您这个发妻娄昭君,对您有大恩,当时你落魄,在镇压六镇起义葛荣民变的时候,是娄昭君帮助你,你们熬过苦日子,现在您一人之下万人之上,掌握着大权,就不顾结发妻子的情分,把你儿子废黜,恐怕这于情理不通。而且你别忘了还有一点更要命,就是你的小舅子娄昭,手里握着重兵,你要把他姐姐和他外甥给废了,那就没那么简单了,有可能激发兵变。

高欢如梦初醒,说那怎么办?司马子如说没关系,这个案子交给我审理。于是他复审这个案子,把原先目睹他儿子高澄乱伦的几个宫女证人找来,逼她们说这是诬告,最后几个人自尽,坐实了畏罪自杀,然后把这个案情公之于众,报奏高欢,高欢非常高兴,人们一看这果不其然是冤狱。高澄继承人的位置稳固下来了,高澄和母亲娄昭君对高欢百依百顺,这母子两个人跪在地上,如同鸡啄米一样感谢高欢不杀之恩。一个儿子,一个父亲,一个母亲,抱头痛哭,和好如初,高欢来一句说,这样的局面能够挽回全赖司马子如。④这件事说明儒家伦常观念已和鲜卑旧俗形成矛盾。高欢一死,高澄接手了东魏宰相的大位,但高欢手下的许多人和高澄产生了分歧。

高澄人品不行,所以原先高欢的手下非常看不起他,他也看不起那帮人,于是矛盾越来越大,这时候出现了一个人,叫侯景。侯景原先也是东魏的将领,现在和高澄闹掰了,率领手下的人马以及他的地盘,投奔东魏的对头南梁。梁武帝萧衍建立的国家叫做南梁,也称萧梁,宋、齐、梁、

第19讲 萧梁闹剧

陈四朝之一。前面说过，宋和齐多无道荒主，而萧梁接手了一个烂摊子，原先萧齐的最后一代帝王，史书上叫东昏侯，他的名字叫萧宝卷。萧宝卷有一个妃子叫做潘玉奴；您如果没听过这个人的话，您听过一个话叫三寸金莲，"金莲"一词从哪来的？据说萧宝卷骄奢，修饬宫廷，而且把金片洒在地上，让他的妃子往上踩，发出种种声响，通过这种方式炫富。⑤萧宝卷在位时期发生过多次兵变，而最后一次兵变就是梁武帝萧衍干的。萧衍手握重兵，是他的大将，结果取代了他，潘玉奴也被弄死了。

南梁萧衍上台还想有所作为，但是后来人们发现，这个人特别虚荣，而且伪善，只能作秀，有几个事情就能说明问题。咱们都知道梁武帝是一个信佛的皇帝，据说四次要当和尚，大臣上朝找不着皇帝，皇帝在皇宫边上的同泰寺出家了。⑥大臣不得不以重金把皇帝从庙中赎出来，这样的活动进行了多次，所以当时佛教寺院的田产、资金富可敌国。他还摆出菩萨心肠，但实际上他根本不心慈手软。据说他和北方作战，他一度想在寿阳（安徽寿县）放淮河水去淹敌军，可是他手下有水利专家提出来，这个手段不行，如果淹了寿阳城，你自己安全没把握，有可能把自己军队都给淹了。这个正确的建议，萧衍根本不听，没想到他自己的地盘千里泽国，灾民遍地，叫天天不应，叫地地不语，⑦这是什么菩萨心肠？

《高僧传》记载，禅宗的鼻祖菩提达摩，曾经来到过建康，见过梁武帝萧衍。达摩发现聊着聊

南朝梁武帝萧衍像

着话不投机,梁武帝萧衍说的东西并不是佛教的慈悲,所以不欢而散。这个故事经佛教史家考证,可能有失真的环节,但甭管怎么样,反映了后世佛教徒对萧衍的意见。萧衍纵容手下犯罪,奢靡之风上行下效;即便是叛变,萧衍也只不过掩面而泣。所以从这个角度说,梁武帝有为吗? 他也没有什么作为。他仁慈吗? 好像仁慈都是在作秀。咱们今天也有这种人,不过是让人恶心的角色。梁武帝萧衍在史书上的名声根本不好。

这时候北朝的叛将侯景来了,这一年是公元547年,侯景带来了兵马,萧衍非常高兴,重重地封赏侯景,而且让侯景联合自己的侄儿贞阳侯萧渊明对东魏倒戈一击。东魏非常有策略,南朝和北朝打仗往往打不过北朝,萧渊明率领的兵马全军覆没,而且萧渊明也被俘。这下梁武帝傻眼了,就

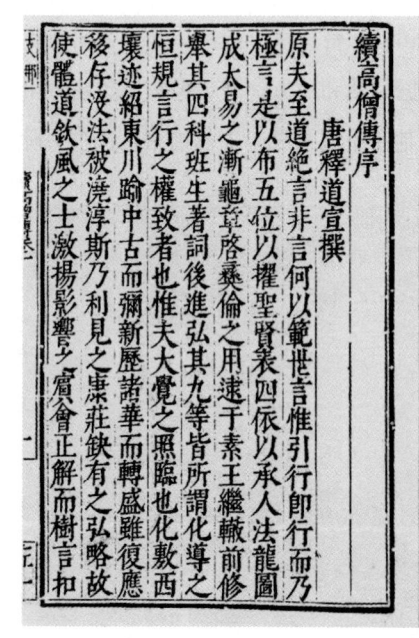

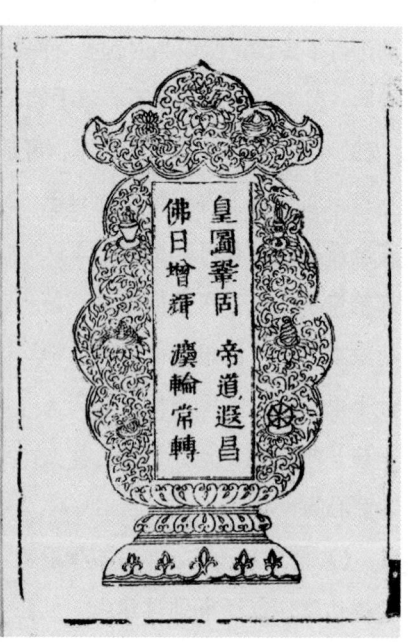

《续高僧传》书影

琢磨下面该怎么办。侯景非常精明，就怕梁武帝萧衍卖了自己，于是他伪造了一封信，这封信故意让梁武帝看到。信的内容是东魏要谈条件，和南梁换俘虏：如果你交出我们的叛将侯景，我就释放你的侄子萧渊明，萧衍你干不干。这封信完全是侯景伪造的，而梁武帝拿到它欣喜若狂，一个侯景算什么？换就换。⑧侯景得到这个消息之后就叛变了，公元549年大兵压境，把建康围得水泄不通，谁也没有想到侯景会来这一手。后来叛军杀进建康，见人就杀，把梁武帝困在宫中，困了几十日，梁武帝八十六岁，饿死之前口苦想吃蜜也不给，最后活活被饿死在台城。菩萨心肠的梁武帝萧衍就这样结束了生命，也是咎由自取。⑨侯景之乱给南梁政权带来了致命性打击。南梁一乱，那北朝自然是高兴，所以政局面临着新一次洗牌。

注释：

① 《资治通鉴》卷第一百五十六梁纪十二高祖武皇帝十二中大通六年："宇文泰使赵贵、梁御帅甲骑二千奉迎，帝循河西行，谓御曰：'此水东流，而朕西上，若得复见洛阳，亲诣陵庙，卿等功也。'帝及左右皆流涕。泰备仪卫迎帝，谒见于东阳驿，免冠流涕曰：'臣不能式遏寇虐，使乘舆播迁，臣之罪也。'帝曰：'公之忠节，著于遐迩。朕以不德，负乘致寇，今日相见，深用厚颜。方以社稷委公，公其勉之！'将士皆呼万岁。遂入长安，以雍州廨舍为宫，大赦，以泰为大将军、雍州刺史，兼尚书令。军国之政，咸取决焉。"

② 《资治通鉴》卷第一百五十六梁纪十二高祖武皇帝十二中大通六年："时帝广征州郡兵，东郡太守河东裴侠帅所部诣洛阳，王思政问曰：'今权臣擅命，王室日卑，奈何？'侠曰：'宇文泰为三军所推，居百二之地，所谓已操戈矛，宁肯授人以柄！虽欲投之，恐无异避汤入火也。'"

③ 《资治通鉴》卷第一百五十六梁纪十二高祖武皇帝十二中大通六年："魏孝武帝

闺门无礼，从妹不嫁者三人，皆封公主。平原公主明月，南阳王宝炬之同产也，从帝入关，丞相泰使元氏诸王取明月杀之；帝不悦，或时弯弓，或时椎案，由是复与泰有隙。癸巳，帝饮酒遇酖而殂。泰与群臣议所立，多举广平王赞。"

④《资治通鉴》卷第一百五十七梁纪十三高祖武皇帝十三大同元年："勃海世子澄通于欢妾郑氏，欢归，一婢告之，二婢为证；欢杖澄一百而幽之，娄妃亦隔绝不得见。欢纳魏敬宗之后尔朱氏，有宠，生子浟，欢欲立之。澄求救于司马子如。子如入见欢，伪为不知者，请见娄妃；欢告其故。子如曰：'消难亦通子如妾，此事正可掩覆。妃是王结发妇，常以父母家财奉王；王在怀朔被杖，背无完皮，妃昼夜供侍；后避葛（荣）贼，同走并州，贫困，妃然马矢自作靴；恩义何可忘也！夫妇相宜，女配至尊，男承大业。且娄领军之勋，何宜摇动！一女子如草芥，况婢言不必信邪！'欢因使子如更鞫之。子如见澄，尤之曰：'男儿何意畏威自诬！'因教二婢反其辞，胁告者自缢，乃启欢曰：'果虚言也。'欢大悦，召娄妃及澄。妃遥见欢，一步一叩头，澄且拜且进，父子、夫妇相泣，复如初。欢置酒曰：'全我父子者，司马子如也！'赐之黄金百三十斤。"

⑤《资治通鉴》卷第一百四十三齐纪九东昏侯下永元二年："后宫服御，极选珍奇，府库旧物，不复周用。贵市民间金宝，价皆数倍。建康酒租皆折使输金，犹不能足。凿金为莲华以帖地，令潘（玉奴）妃行其上，曰：'此步步生莲华也。'""嬖倖因缘为奸利，课一输十。又各就州县求为人输，准取见直，不为输送，守宰皆不敢言，重更科敛。如此相仍，前后不息，百姓困尽，号泣道路。"

⑥《资治通鉴》卷第一百五十一梁纪七高祖武皇帝七大通元年："初，上作同泰寺，又开大通门以对之，取其反语相协"，胡三省注："同泰反为大，大通反为同，是反语相协也。""上晨夕幸寺，皆出入是门。辛未，上幸寺舍身；甲戌，还宫，大赦，改元。"《资治通鉴》卷第一百五十三梁纪九高祖武皇帝九中大通元年："九月，癸巳，上幸同泰寺，设四部无遮大会。上释御服，持法衣，行清净大舍，以便省为房，素床瓦器，乘小车，私人执役。甲子，升讲堂法座，为四部大众开《涅槃经》题。癸卯，群臣以钱一亿万祈

白三宝,奉赎皇帝菩萨,僧众默许。乙巳,百辟诣寺东门,奉表请还临宸极,三请,乃许。上三答书,前后并称'顿首'。"

⑦《资治通鉴》卷第一百四十七梁纪三高祖武皇帝三天监十三年:"魏降人王足陈计,求堰淮水以灌寿阳。上以为然,使水工陈承伯、材官将军祖暅视地形,咸谓'淮内沙土漂轻不坚实,功不可就'。上弗听,发徐、扬民率二十户取五丁以筑之,假太子右卫率康绚都督淮上诸军事,并护堰作于钟离。"《资治通鉴》卷第一百四十八梁纪四高祖武皇帝四天监十四年:"夏,四月,浮山堰成而复溃,或言蛟龙能乘风雨破堰,其性恶铁,乃运东、西冶铁器数千万斤沉之,亦不能合。乃伐树为井干,填以巨石,加土其上;缘淮百里内木石无巨细皆尽,负檐者肩上皆穿,夏日疾疫,死者相枕,蝇虫昼夜有声合。"

⑧《资治通鉴》卷第一百六十一梁纪十七高祖武皇帝十七太清二年:"(侯)景乃诈为邺中书,求以贞阳侯(萧渊明)易景,上将许之。舍人傅岐曰:'侯景以穷归义,弃之不祥;且百战之余,宁肯束手就絷!'谢举、朱异曰:'景奔败之将,一使之力耳。'上从之,复书曰:'贞阳旦至,侯景夕返。'景谓左右曰:'我固知吴老公薄心肠!'王伟说景曰:'今坐听亦死,举大事亦死,唯王图之!'于是始为反计:属城居民,悉召募为军士,辄停责市估及田租,百姓子女,悉以配将士。"胡三省注:"景之反谋彰灼如此,梁之君臣若罔闻知,其亡宜矣。"

⑨《资治通鉴》卷第一百六十二梁纪十八高祖武皇帝十八太清三年:"(侯)景使其军士入直省中,或驱驴马,带弓刀,出入宫庭,上怪而问之,直阁将军周石珍对曰:'侯丞相甲士。'上大怒,叱石珍曰:'是侯景,何谓丞相!'左右皆惧。是后上所求多不遂志,饮膳亦为所裁节,忧愤成疾……五月,丙辰,上卧净居殿,口苦,索蜜不得,再曰'荷!荷!'遂殂。年八十六。景秘不发丧,迁殡于昭阳殿。"

第20讲　北齐暴君

南朝梁已经乱套了，北朝也没好哪去，"二十四史"里头有《南齐书》就有《北齐书》。《北齐书》中君主同样荒淫无耻，令人发指。

平息"尔朱荣之乱"时出现了一个鲜卑汉化政治家高欢。高欢大家如果不熟悉，但是一首诗，您一定熟悉，就是《敕勒歌》。咱们小时候都学过："敕勒川，阴山下。天似穹庐，笼盖四野。天苍苍，野茫茫。风吹草低见牛羊。"敕勒族在哪里呢？在今天山西的朔州，《敕勒歌》描写的敕勒川，大体在山西内蒙古交界这一带。当时高欢军心涣散，他手下有一员非常有名的大将叫斛律金。这个斛律金为了鼓舞士气，给各位贵族首领唱敕勒族民歌《敕勒歌》，高欢也应和，感慨万千。当然也有人怀疑这一情节。①

高欢子孙后代可一代不如一代。高欢没有称帝，他的儿子高澄荒淫无道，史书有很多高澄的故事。他被追称为齐文襄帝，大杀元姓贵族，但没过多久被厨子所杀。②高澄一死，孝静帝元善见高兴，欢呼可算高澄死了，我终于能掌权了。没想到下面的高洋比他父亲有过之而无不及。

高洋比高澄更血腥残忍，史书上称为北齐的文宣皇帝。文宣帝是什么个口碑呢？《北史·文宣帝纪》有一句话说"昏邪残暴，近世未有"。文宣皇帝高洋，昏暗、邪恶、残暴，据说经常爱折磨人致死，以之为乐。在他宫廷中杖杀的、砍杀的人就不计其数，为了满足他杀人的快感，从监狱里提出一群死囚，称之为"供御囚"，抽筋、扒皮、上蒸锅，他都能想得到。③

高洋心胸还非常狭隘，据说宰相高隆之一度看不起他，后来高洋当了皇帝，不仅杀掉高隆之，而且把高隆之的二十几个孩子统统斩尽杀绝。据说他的手在马鞍上轻轻一扣，手下人就明白主上是什么意思，于是二十多个人人头落地。④

高洋还宠过一个女人薛贵嫔。薛贵嫔原先出身是妓女。北齐鲜卑族建立的政权不管这套，也没有什么贞节观念。薛贵嫔的姐姐瞅着自己的妹妹飞黄腾达了，为他们一家人向皇帝求官，没想到皇帝高洋把脸一沉，你还有脸管我求官？就把这一家统统弄死。据说薛贵嫔的姐姐是被锯条锯死的，宴会之中皇帝冷不丁想起来薛贵嫔当年曾经跟其他男人睡过觉，越想越气，于是就把薛贵嫔找来抽筋扒皮，据说把她的大腿骨做成琵琶让别人来弹，一边弹一边唱"佳人难再得"（咱们知道汉武帝时候李延年写他妹妹《美人歌》，说"佳人难再得"）。高洋弹着大腿骨做的琵琶唱"佳人难再得"，让人毛骨悚然。⑤

这么样一个皇帝，天下能有好吗？据说高洋兽性发作的时候，连他的母亲和岳母也都不顾。他的母亲娄太后骂他的时候，他兽性大发，把母亲坐的胡床整个推翻。⑥对他的岳母更狠，他曾经用箭射他岳母的脸颊，说我连我母亲都不放在眼里，你又算什么东西。⑦北朝的皇帝已经残忍至此，气数自然就不会长久。

高洋死了之后又传几代，传到了后主高纬这儿。后主高纬照样是荒淫无道的君主。他宠爱了一个妃子叫淑妃，淑妃的名字叫冯小怜，俩人如胶似漆。而当时北周兵临城下，在晋州（在今天的山西临汾）对阵，皇帝高纬亲临前线作战。于是将士士气大涨奋勇杀敌，没想到就是他这个女人坏事。周朝有褒姒烽火戏诸侯的故事，高纬冯小怜比周幽王褒姒要没溜儿得多。君临前线按说军必亢奋，结果高纬说停。为什么？我的美人还没有看够呐。他把这种事当作游戏来看，让人们在他的壁垒之中修建一个高大的天桥，和他的妃子要登上天桥看乐。有传说晋州这有"圣人迹"，她也要看看，这下军心涣散。没想到这天桥也不结实，有一天塌了，冯小怜和皇帝半夜才回来。于是冯小怜怕了，认为打败了，劝皇帝高纬赶紧退，从晋州撤回到首都邺城。一群人拦着，有将领说这还得了，您皇帝退却，这仗就败了，谁还打呀。

这个时候有一个人，穆提婆出来了。穆提婆是一个男的，是佞臣。穆提婆说那得听皇帝和淑妃的。整个军队全线撤退，结果可想而知。所以人家北周兵打来，无厘头地吃了败仗。⑧最后后帝高纬被俘，而冯小怜也做了人家阶下囚。高纬当了阶下囚还想着冯小怜，面见周武帝，跟人家说了说我别的不求，求您把我的女人给我。古往今来人们很好奇这冯小怜到底长什么样，竟让这皇帝迷成这样子。而周武帝什么态度？我在乎的是天下，你以为我是你这样的人吗？这个老女人你随便带走。他居然说冯小怜是老女人，是不是像明朝万贵妃似的，咱们今天都说不清楚。后来高纬没过多久就被人家杀掉，口实就是叛变。而冯小怜就被赏赐给其他贵族，最终逼她自尽。⑨

北齐荒淫无道至此，统治者

冯小怜像

自己玩坏了江山。北齐不是说欠缺有才干的人，但是大量被斩杀，有两档子事就能说明问题。有一个非常著名的臣子叫崔季舒，当过太学的博士。后主高纬在他没有成气候的时候，还对崔季舒言听计从，崔季舒也没少给他们卖命。没想到崔季舒就没看出他的本质，于是在皇帝面前就一而再，再而三说他的不是，后来高纬脸一翻，把崔季舒以及其他汉臣满门抄斩。⑩这个人太忠诚了，没看出北齐官场的道道。

而另外一个冤案就是著名的斛律光事件，咱们讲过的斛律金《敕勒歌》故事。这个时候斛律金死了，他的儿子斛律光也是功臣，一度不把那些荒淫的贵族放在眼里，他讲了许多后主高纬不爱听的话，告诫后主高纬你这样早晚得把天下给玩乱。要不说忠言逆耳，高纬身边的人有许多都是佞臣，收在《北齐书》的《佞幸传》里头，其中就有两个人，一个叫祖珽，一个就是刚才说的穆提婆。

穆提婆的母亲就是高纬的奶娘，所以对这路人皇帝百依百顺。穆提婆、祖珽在皇帝面前说了一大堆斛律光的坏话，说他手握重兵容易叛变。尤其两句诗在北齐的首都邺城流传开来，说"百升飞上天，明月照长安"。一百升是一斛，斛是容量单位，斛律光的斛就是它，说的就是斛律光要造反。另外一句诗，"高山不推自崩，槲树不扶自举"。高山指的就是高家，北齐的皇室不扶自崩要完蛋。槲树不扶自举，说的是斛律光力量膨胀。这些话让皇帝心里非常害怕，加上祖珽和穆提婆在皇帝身边说坏话，所以皇帝大下杀手，让人暗杀了忠臣名将斛律光，而且把斛律一家斩尽杀绝。这就是自毁长城，自建坟墓。有人说这样的谣言有可能是北周散布的，这都是推测。这就好比明末，皇太极散播反间计，让崇祯帝处死袁崇焕一样。但甭管怎么样，北齐政局一片黑暗。⑪

又有一个靠着溜须拍马走到宰相位置的人，叫和士开。他没有什么本事，皇帝对他也非常青睐，而和士开身边的人照样溜须拍马。和士开生病了，大夫开出一剂药叫黄龙汤。中医里头有好些药让人挺恶心的，比如说人的粪便、动物的粪便，有的经过炮制能入药，您要是翻《本草纲目》里头有一部分就叫人药。这个黄龙汤就指的是人粪，人粪密封之后过了多少年，干的东西叫做人中黄。液体的东西就是黄龙汤，又涩又臭，但是据说能够治瘟疫，有解毒之功。这时医生说和士开大人的病只能靠黄龙汤来治。可这个药喝不下去啊。没事，有文臣说我替您尝一尝（他的名字文献没说，可能觉得丢人）。结果他尝了，说这个药非常好，神清气爽，于是和士开喝了之后大病痊愈。⑫有人说北齐官场就是黄龙汤。

北齐和南朝相比，半斤与八两。北周就逐渐崛起，积聚力量，汇集贤良，它还进行了汉化改革。钱穆老先生讲北周的文化，尤其在军事制度上非常不得了，它是当时的新鲜血液。这个话说得也自然不错，于是收拾残局，一统天下就从北周的故事说起。

注释：

① 《资治通鉴》卷第一百五十九梁纪十五高祖武皇帝十五中大同元年："（高）欢之自玉壁归也，军中讹言韦孝宽以定功弩射杀丞相；魏人闻之，因下令曰：'劲弩一发，凶身自陨。'欢闻之，勉坐见诸贵，使斛律金作《敕勒歌》。"胡三省注："斛律金，敕勒部人也，故使作《敕勒歌》。洪迈曰：'斛律金唱《敕律歌》，本鲜卑语。按《古乐府》有其辞云：'敕勒川，阴山下，天似穹庐，笼罩四野。天苍苍，野茫茫，风吹草低见牛羊。'余谓此后人妄为之耳。敕勒与鲜卑殊种，斛律金出于敕勒，故使之作《敕勒歌》，若高欢则习鲜卑之俗者也。'""欢自和之，哀感流涕。"

② 《资治通鉴》卷第一百六十梁纪十六高祖武皇帝十六太清元年："邺中文武合谋，召臣共讨高澄，事泄，澄幽元善见于金墉，杀诸元六十余人。"

③《资治通鉴》卷第一百六十六梁纪二十二敬皇帝太平元年:"(高洋)作大镬、长锯、剉、碓之属,陈之于庭,每醉,辄手杀人,以为戏乐。所杀者多令支解,或焚之于火,或投之于水。杨愔乃简邺下死囚,置之仗内,谓之供御囚,帝欲杀人,辄执以应命,三月不杀,则宥之。"

④《资治通鉴》卷第一百六十五梁纪二十一世祖孝元皇帝下承圣三年:"太保、录尚书事平原王高隆之常侮之,及将受禅,隆之复以为不可,齐主由是衔之。……令壮士筑百余拳而舍之,辛巳,卒于路。久之,帝追忿隆之,执其子慧登等二十人于前,帝以鞭叩鞍,一时头绝,并投尸漳水;又发隆之冢,出其尸,斩截骸骨焚之,弃于漳水。"

⑤《资治通鉴》卷第一百六十六梁纪二十二敬皇帝绍泰元年:"帝纳倡妇薛氏于后宫,(清河昭武王)岳先尝因其姊迎之至第。帝夜游于薛氏家,其姊为其父乞司徒。帝大怒,悬其姊,锯杀之。""薛嫔有宠于帝,久之,帝忽思其与岳通,无故斩首,藏之于怀,出东山宴饮。劝酬始合,忽探出其首,投于柈上,支解其尸,弄其髀为琵琶,一座大惊。帝方收取,对之流涕曰:'佳人难再得!'载尸以出,被发步哭而随之。"

⑥《资治通鉴》卷第一百六十六梁纪二十二敬皇帝太平元年:"娄太后以帝酒狂,举杖击之曰:'如此父生如此儿!'帝曰:'即当嫁此老母与胡。'太后大怒,遂不言笑。帝欲太后笑,自匍匐以身举床,坠太后于地,颇有所伤。既醒,大惭恨,使积柴炽火,欲入其中。太后惊惧,亲自持挽,强为之笑,曰:'向汝醉耳!'帝乃设地席,命平秦王归彦执杖,口自责数,脱背就罚,谓归彦曰:'杖不出血,当斩汝。'太后前自抱之,帝流涕苦请,乃笞脚五十,然后衣冠拜谢,悲不自胜。因是戒酒,一旬,又复如初。"

⑦《资治通鉴》卷第一百六十六梁纪二十二敬皇帝太平元年:"帝幸李后家,以鸣镝射后母崔氏,骂曰:'吾醉时尚不识太后,老婢何事!'马鞭乱击一百有余。"

⑧《资治通鉴》卷第一百七十一陈纪五高宗宣皇帝上之下太建六年:"及穆后爱衰,其侍婢冯小怜大幸,拜为淑妃;与齐主坐则同席,出则并马,誓同生死。"《资治通鉴》卷第一百七十二陈纪六高宗宣皇帝中之上太建八年:"齐人作地道攻平阳,城陷十

余步,将士乘势欲入。齐主敕且止,召冯淑妃观之。淑妃妆点,不时至,周人以木拒塞之,城遂不下。旧俗相传,晋州城西石上有圣人迹,淑妃欲往观之。齐主恐弩矢及桥,乃抽攻城木造远桥。齐主与淑妃度桥,桥坏,至夜乃还。"兵才合,齐主与冯淑妃并骑观战。东偏少却,淑妃怖曰:'军败矣!'录尚书事城阳王穆提婆曰:'大家去!大家去!'齐主即以淑妃奔高梁桥。开府仪同三司奚长谏曰:'半进半退,战之常体。今兵众全整,未有亏伤,陛下舍此安之? 马足一动,人情骇乱,不可复振。愿速还安慰之!'武卫张常山自后至,亦曰:'军寻收讫,甚完整。围城兵亦不动。至尊宜回。不信臣言,乞将内参往视。'齐主将从之。穆提婆引齐主肘曰:'此言难信。'齐主遂以淑妃北走。齐师大溃,死者万余人,军资器械,数百里间,委弃山积。"

⑨《北史·冯淑妃传》:"(齐)后主至长安,请周武帝(宇文邕)乞淑妃,帝曰:'朕视天下如脱屣,一老妪岂与公惜也!'仍以赐之。及帝遇害,以淑妃赐代王达,甚嬖之⋯⋯达妃为淑妃所谮,几致于死。隋文帝将赐达妃兄李询,令著布裙配春。询母逼令自杀。"

⑩《资治通鉴》卷第一百七十一陈纪五高宗宣皇帝上之下太建五年:"时贵臣赵彦深、唐邕、段孝言等,意有异同,季舒与争,未决。(韩)长鸾遽言于帝曰:'诸汉官连名总署,声云谏幸并州,其实未必不反,宜加诛戮。'辛丑,齐主悉召已署名者集含章殿,斩季舒、雕、孝琰及散骑常侍刘逖、黄门侍郎裴泽、郭遵于殿庭,家属皆徙北边,妇女配奚官,幼男下蚕室,没入赀产。"

⑪《资治通鉴》卷第一百七十一陈纪五高宗宣皇帝上之下太建四年:"光虽贵极人臣,性节俭,不好声色。罕接宾客,杜绝馈饷,不贪权势。每朝廷会议,常独后言,言辄合理。或有表疏,令人执笔,口占之,务从省实。行兵仿其父金之法,营舍未定,终不入幕;或竟日不坐,身不脱介胄,常为士卒先⋯⋯周勋州刺史韦孝宽密为谣言曰:'百升飞上天,明月照长安。'又曰:'高山不推自崩,槲木不扶自举。'令谍人传之于邺,邺中小儿歌之于路。斑因续之曰:'盲老公背受大斧,饶舌老母不得语。'使其妻兄郑道

盖奏之。帝以问斑，斑与陆令萱皆曰：'实闻有之。'斑因解之曰：'百升者，斛也。盲老公，谓臣也，与国同忧。饶舌老母，似谓女侍中陆氏也。且斛律累世大将，明月声震关西，丰乐威行突厥，女为皇后，男尚公主，谣言甚可畏也。'"

⑫《资治通鉴》卷第一百七十陈纪四高宗宣皇帝上之上太建二年："士开威权日盛，朝士不知廉耻者，或为之假子，与富商大贾同在伯仲之列。尝有一人士参士开疾，值医云：'王伤寒极重，应服黄龙汤。'"胡三省注："陶弘景曰：今近城寺别塞空罂口，内粪仓中，久年得汁，甚黑而苦，名为黄龙汤，治温病，垂死者皆差。""士开有难色。人士曰：'此物甚易服，王不须疑，请为王先尝之。'一举而尽。士开感其意，为之强服，遂得愈。"

第21讲　隋朝统一

杀人如麻的乱局甭管是南朝还是北朝都发生过，但是治世这种情况就少一些，因为开明统治者知道一条，稳定压倒一切。这是一个好的现象。

当时有内忧也有外患，源自逐渐崛起的马上民族突厥。后来有许多部落都认为自己是突厥的后代，但是这与史实有很大出入。突厥在公元五世纪崛起，逐渐吞并了柔然（一度北魏政权防范的柔然多么强大，但是被突厥所吞噬）。突厥的版图相当辽阔，最强大时它从西边已经到了黑海，从南边到了阿姆河，从北边到了贝加尔湖，从东边到了东北辽河流域。这是隋唐王朝的心腹大患。但是在唐太宗的时候东突厥灭亡，唐高宗的时候西突厥灭亡，后来虽有突厥残余势力也曾经建国，但逐渐也退出历史舞台。它都成为明日黄花，陈年老账。

突厥在五世纪的时候崛起，到了六世纪它看到了中原震荡，南朝北朝在斗，北朝内部也在掐，这种内斗让突厥可汗非常高兴，他曾经说过一句话，说我在南方有两个孝子贤孙，我要什么他们会给什么。一度突厥可汗猖獗至此。①

突厥内部，和华夏相比，它要乱得多，它不可能实现隋唐王朝这样的中央集权制度，因为它不是铁板一块，部落林立，有大可汗、有小可汗，这个时候中原王朝利用了这种矛盾，隋文帝杨坚扶植了小可汗，称之为突利可汗，把隋朝的公主下嫁到突厥部落，成了突利可汗的夫人，②通过这种联姻改善两地关系，当时中原王朝就是这么想的。

突利可汗和隋王朝的关系非常密切，隋王朝也向它提供资财。突利可汗会把突厥内部的机密汇报给隋王朝，这下大可汗火了，你这不是出卖我吗？于是大可汗都蓝打突利，突利可汗败北，所以投奔了隋王朝。③隋炀帝又一次把公主嫁给突利可汗，强化这种政治关系。

突利可汗对隋王朝亦步亦趋，杨坚还封他为启民可汗，启民是突厥语，意思是智慧，等于说隋王朝给他一个荣誉性的名号。但是他的儿子始毕可汗不买账，和隋炀帝交兵。突厥和隋王朝的关系就是如此，时好时坏。在隋王朝势力强悍的时候，突厥分裂成两支：一是东突厥，一是西突厥。直到唐王朝才把它们收拾了。相当时期内突厥就是悬在中原统治者头上的一把利剑，只能是解决内忧之后才能谈外患的问题。

北周力量非常强盛。北周有一个很著名的政治家宇文泰。宇文泰没有称帝，但是他操纵着朝局，北魏的皇帝元修来投奔，后来他毒死了元修。宇文泰非常高明，他学习汉文化，尤其是任用了一大堆汉族官僚。有一个非常著名的知识分子苏绰，饱读诗书，在苏绰这些人的影响之下，宇文泰按照《周礼》的政治格局，设置了自己的政治制度。六官是《周礼》书中的制度，天官冢宰，地官司徒，春官宗伯，夏官司马，秋官司寇，冬官司空。这一套东西相传是周朝的政治制度，等于说周朝各种事务官让宇文泰学来了。④

尤其是改革军制，推行府兵制。府兵制说起来也不难懂，就是兵农合一。部队在平常进行生产，按今天的话讲叫生产建设兵团，而在战时授予武器打仗，解决了部队的开销问题。⑤《木兰诗》有两句："军书十二卷，卷卷有爷名。"怎么叫"卷卷有爷名"？国家征调部队，花木兰的家庭就属于生产建设兵团，平常进行农业生产，到战时打仗，所以每一篇文告之中都有他们家的名字，她爸爸必须为官府服兵役。府兵制度前提是老百姓得有田，所以均田制必须在贯彻，它影响到北周以及隋唐。政府给老百姓田，种了政府的田，得给国家服徭役纳赋税，这是应当应分的。所以整个社会比较清明，它的战斗力也比较强。

宇文泰死后，经历了几代斗争，大位传到周武帝手中，周武帝叫宇文邕。历史上有"三武灭佛"，一个是北魏的太武帝，一个是周武帝，一个是唐武宗。周武帝为什么要灭佛？一方面有思想的原因，他打算以儒术治国。但另外一方面，有现实的原因，一大群人跑到寺院里成了和尚，能躲避国家的赋税徭役，使得寺庙产业过大，对国家来说也是威胁。所以统治者要灭佛，测量土地，笼络住人口。⑥

北朝周武帝宇文邕像

周武帝在位时期灭了北齐，北齐后主高纬成了阶下囚，高纬妃子冯小怜也成了人家的玩物。而周武帝死了以后，他的继承人是宇文赟，在历史上称之为周宣帝。周宣帝年纪轻轻二十多岁就暴崩，他活着的时候骄奢淫逸、无恶不作。暴卒后大权归于他的岳父，杨坚。杨坚非常有手腕，是隋国公，典型的关陇贵族。他手握重兵，而且拥有民心，后来把小皇帝扒拉到一边，称帝改国号为隋，这一年是公元

581年。八年之后，公元589年杨坚灭掉了南陈完成了统一的伟业。

南陈也是一个武人政府。在镇压侯景之乱的过程中涌现了许多地方军阀，比如王僧辩、陈霸先。而陈霸先从南方发家，他力量和谋略比王僧辩强，收拾了自己的对头，建立了南北朝最后一个政权——陈朝。陈霸先还不错，等传位到陈叔宝手中就坏了。陈叔宝是典型的昏君，⑦《玉树后庭花》的故事大家都晓得。隋兵打来的时候，陈叔宝和他的爱妃张丽华在井里避难，隋兵说你不出来，我就扔石头，这几个人只能乖乖出来。⑧隋完成了历史性的统一。

这次统一意义非同小可，它结束了大分裂。如果从西晋算起的话，280年一直到589年，一共三百年的分裂。如果再加上曹魏的政权，那就不止这三百年了。有不少朋友问为什么五胡十六国、南北朝会这么乱？后来这种乱局少了，想杀人就杀人，想放马就放马，种族间相互仇杀，统治者政权如同走马灯。这也不能全赖五胡，也有汉民族自身的事。

隋文帝杨坚像

这样的时代欠缺一种制度。制度是防范分裂的最好手段。中国是制度很高端的国度，咱们不应当以西方中心论的视角来评价中国的制度。如果拿

南朝陈后主陈叔宝像

西方现代的法理名词套中国历史，我们会发现这个也不具备，那个也缺失，这个是人治，那个是暴政。其实不应该这么看，而应反省中国历史自身规律。如果和隋唐盛世做一个比较的话，五胡十六国南北朝的乱局是隋唐盛世出现的前提。分裂中孕育统一，统一的制度萌生于乱世，隋唐盛世想方设法用制度巩固统一，防范分裂。明君圣主都意识到一点，就是稳定压倒一切。

所以人们通过方方面面的措施来防范中央王朝的离心力量，比如通过政治制度，防范地方军阀的割据，以及宰相的专权；用经济制度抓住财政大权，稳定民心；通过文化思想的建设加强整个王朝的凝聚力。隋唐盛世出现了许多非常好的现象，比如通过均田制稳定财政，通过三省六部制、州县制度稳定政治秩序，通过三教合归儒家使人们找到精神家园。许多内容建立在魏晋南北朝的乱局基础上，有了祸乱才有了历史的跃进。

读书是有用的，好些时候人们对读古书有误解。不仅说今人有可能误解，古人也有误解。在侯景之乱之后出现了的帝王梁元帝萧绎，他也不是昏君，但是他打了大败仗，自己成了东魏的俘虏。据说梁元帝萧绎在兵临城下之时，在江陵城，和臣僚们进行着研讨，不是研讨兵书战策，研讨的是《道德经》。而他成为人家的俘虏前，把内府的许多图书典藏统统付之一炬，他说："文武之道，今夜尽矣。"⑨华夏典籍，不想落于贼寇之手，跟我一起去吧！我看不到，你们也甭想看到，这是文化的一次大涂炭。《隋书》的《经籍志》里头记载了一堆书名，其中好些书都是亡佚的。

梁元帝认为读书有什么用啊？我倒是读书了，朝廷照样亡了。这的确是发人深省，也给今人也敲了警钟。其实大儒王夫之的《读通鉴论》，值得咱们仔细的品评。王夫之谈到这的时候说你读的是什么书？如果光读《老子》《庄子》和佛经，肯定对治国理政没什么帮助；你得读治国理政的书，得读儒家的大道，你得明白治国理政的规矩是什么。不摸清这个规矩，埋头于许多乱七八糟的信息，而且这些信息还对你的治国理政带来障碍，你觉得可能是个好皇帝吗？不是你不该读书，而是你的书读歪了。⑩

大儒王夫之这个评论非常有道理，中国历朝历代的典籍非常丰富，《资治通鉴》就是浩浩典籍之中的一朵奇葩。我们能窥一见全，积累人生智慧。正是因为历史上有混乱，有逆境，人们在混乱、逆境中总结了经验教训，才形成智慧。

注释：

① 《隋书·突厥传》："佗钵（可汗）益骄，每谓其下曰：'我在南两儿常孝顺，何患贫也！'"

② 《资治通鉴》卷第一百七十八隋纪二高祖文皇帝上之下开皇十三年："时处罗侯之子染干，号突利可汗，居北方，遣使求婚……长孙晟曰：'臣观雍虞闾（都蓝）反复无信，直以与玷厥（达头）有隙。所以欲依倚国家，虽与为婚，终当叛去。今若得尚公主，承藉威灵，玷厥、染干必受其征发。强而更反，后恐难图。且染干者，处罗侯之子，素有诚款，于今两代，前乞通婚，不如许之，招令南徙，兵少力弱，易可抚驯，使敌雍虞闾以为边捍。'上曰：'善。'复遣晟慰谕染干，许尚公主。"

③ 《资治通鉴》卷第一百七十八隋纪二高祖文皇帝上之下开皇十七年："突利本居北方，既尚主，长孙晟说其帅众南徙，居度斤旧镇，锡赉优厚。都蓝怒曰：'我，大可汗也，反不如染干（突利）！'于是朝贡遂绝，亟来抄掠边鄙。突利伺知动静，辄遣奏闻，由是边鄙每先有备。"《资治通鉴》卷第一百七十八隋纪二高祖文皇帝上之下开皇十九年："都蓝闻之，与达头可汗结盟，合兵掩袭突利，大战长城下，突利大败。都蓝尽杀其兄弟子侄，遂渡河入蔚州……突利大惧，谓其众曰：'追兵已逼，且可投城。'既入镇，（长孙）晟留其达官执室领其众，自将突利驰驿入朝。夏，四月，丁酉，突利至长

安。""上令突利与都蓝使者因头特勒相辩诘，突利辞直，上乃厚待之。都蓝弟郁速六弃其妻子，与突利归朝，上嘉之，使突利多遗之珍宝以慰其心。"

④《资治通鉴》卷第一百六十六梁纪二十二敬皇帝绍泰元年："初，魏太师泰以汉、魏官繁，命苏绰及尚书令卢辩依《周礼》更定六官。"

⑤《资治通鉴》卷第一百六十三梁纪十九太宗简文皇帝上大宝元年："初，魏敬宗以尔朱荣为柱国大将军，位在丞相上；荣败，此官遂废。大统三年，文帝复以丞相（宇文）泰为之。其后功参佐命，望实俱重者，亦居此官，凡八人，曰安定公宇文泰，广陵王欣，赵郡公李弼，陇西公李虎，河内公独孤信，南阳公赵贵，常山公于谨，彭城公侯莫陈崇，谓之八柱国。泰始籍民之才力者为府兵，身租庸调，一切蠲之，以农隙讲阅战陈，马畜粮备，六家供之；合为百府，每府一郎将主之，分属二十四军。泰任总百揆，督中外诸军；欣以宗室宿望，从容禁闼而已。余六人各督二大将军，凡十二大将军，每大将军各统开府二人，开府各领一军。是后功臣位至柱国大将军、开府仪同三司、仪同三司者甚众，率为散官，无所统御，虽有继掌其事者，闻望皆出诸公之下云。"

⑥《资治通鉴》卷第一百七十一陈纪五高宗宣皇帝上之下太建六年："丙子，周禁佛、道二教，经、像悉毁，罢沙门、道士，并令还俗。并禁诸淫祀，非祀典所载者尽除之。"

⑦《资治通鉴》卷第一百七十六陈纪十长城公下至德二年："常置淫祀于宫中，聚女巫鼓舞。上怠于政事，百司启奏，并因宦者蔡脱儿、李善度进请；上倚隐囊，置张贵妃于膝上，共决之。李、蔡所不能记者，贵妃并为条疏，无所遗脱。因参访外事，人间有一言一事，贵妃必先知白之；由是益加宠异，冠绝后庭。宦官近习，内外连结，援引宗戚，纵横不法，卖官鬻狱，货赂公行；赏罚之命，不出于外。"

⑧《资治通鉴》卷第一百七十七隋纪一高祖文皇帝上之上开皇九年："陈主遑遽，将避匿，宪正色曰：'北兵之入，必无所犯。大事如此，陛下去欲安之！臣愿陛下正衣冠，御正殿，依梁武帝见侯景故事。'陈主不从，下榻驰去，曰：'锋刃之下，未可交当，

吾自有计！'从宫人十余出后堂景阳殿，将自投于井，宪苦谏不从；后阁舍人夏侯公韵以身蔽井，陈主与争，久之，乃得入。既而军人窥井，呼之，不应，欲下石，乃闻叫声；以绳引之，惊其太重，及出，乃与张贵妃、孔贵嫔同束而上。"

⑨《资治通鉴》卷第一百六十五梁纪二十一世祖孝元皇帝下承圣三年："帝入东阁竹殿，命舍人高善宝焚古今图书十四万卷，将自赴火，宫人左右共止之。又以宝剑斫柱令折，叹曰：'文武之道，今夜尽矣！'乃使御史中丞王孝祀作降文。谢答仁、朱买臣谏曰：'城中兵众犹强，乘闇突围而出，贼必惊，因而薄之，可渡江就任约。'帝素不便走马，曰：'事必无成，只增辱耳！'"

⑩《读通鉴论》卷十七"梁元帝二"："江陵陷，元帝焚古今图书十四万卷，或问之，答曰：'读书万卷，犹有今日，故焚之。'未有不恶其不悔不仁而归咎于读书者，曰书何负于帝哉？此非知读书者之言也。帝之自取灭亡，非读书之故，而抑未尝非读书之故也。取帝之所撰著而观之，搜索骈丽、攒集影迹以夸博记者，非破万卷而不能。于其时也，君父悬命于逆贼，宗社垂丝于割裂，而晨览夕披，疲役于此，义不能振，机不能乘，则与六博投琼、耽酒渔色也，又何以异哉？夫人心一有所倚，则圣贤之训典，足以锢志气于寻行数墨之中；得纤曲而忘大义，迷影迹而失微言，且为大惑之资也。况百家小道，取青妃白之区区者乎！"

第22讲 二世而亡

隋王朝建立，终于结束了三百年的大分裂，应当说突厥功至伟。隋文帝杨坚这个人出身于关陇贵族，对历史影响巨大。

陈寅恪先生提了两个名词：一个是关陇集团，一个是山东集团。关陇集团是在北周时期已有苗头。北魏的皇帝元修跑到宇文泰这，以为宇文泰这是避风港湾，结果被宇文泰给除掉了。事实上元修也不是无脑的人，他曾经找过一个叫贺拔岳的人，任关中大行台，希望他帮助自己。关陇集团可以上溯到贺拔岳这里，这下许多重量人物都云集在关中。①关指的是关中，陇指的是陇山一带，在宝鸡附近。这些人往往手握重兵，地位很高。

而有些人是从东方来的，但是到这之后改换门庭，拥有了新的祖先，给自己攀龙附凤。陈寅恪先生指出，这些大军阀都和当时的皇帝有着密切的联系，比如说西魏、北周。隋、唐几代帝王都和关陇贵族分不开，像杨坚、李渊都是关陇集团的一分子。很典型的就是李渊，李渊声称自己的祖上是十六国里西凉皇帝李暠，而李暠的祖上能上溯到飞将军李广。但是陈寅恪先生《李唐氏族之推测》等文考证，李氏应当与鲜卑族关系密切。因为陈先生就发现李渊他的祖父是李虎，但是再往前倒几代，李初古拔、李买得，这哪是汉族名字？典型是鲜卑贵胄，他祖上也不应该是从陇西而来的，应当是来自东方，来自赵郡的破落户，也就是今天河北的赵县一带。

他来到关中之后，把自己进行了包装，攀龙附凤。②这些人手握重兵，有经济实力，非常的强健精明，形成了关陇集团，这就成为隋唐统一天下的股肱力量。

而另外一拨人迥异于关陇集团，陈寅恪先生称之为山东集团。一般认为这个山指的是太行山。陈先生推论，许多山东集团的人可能是平民子弟出身，地位没有关陇集团这么高，而且或多或少和北魏的六镇有着千丝万缕的联系。北魏的军镇随着最高统治者的汉化逐渐没落，激起矛盾，有了六镇起义。在起义的过程中，许多人也脱颖而出。他们不像关陇贵族那样能文能武，也非常精明强干。更重要的是，其中很可能相当一部分人也是胡人。③

所以关陇和山东有地域上的分歧，也有阶层上的分歧，关陇贵族的地位比较高，山东集团地位比较低。就是这样的分野决定了隋唐政治的发展，陈寅恪先生的《唐代政治史述论稿》《隋唐制度渊源略论稿》，通过简要的文字勾勒出历史发展的走向。陈先生提纲挈领，对今天读《资治通鉴》有很大的引领作用。杨坚也罢，李渊也罢，是典型的关陇贵族，他们有着自己的经济实力和军事实力，能文能武，有句话叫入相出将，在朝里头就是宰相，而到外边打仗就是帅才。

隋文帝进行了一系列改革，他推行了科举制，改革国家结构，州郡县三级变成了两级，推行均田和租庸调制，延续府兵制度等等，可是史书中对于杨坚的评价不是太好。一方面，这个人非常刻薄，急于求成。许多故事都能表现出杨坚政治上还不是太成熟，他爱用重刑来威吓臣民，律条相当苛刻。当时天下多盗，让统治者很犯愁。盗的产生往往是两方面：一方面是经济大发展，私有制程度高了，人心不古，产生了偷盗；另外一方面，也有可能是法令滋彰。《道德经》里也说"法令滋彰，盗贼多有"，统治者过于苛刻，本身不是上纲上线的东西也去上纲上线，官逼民反，这种事也是有的。隋王朝很可能是后者，隋文帝杨坚颁布一个命令，只要偷盗一文钱就是死，想以重刑来镇压盗匪。可是越镇压，盗匪越多，甚至还杀官夺府，把有司执事给逮起来，跟官员说，你告诉皇帝去，从古至今听说过一文钱就致死的吗？后来胡三省注《资治通鉴》，评论这事说，古往今来有盗匪，但是像民愤至此的，也很少见。胡三省认为，这说明隋朝制度非常的不合理，活该隋代多盗。④

类似的事情也发生在唐朝，唐初贞观之时也出现盗匪，有人建议李世民要用重典惩治盗匪。但是李世民什么态度？不能这么做，好些盗匪是被逼的，统治者不应当去剿杀，应当去招抚，还要检讨自己有什么地方做错了。

还有一个故事也能说明这一点，当时腐败横行，隋文帝杨坚为了杜绝腐败派密探给官员行贿，拿着官员行贿的铁证置之于死地。无独有偶，李世民也曾采取这种方式，他的手下拿着其他官员受贿的证据向皇帝告发，可是裴矩说他受贿的确是不对，可是你去行贿就对吗？所以这种行为不能提倡，李世民大悦。⑤咱们能看出开皇天子和贞观天子政治智慧谁高谁低。

杨坚祖上也非常显赫，是西魏的八柱国之一，但杨坚非常惧内。独孤氏权倾朝野，人人都畏之几分。独孤皇后主政，许多事杨坚都要听独孤皇后的，甚至是立储。可是甭管是独孤皇后，还是杨坚，都看走眼了。立的太子杨勇不仅暗弱而且骄奢，独孤皇后都看不过去。独孤皇后醋意大发，不仅监督着她老公，也监督着她儿子。这也很过分，儿子你还管？她不断地向隋文帝杨坚说杨勇的坏话。而杨广以身作则，雷厉风行，在官员中有口碑，而且不贪污不好色，除了他的妃子萧氏之外也不接近女人，多好的人啊！而且每次杨广被派到外地出差，都和自己的娘亲、爹亲饯别，哭得像泪人一样，这个儿子多孝顺啊！所以杨坚两口子废掉了太子杨勇，立了杨广。⑥

很快,独孤皇后就死了,隋文帝杨坚奄奄一息。在病中杨广原形毕露了,他原先都是装的。咱们曾经讲过,"周公恐惧流言日,王莽谦恭未篡时"。这两句话针对任何野心家都管用。在他父亲病重的时候,勾引他的庶母陈氏,陈夫人非常恼火,于是向病重的杨坚告状,说太子辱我,这下杨坚才恍然大悟,于是想到杨勇,没想到自己早就被杨广软禁起来。据说杨坚的死是杨广干的,后来他又把凶手做替罪羊处死。杨广兽行毕露了。⑦

史书上还记载了许多杨广的劣行,比如兴建洛阳宫殿,兴建大运河。著名的隋唐大运河,据说开凿通济渠的时候征用一百万民夫,疏通邗沟的时候征用十几万民夫。他开凿大运河的直接目的是为了享乐,以便他能很容易地从洛阳来到南方。

而且他还屡兴兵役,讨伐高丽,这是最不得人心的一件事情。讨伐高丽四次,劳师远征,后来手下的大将杨玄感兵变,给他致命性的打击。而且隋跟突厥的关系也变得恶劣,启民可汗(也就是突利可汗)在世的时候,突厥一度被隋文帝杨坚笼络住了。启民可汗病故,杨广觉得启民可汗是个好人,免朝三日。后来继任者始毕可汗被杨广惹怒,率大军一度打到雁门,就是今天山西代县一带。突厥人的乱箭都射到了杨广的车辇之前,杨广抱着儿子杨杲号啕大

《隋炀帝下扬州图》

哭，居然一个帝王崩溃到这个地步。⑧

杨广的骄奢淫逸，滥用刑罚，滥施民力，老百姓受不了了，隋末出现了农民战争。好些朋友都听过评书《隋唐演义》，还有《说唐》《瓦岗全传》等，这些故事其实和史书有很大的背离，有人说了《三国演义》是七分史实三分虚构，但是《隋唐演义》《说唐》就是三分史实七分虚构，只用了那些人名，故事全和隋唐历史大不符合。但甭管怎么样天下大乱了，除了咱们耳熟能详的翟让、李密这一支瓦岗军之外，还有长白山起义。长白山不在东北，而在山东。老百姓写了一首《无向辽东浪死歌》，与其到那去死，还不如我们造反，还有河北起义。有一个成语就叫罄竹难书，李密的手下说的就是隋炀帝。罄南山之竹，难书其恶，隋炀帝就这么一个口碑。⑨

隋炀帝杨广像

后来隋炀帝手下的将佐照样闹出了兵变，杨广在江都（今天扬州）被他的部下宇文化及所杀。天下大乱，群雄割据，刘武周、王世充、李渊等人蹦了出来，李渊扶植了杨广的孙子杨侑，但没过多久就把杨侑废掉，618年唐朝建立，李渊在自己儿子的帮助之下，一点一点地除掉了他的异己，统一了中国。

《资治通鉴》曾经把唐王朝，尤其是唐代初年的几位帝王进行了一番歌颂。社会秩序稳定下来，出现了盛世，而且人们有了很大的幸福感，值得史官称道。

注释：

① 《资治通鉴》卷第一百五十六梁纪十二高祖武皇帝十二中大通五年："帝以关中大行台贺拔岳拥重兵，密与相结，又出侍中贺拔胜为都督三荆等七州诸军事。"

② 陈寅恪《李唐氏族之推测》："李延寿于《北史》一百《序传》中，虽亦载李重耳奔宋归魏之事，然于《南史》三十八、《柳元景传》四十、《薛安都传》、《北史》三十九、《薛安都传》关于《宋书》《魏书》所载李初古拔父子事，皆删弃不录，或者唐初史家犹能灼知皇室先世真实渊源，因有所忌讳，不敢直书耶？ 其有与重修《晋书》相似者，则为敕撰《氏族志》一事。盖重修《晋书》所以尊扬皇室，证明先世之渊源。敕撰《氏族志》，虽言以此矫正当时之弊俗，实则专为摧抑中原甲姓之工具。故此二事皆同一用心，诚可谓具有一贯之政策者也。"（《历史语言研究所集刊》第叁本第壹分，一九三一年八月）

③ 陈寅恪《论隋末唐初所谓"山东豪杰"》："窦建德自言出于汉代外戚之窦氏，实则鲜卑纥豆陵氏所改（见《新唐书》七一下《宰相世系表》窦氏条），实是胡种也。刘黑闼之刘氏为胡人所改汉姓之最普遍者，其'黑闼'之名与北周创业者宇文黑獭之'黑獭'同是一胡语。然则刘黑闼不独出于胡种，其胡化之程度盖有过于窦建德者矣。"（《岭南学报》一九五二年第十二卷第一期）

④ 《资治通鉴》卷第一百七十八隋纪二高祖文皇帝上之下开皇十七年："帝以盗贼繁多，命盗一钱以上皆弃市，或三人共盗一瓜，事发即死。于是行旅皆晏起早宿，天下懔懔。有数人劫执事而谓之曰：'吾岂求财者邪！但为枉人来耳。而为我奏至尊：自古以来，体国立法，未有盗一钱而死者也。而不为我以闻，吾更来，而属无类矣！'帝闻之，为停此法。"胡三省注："自古以来，闾里奸豪持吏短长者，则有之矣，未闻持其上至此者，宜隋季之多盗也。"

⑤ 《隋书·文帝纪》："（二月）戊子，晋州刺史、南阳郡公贾悉达，𬳶州总管、抚宁郡公韩延等，以赇伏诛。"《资治通鉴》卷第一百九十二唐纪八高祖神尧大圣光孝皇帝下之下武德九年："上患吏多受赇（枉法受赂），密使左右试赂之。有司门令史受绢一匹，

上欲杀之，民部尚书裴矩谏曰：'为吏受赂，罪诚当死；但陛下使人遗之而受，乃陷人于法也，恐非所谓"道之以德，齐之以礼。"'上悦，召文武五品已上告之曰：'裴矩能当官力争，不为面从，傥每事皆然，何忧不治！'"

⑥《资治通鉴》卷第一百七十九隋纪三高祖文皇帝中开皇二十年："晋王广弥自矫饰，唯与萧妃居处，后庭有子皆不育，后由是数称广贤。大臣用事者，广皆倾心与交。上及后每遣左右至广所，无贵贱，广必与萧妃迎门接引，为设美馔，申以厚礼；婢仆往来者，无不称其仁孝。上与后尝幸其第，广悉屏匿美姬于别室，唯留老丑者，衣以缦彩，给事左右；屏帐改用缣素；故绝乐器之弦，不令拂去尘埃。上见之，以为不好声色，还宫，以语侍臣，意甚喜，侍臣皆称庆，由是爱之特异诸子。"

⑦《资治通鉴》卷第一百八十隋纪四高祖文皇帝下仁寿四年："陈夫人平旦出更衣，太子所逼，拒之，得免，归于上所；上怪其神色有异，问其故。夫人泫然曰：'太子无礼！'上恚，抵床曰：'畜生何足付大事。独孤误我！'乃呼柳述、元岩曰：'召我儿！'述等将呼太子，上曰：'勇也。'述、岩出阁为敕书。杨素闻之，以白太子，矫诏执述、岩，系大理狱；追东宫兵士帖上台宿卫，门禁出入，并取宇文述、郭衍节度；令右庶子张衡入寝殿侍疾，尽遣后宫出就别室；俄而上崩。故中外颇有异论。"

⑧《资治通鉴》卷第一百八十二隋纪六炀皇帝中大业十一年："（八月）癸酉，突厥围雁门，上下惶怖，撤民屋为守御之具，城中兵民十五万口，食仅可支二旬，雁门四十一城，突厥克其三十九，唯雁门、崞不下。突厥急攻雁门，矢及御前；上大惧，抱赵王杲而泣，目尽肿。"

⑨《资治通鉴》卷第一百八十三隋纪七恭皇帝上义宁元年："（李）密使其幕府移檄郡县，数炀帝十罪，且曰：'罄南山之竹，书罪无穷；决东海之波，流恶难尽。'祖君彦之辞也。"

第23讲 贞观之治

隋朝从公元589年一统天下,一直到618年唐王朝建立,属短命王朝。暴秦也是,蒙元也是,国祚不长。短命王朝有着种种的共性,能一统天下,可是又急于求成,自身的政治经验积累不够,当然也有统治者自身的问题,留下了很多可叹的教训。

其实历史教训恰是进步的前提,司马光就很知道其中奥妙,把治乱写得非常透彻。有人说《资治通鉴》里头最有价值的部分是《隋纪》《唐纪》。因为一方面距离宋王朝比较近,宋的许多制度文化在隋唐能看到端倪;另外一方面是因为司马光看到的不少后代亡佚的资料,《资治通鉴考异》里提及的文献就很多。司马光把它们保存下来已经是不幸之中的万幸。就学术价值而言,《资治通鉴》里史料价值最强的莫过于隋唐。有人说从学术与政治价值而言隋唐部分是重头戏,应当之无愧。

618年李渊兴兵反隋,这跟他的儿子李世民有着密切的联系。李世民算是他几个孩子里头最有为的一个。当时在民间流传着一个传说,也是一个预言,代隋的一定是十八子。①杨广听了这个话对李渊产生了怀疑。后来隋炀帝兵败身死,李世民金戈铁马横扫中原,一大堆李唐的对头灰飞烟灭,李唐王朝统一天下。

李渊在位时期政治比较清明,李渊奉行的政策,主要还都是发展生产、

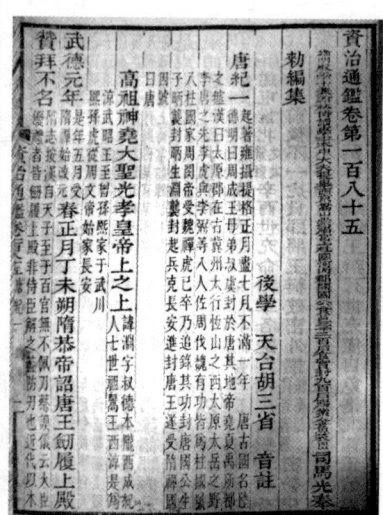

《资治通鉴》书影

休养生息。值得说的是，他在思想文化上采取的是三教合一的态度，哪些东西能为当时社会所用就用它。

唐高祖在位时期他曾经去太学里祭祀先圣先师，古人叫释奠。释奠大礼进行后，还有几个专题报告，就跟今天开学术讨论会一样。第一场讲的是《孝经》，由儒生来讲。第二场讲的是《心经》，这个《心经》应当是鸠摩罗什的版本，玄奘还没有出现，由和尚来讲。而第三场由道士讲《老子》。这三家报告做得都很好，当时唐高祖找到了另外一个大文化人，就是《经典释文》的作者陆德明。陆德明对三场报告进行了评析，皇帝非常高兴。唐高祖说，这三个报告人说得都很好，特别是德明一举则蔽。陆德明把他们三场报告的精髓提炼得很好，哪些李唐王朝能用，他做了一个归纳。②唐王朝很理智，它有海纳百川的心胸，取我所需。

唐高祖李渊继任者是李世民，公元626年发生了玄武门之变。如果看唐长安的地图，玄武门在北边，再往北是大明宫。李世民一不做二不休，他和手下人干掉了他的哥哥李建成和弟弟李元吉，③逼他的父亲让位。他的父亲李渊还在宫里头泛舟，看到自己的二儿子来了，气势汹汹，跟随着一大堆人，李渊很诧异。然后李世民说我来护驾。这个护驾说得好听，其实是逼宫。他说我的哥哥和弟弟已经谋逆被诛杀，所以我来了。④他把编排好的故事告诉李渊，李渊很怕自己再蹈杨坚之覆辙，不得不把大位让给李世民。

《资治通鉴》和新旧两《唐书》还有不同的记载，新旧两《唐书》说李世民在李渊面前跪倒在地号啕大哭，而《资治通鉴》多了一个细节，这个细节是李世民跪在李渊的膝盖上，号啕大哭之后有一个亲昵的动作，用自己的嘴巴吮上乳。⑤这个行为让人很诧异，李世民在干什么？后来还有学者进行了探讨。今天历史学家认为，李唐统治者的鲜卑色彩是很重的，有胡俗太正常了。历史学家就进行了深度的解析，这可能是上古时期的乳翁习俗。⑥男子在女子怀孕的时候要顶替女子做一些事情，包括喂奶，这是古代从母系氏族公社向父系氏族公社过渡的一个中间环节，因为母系氏族公社之中女子地位较高，过渡到父系，男子得营造自己的权威地位，势必要承担母亲的责任，而越是古老的少数民族保留这种风格的可能性越大，很可能当时李世民就是以这种态度来讨

唐太宗李世民像

好父亲，父亲为之动容，索性让位。《资治通鉴》的史料价值就可见一斑。

我们就要问，李世民何以成功？这种杀兄杀弟的行为，杨广干咱们一点儿不感到奇怪，可是发生在贞观天子李世民身上，人们还不以为意，觉得李世民就应当是名副其实的大唐天子。司马光就有一段著名的评论。司马光就说，李世民有责任，李建成、李元吉、李渊也有责任。李世民不应该这么操切，不应该杀兄杀弟，这样你会留下恶名，肯定是不对的。但是李渊没有责任吗？你不知道把大位给贤德的儿子吗？李建成、李元吉没责任吗？你尸位素餐做什么？你应该把位置让给贤德的弟弟，让给得民心的哥哥，所以这样的话天下岂不太平。⑦这个话是给宋神宗听的，让宋代统治者明晓事理。但这样的按语，事实上是不可能发生。可是我们从另外一个角度反观，之所以连司马光都给李世民说话，是因为李世民有作为。

陈寅恪老先生有一个很重要的观点，唐王朝渗透着关陇集团与山东集团的博弈。关陇集团有一群豪强地主，是唐王朝、隋王朝乃至西魏、北周起家的家底。他们入为相出为将，文武双全，有着军事与经济实力，还有文化才干。但是这批人在隋王朝建立以后逐渐没落，有的被杀掉了，有的堕落了，这个阵营逐渐坍塌。唐初政治局势面临着一场新的洗牌，以贤能的人士取代原先的关陇地主。贤能人士是谁呢？陈寅恪先生说这就是山东集团。

山东集团前面介绍过，它可能是当时北魏时期各个边镇的后代，它的地位不高，有汉人，有胡人，而且精于骑射，他们的脑子非常清楚。这样的人代表历史的发展方向，更符合当时皇帝的需要。李世民身边就有一大批人属于山东集团。山东集团跃跃欲试要取代关陇集团的位置。

有的学者进行了分析，李世民边上有一大群人称之为天策府集团。天策府是李渊封给李世民的封号，由于李世民东征西讨功劳很大，平息了王世充、刘黑闼等势力，这些军阀背后就是突厥，李世民能够把他们给扳平，对于李唐王朝的初创厥功至伟。所以李渊就封儿子为天策府上将,不仅赐予官爵财物,而且你有辟属权力,也就是说拥有自己的人事权。⑧于是一群山东豪杰出入于李世民的帐下。如果大家喜欢《隋唐演义》或者《说唐》的话,许多名字您都熟悉,比如徐茂公,后来赐名姓李,这个徐茂公就是其中之一。再比如说程咬金也就是程知节,秦琼也就是秦叔宝,尉迟敬德也就是尉迟公,侯君集等等,这些人在《隋唐演义》里出现过,都是当时天策府阵营的中坚力量。他们是李世民的智囊,李世民想以这样的人取代原先的关陇贵族。

玄武门事变发生之后,整个政治大洗牌。李世民颁布的凌烟阁功臣名单之中,学者进行研究发现原先关陇贵族已经相当之少,而大部分都出身于寒门,这样的话李世民就开了先河。贞观时代最大的任务是要从根本上稳定社会秩序,摆脱六朝以来的乱局,尤其借鉴了隋朝灭亡的历史教训。殷鉴不远,在夏后之世。李世民想通过制度的建设防微杜渐,实现长治久安。

有一本书可以和《资治通鉴》一起看,就是唐朝政治家吴兢写的《贞观政要》。《贞观政要》在唐玄宗时期才完

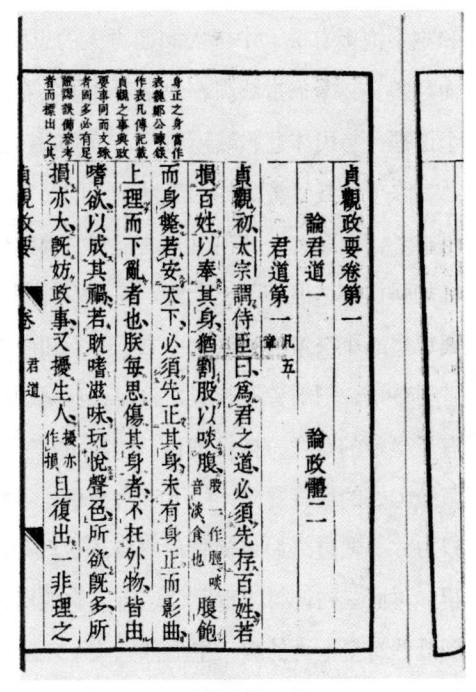

《贞观政要》书影

稿,它的内容很丰富,写了唐太宗一干君臣的言论思想,是今天了解唐太宗重要的史料之一。李世民故意有别于隋文帝杨坚,更和隋炀帝泾渭分明。这个泾渭分明体现在李世民表现出的成熟的政治气魄上。

李世民干了几件大事。首先第一条是在经济上,发展生产,推行均田,推行租庸调制。种了国家的地得给国家服徭役纳赋税,无主荒地归农民耕种,而农民种的地有两类:一个是口分田,一个是永业田。永业田是能够传代的,口分田是农民死了以后国家得进行再分配的。所以国家控制土地就能稳住老百姓,就有了财政来源,也有了徭役的基础。李世民想到这一点,如果碰到徭役、兵役正赶上农时怎么办？还可以纳捐代役,也就是庸法,⑨通过这种方式保证老百姓的农业生产时间。中国古代每一次民变都和吃不饱饭有关,中国人和西方人的思路完全不一样。中国人非常勤勉,而且踏实,幸福指数高,他饿着肚子实在没辙铤而走险。统治者明白这个道理,与民休息,减轻刑罚,⑩就能稳定社会秩序。

除了发展经济之外,李世民干的第二件事情就是制度建设。这个也很不得了,他完善了隋朝以来的三省六部制度。三省六部制度有人说是君主在加强权力,但是不止于此。三省六部制度君主一方面想集权,另外一方面也想减小决策的失误。中书、门下和尚书省是当时决策上的分工。中书省要草诏,门下省有封驳之权。也就是说中书令、中书舍人等中书省官员有了皇帝的首肯,按情理说,这就可以了；然而在唐王朝还得经过门下省审核。好的话就赞同,门下签字盖章。不好的话,打回重拟。要落实封驳权力,等通过之后再交付尚书省(也就是后代国务院)进行。李世民一而再,再而三强调封驳重要性。有一次他责备门下省,因为门下省的属官看到既然有皇上画的敕,皇上都点头了就通过吧。李世民批评他们,如果你们都不封驳,要你们何用？ 于是乖乖封驳。尤其是有一位大人叫王珪,王珪主政以后经常封驳，所以实现了决策过程的分工。⑪

多相的目的是怕宰相一个人专权，于是当时三省都是宰相，尚书省正长官应当是尚书令，可是尚书令由李世民担任过，谁也不敢担任，所以尚书省的副长官尚书仆射就是实质上的长官。尚书省有左右仆射，中书省有中书令，而且门下省有门下侍中。所以这些人加起来，宰相就有一群。

这还不够，唐王朝还采取临时宰相的制度。皇帝看好的官员虽然品位很低，但是皇帝觉得他有能力，可以出入禁中。皇帝给这些人加上一个封号，如"同中书门下平章事""同中书门下三品""参知机务"等等，有这些名号，他就能参与御前会议。御前会议皇帝可以不来，所以宰相们讨论得非常热闹。进而唐王朝出现了一个机构叫政事堂，这个政事堂原先在门下省，后来改到中书省。政事堂会议通过宰相们的讨论来减少决策过程之中的失误。

这样的讨论是非常有效果的，有一个很著名的臣僚就是魏徵。他本身是李建成的部下，是李世民给网罗过来的。李世民知道这些人有能力，所以把他网罗到自己的羽翼之中，能向天下人显示自己的宽容。魏徵经常提意见，唐太宗也纳谏，许多

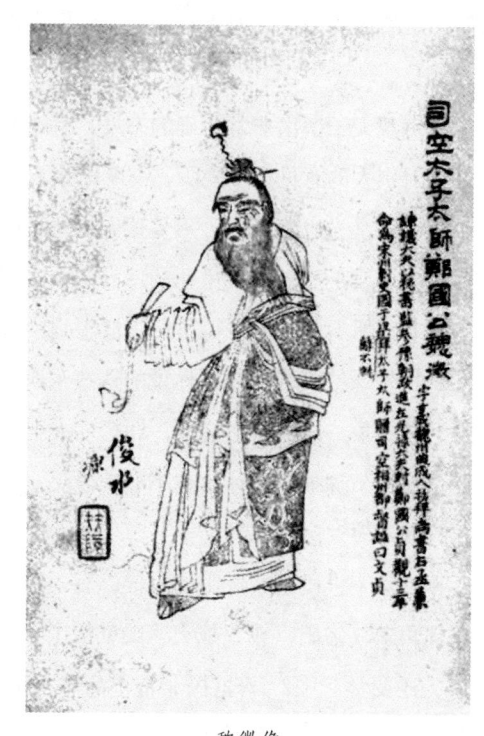

魏徵像

故事家喻户晓。李世民跟臣僚们讨论核心议题是为政的得失，隋王朝为什么亡，唐王朝为什么兴。有一个品级很低的官员，叫张玄素，说隋主自专，他的掌控欲太强。自专的话，不听他人的意见，如果一半对、一半错，已经乖谬很多，何况你有可能不是一半错，而是都错，不让手底下人发言，下边都知道溜须拍马，而上边就被蒙蔽，天下不亡岂不怪哉。这个话说得李世民非常高兴。⑫ 李世民顺坡下驴，我一定借鉴这个教训，坚决不学隋炀帝，隋炀帝拒绝别人提意见，我就广开言路，你们说得越多越难听越好。有的学者讲这是李世民在做姿态，做给魏徵、张玄素这些人看，但是咱们一般人接受意见还不容易呢，您家媳妇骂您，您不顶嘴吗？况且他是帝王，贵有四海，位高权重，他还能够摆出这个态度，即便是做给别人看也不容易。

贞观天子摆出非常明确的态度，有意和前代的帝王形成鲜明对比。隋文帝对别人的意见很不爱听，一度跟手下人闹得非常僵，《资治通鉴》里提到过，司马光也责备过。不爱让人提意见的还有梁武帝萧衍，就是那个信佛的皇上，最后被侯景饿死的。有一个大臣叫贺琛，给皇帝提了意见，你这不对、那不对，信写得很长。没想到梁武帝萧衍的答复比他的奏折长得多，把贺琛给大骂一顿，你说的这些东西我都不接受，我是有理的，左一条、右一条，说都像你这样，奸恶之人就会见缝插针，那我这皇帝还当不当。此后贺琛如履薄冰再也不敢提意见。⑬ 古往今来的帝王，能像李世民这样的不多。

当然李世民也有红眼的时候，有一次张玄素劝谏李世民，说洛阳宫你不能再盖，洛阳宫毁于战火，毁就毁了，你眼看隋王朝是怎么灭亡的，你怎么还要学它呢？李世民非常不高兴，说我盖了洛阳宫就是昏君吗？就是桀纣吗？张玄素说你要盖了洛阳宫就差不多啦。这个话说到了李世民的心坎，于是他琢磨，维护帝王的尊严重要，我还是悠着来吧。洛阳宫也就不了了之。⑭

李世民也曾对魏徵发火过，魏徵在632年激怒过唐太宗，唐太宗罢朝之后气哼哼的，对长孙皇后说，必将诛此田舍翁。没想到长孙皇后朝服官戴，施以大礼，皇上吓傻了，你要做什么？皇后说我祝贺陛下有这样的忠正之臣。这下李世民才恍然大悟。其实长孙皇后给了皇帝一个台阶下。⑮

贞观之治的确是值得圈点的。有一年唐王朝死刑犯人才二十九个，关键唐王朝多大啊！而后来有一年，死刑犯人是二百九十多个，李世民跟这些死刑犯做了一个君子约定，我放你们回家过年，但是我君子你们也君子，你们不能跑。于是等年关一过，这些死刑犯纷纷投案，李世民也大为感喟，大笔一挥，统统赦免。⑯

社会稳定了下来，修复了战争的创伤，对于唐王朝的振兴起到了关键的作用，这样也让历史学家很感动。司马光曾经评价过一个人，名字叫裴矩。他是从隋朝过来的降臣，他在隋朝不提意见，没想到在唐王朝就爱给李世民提意见，李世民也纳谏，对他很褒奖。司马光就感慨了，同样的人在前朝是随波逐流，可是到了唐王朝像变了一个人一样，说明什么问题？社会风气变了。⑰这样的社会风气是积极的，被后代史家所称道。

注释：

① 有人把这个预言套在李密身上。《资治通鉴》卷第一百八十三隋纪七炀皇帝下大业十二年："会有李玄英者，自东都逃来，经历诸贼，求访李密，云'斯人当代隋家'。人问其故，玄英言：'比来民间谣歌有《桃李章》曰："桃李子，皇后绕扬州，宛转花园里。勿浪语，谁道许！""桃李子"，谓逃亡者李氏之子也；皇与后，皆君也；"宛转花园里"，谓天子在扬州无还日，将转于沟壑也；"莫浪语，谁道许"者，密也。'"

② 《新唐书·陆德明传》："世充平，秦王辟为文学馆学士，以经授中山王承乾，补太学博士。高祖已释奠，召博士徐文远、浮屠慧乘、道士刘进喜各讲经，德明随方立义，遍析其要。帝大喜曰：'三人者诚辩，然德明一举辄蔽，可谓贤矣！'赐帛五十匹，迁国子博士，封吴县男。"

③ 《资治通鉴》卷第一百九十一唐纪七高祖神尧大圣光孝皇帝下之上武德九年："建成、元吉至临湖殿，觉变，即跋马东归宫府。世民从而呼之，元吉张弓射世民，再三不彀，世民射建成，杀之。尉迟敬德将七十骑继至，左右射元吉坠马。世民马逸入林下，为木枝所挂，坠不能起。元吉遽至，夺弓将扼之，敬德跃马叱之。元吉步欲趣武德殿，敬德追射，杀之。"

④ 《资治通鉴》卷第一百九十一唐纪七高祖神尧大圣光孝皇帝下之上武德九年："上方泛舟海池，世民使尉迟敬德入宿卫，敬德擐甲持矛，直至上所。上大惊，问曰：'今日乱者谁邪？卿来此何为？'对曰：'秦王以太子、齐王作乱，举兵诛之，恐惊动陛下，遣臣宿卫。'上谓裴寂等曰：'不图今日乃见此事，当如之何？'萧瑀、陈叔达曰：'建成、元吉本不预义谋，又无功于天下，疾秦王功高望重，共为奸谋。今秦王已讨而诛之，秦王功盖宇宙，率土归心，陛下若处以元良，委之国事，无复事矣！'上曰：'善！此吾之夙心也。'"

⑤ 《资治通鉴》卷第一百九十一唐纪七高祖神尧大圣光孝皇帝下之上武德九年："上乃召世民，抚之曰：'近日以来，几有投杼之惑。'世民跪而吮上乳，号恸久之。"

⑥ 阎爱民《〈资治通鉴〉中"世民跪而吮上乳"的解说——兼谈中国古代的"乳翁"遗俗》指出，"世民跪而吮上乳"这一句透视出中国古代存在着的"乳翁"风俗。早期父权意义上的产翁习俗在流传过程中发生变异，而以另外的面貌出现，它的具体形式早已摆脱了那种装模作样的卧床假产方式，由"产翁"演化到了"乳翁"，强调丈夫在子女哺育过程中的"乳子"作用（《中国史研究》2004年第3期）。

⑦ 《资治通鉴》卷第一百九十一唐纪七高祖神尧大圣光孝皇帝下之上武德九年：

"臣光曰：立嫡以长，礼之正也。然高祖所以有天下，皆太宗之功；隐太子以庸劣居其右，地嫌势逼，必不相容。向使高祖有文王之明，隐太子有泰伯之贤，太宗有子臧之节，则乱何自而生矣！既不能然，太宗始欲俟其先发，然后应之，如此，则事非获已，犹为愈也。既而为群下所迫，遂至蹀血禁门，推刃同气，贻讥千古，惜哉！"

⑧《资治通鉴》卷第一百八十九唐纪五高祖神尧大圣光孝皇帝中之中武德四年："上以秦王世民功大，前代官皆不足以称之，特置天策上将，位在王公上。冬，十月，以世民为天策上将，领司徒、陕东道大行台尚书令，增邑二万户，仍开天策府，置官属。"

⑨《资治通鉴》卷第一百八十七唐纪三高祖神尧大圣光孝皇帝上之下武德二年："初定租、庸、调法，每丁租二石，绢二匹，绵三两；"胡三省注："租、庸、调之法，以人丁为本，梁、陈、齐、周各有损益。""唐制，凡授田者，丁岁输粟二斛，稻三斛，谓之租。丁，随乡所出，岁输绢二匹，绫绝二丈，布加五之一，绵三两，麻三斤；非蚕乡，则输银十四两，谓之调。用人之力，岁二十日，闰加二日；不役者日为绢三尺，谓之庸。有事而加役二十五日者，免调；三十日者，租调皆免；通正役不过五十日。""自兹以外，不得横有调敛。"

⑩《资治通鉴》卷第一百九十四唐纪十太宗文武大圣大广孝皇帝上之下贞观十一年："房玄龄等先受诏定律令，以为：'旧法，兄弟异居，荫不相及，而谋反连坐皆死；祖孙有荫，而止应配流。据礼论情，深为未惬。今定律，祖孙与兄弟缘坐者俱配役。'从之。自是比古死刑，除其太半，天下称赖焉。玄龄等定律五百条，立刑名二十等，比隋律减大辟九十二条，减流入徒者七十一条，凡削烦去蠹，变重为轻者，不可胜纪。"

⑪《资治通鉴》卷第一百九十二唐纪八太宗文武大圣大广孝皇帝上之上贞观元年："上谓黄门侍郎王珪曰：'国家本置中书、门下以相检察，中书诏敕或有差失，则门下当行驳正。人心所见，互有不同，苟论难往来，务求至当，舍己从人，亦复何伤！比来

或护己之短，遂成怨隙，或苟避私怨，知非不正，顺一人之颜情，为兆民之深患，此乃亡国之政也。炀帝之世，内外庶官，务相顺从，当是之时，皆自谓有智，祸不及身。及天下大乱，家国两亡，虽其间万一有得免者，亦为时论所贬，终古不磨。卿曹各当徇公忘私，勿雷同也！'"胡三省注："中书出命，门下审驳。按唐制，凡诏旨制敕，玺书册命，皆中书舍人起草进画，即下，则署行而过门下省，有不便者，涂窜而奏还，谓之涂归。"

⑫《资治通鉴》卷第一百九十二唐纪八高祖神尧大圣光孝皇帝下之下武德九年："上闻景州录事参军张玄素名，召见，问以政道，对曰：'隋主好自专庶务，不任群臣；群臣恐惧，唯知禀受奉行而已，莫之敢违。以一人之智决天下之务，借使得失相半，乖谬已多，下谀上蔽，不亡何待！陛下诚能谨择群臣而分任以事，高拱穆清而考其成败以施刑赏，何忧不治！又，臣观隋末乱离，其欲争天下者不过十余人而已，其余皆保乡党、全妻子，以待有道而归之耳。乃知百姓好乱者亦鲜，但人主不能安之耳。'上善其言，擢为侍御史。"

⑬《资治通鉴》卷第一百五十九梁纪十五高祖武皇帝十五大同十一年："启奏，上（梁武帝）大怒，召主书于前，口授敕书以责琛。……琛但谢过而已，不敢复言。"

⑭《资治通鉴》卷第一百九十三唐纪九太宗文武大圣大广孝皇帝上之中贞观四年："上谓玄素曰：'卿谓我不如炀帝，何如桀、纣？'对曰：'若此役不息，亦同归于乱耳！'上叹曰：'吾思之不熟，乃至于是！'顾谓房玄龄曰：'朕以洛阳土中，朝贡道均，意欲便民，故使营之。今玄素所言诚有理，宜即为之罢役。后日或以事至洛阳，虽露居亦无伤也。'仍赐玄素彩二百匹。"

⑮《资治通鉴》卷第一百九十四唐纪十太宗文武大圣大广孝皇帝上之下贞观六年："上尝罢朝，怒曰：'会须杀此田舍翁。'后问为谁，上曰：'魏徵每廷辱我。'后退，具朝服立于庭，上惊问其故。后曰：'妾闻主明臣直；今魏徵直，由陛下之明故也，妾敢不贺！'上乃悦。"

⑯《资治通鉴》卷第一百九十四唐纪十太宗文武大圣大广孝皇帝上之下贞观六年："辛未，帝亲录系囚，见应死者，闵之，纵使归家，期以来秋来就死。仍敕天下死囚，皆纵遣，使至期来诣京师。"

⑰《资治通鉴》卷第一百九十二唐纪八高祖神尧大圣光孝皇帝下之下武德九年："臣光曰：古人有言：君明臣直。裴矩佞于隋而忠于唐，非其性之有变也；君恶闻其过，则忠化为佞，君乐闻直言，则佞化为忠。是知君者表也，臣者景也，表动则景随矣。"

第24讲　武周夺权

贞观之治在中国历史上是特别值得称道的时间段。这时期进行了一系列的改革，发展生产，稳定社会秩序，打下经济基础，还倡导文化教育。科举制度在唐王朝是一个显眼的创造的时代。

说到科举，咱们就得说隋文帝、隋炀帝，虽然这父子两个人在史书上名声不是那么好，但是他们的确对于科举制度有自己的贡献。隋文帝杨坚开创科举制度，隋炀帝完善它。科举制度找到了一条读书人能够进身仕途的道路，这个太不容易了。在先秦时期是世卿世禄的，秦王朝打破了世卿世禄，靠军功走上历史舞台。汉王朝征辟察举，非常重视名节。而魏晋的九品中正制操纵在士家大族手中，寒门地主被排斥在中枢机要之外。而科举制度的创立成为寒门进身政治的重要阶梯。"朝为田舍郎，暮登天子堂"是多少人内心的梦想，我就是再苦，节衣缩食，悬梁刺股，最后也能有一条康庄大道，这是一个很不得了的发明。咱们不能拿明清的八股文和范进、孔乙己来说明全部，因为科举制度在相当的时期是适应中国社会发展的。

唐太宗在位时期明确地说，天下英才尽入我彀中，都跑到我的口袋里来了。他之所以敢这么说，一方面得力于他的政治集团，在打天下过程中形成了他的天策府集团，有山东豪杰在支持他。但另外一方面，除了这些有军功的人之外，还有一批饱学之士，这些人走上历史舞台主要靠的是科举。

人们在唐代除了读经书之外还有其他的阶梯。当时科举最重要的是两科：一类是明经，一类是进士。除了这两科之外还有其他科，明法、明算、明书，居然靠着法条、算术、书法，也能走上历史舞台，成为关键部门的官员，势必要依靠明经科和进士科。

明经，顾名思义就是要考经书，明达经书，死记硬背的内容多。这一科好考一些，"三十老明经"，是说三十岁中明经就算老了。但是"五十少进士"，是说考中进士可太难了，五十都算是少进士。进士科为什么难？因为活学活用，大量考生由地方的乡贡推举到长安，这么多人参加一个大考，含金量很大，最后机要之司从这选拔。关键是参加的人还多，玄宗时候进士科是千余人中有二十几个人考中，平均三五十个中一个，那就说明这是千军万马过针尖桥。所以当时许多名流落榜，比如你我所知的杜甫便不是科举中进士科的得意者。像王维、白居易、李商隐、杜牧，这些人得意。这些人为什么得意？是因为他们有背后的门路，有一个方式叫行卷，在没考之前，考生拿着自己平常的习作找找主考，或者影响主考的人，让他了解你平常的状态，岂不命中的概率就高了？杜牧就是如此，公元828年杜牧参加会试，太学博士吴武陵，拿着杜牧的《阿房宫赋》找主考崔郾，崔郾听完了这个赋非常高兴，但是吴武陵提出要求，这么好的少年干脆你让他第一名吧。主考大人说，有人了。第二名也行。有人了。最后一问，第三、第四都有人了，第五名呢？第五名还没人。行，第五名进士及第。果不其然，杜牧第五名进士及第。①

类似的经验相传还发生在王维身上。王维也是少年得志，唐朝人郑还古有《郁轮袍传》，明朝还有个戏叫《郁轮袍》，说的也是这档子事。王维和"岐王宅里寻常见"那个岐王李隆范是好朋友，他是李隆基的兄弟。李隆范帮助王维经营这场考试，找到了公主，这个公主是谁咱们不清楚，总

阿房宫赋

六王毕，四海一，蜀山兀，阿房出。覆压三百余里，隔离天日。骊山北构而西折，直走咸阳。二川溶溶，流入宫墙。五步一楼，十步一阁；廊腰缦回，檐牙高啄；各抱地势，钩心斗角。盘盘焉，囷囷焉，蜂房水涡，矗不知其几千万落。长桥卧波，未云何龙？复道行空，不霁何虹？高低冥迷，不知西东。歌台暖响，春光融融；舞殿冷袖，风雨凄凄。一日之内，一宫之间，而气候不齐。

妃嫔媵嫱，王子皇孙，辞楼下殿，辇来于秦，朝歌夜弦，为秦宫人。明星荧荧，开妆镜也；绿云扰扰，梳晓鬟也；渭流涨腻，弃脂水也；烟斜雾横，焚椒兰也。雷霆乍惊，宫车过也；辘辘远听，杳不知其所之也。一肌一容，尽态极妍，缦立远视，而望幸焉；有不得见者三十六年。燕赵之收藏，韩魏之经营，齐楚之精英，几世几年，摽掠其人，倚叠如山；一旦不能有，输来其间。鼎铛玉石，金块珠砾，弃掷逦迤，秦人视之，亦不甚惜。

嗟乎！一人之心，千万人之心也。秦爱纷奢，人亦念其家。奈何取之尽锱铢，用之如泥沙？使负栋之柱，多于南亩之农夫；架梁之椽，多于机上之工女；钉头磷磷，多于在庾之粟粒；瓦缝参差，多于周身之帛缕；直栏横槛，多于九土之城郭；管弦呕哑，多于市人之言语。使天下之人，不敢言而敢怒，独夫之心，日益骄固。戍卒叫，函谷举，楚人一炬，可怜焦土！

呜呼！灭六国者六国也，非秦也。族秦者秦也，非天下也。嗟夫！使六国各爱其人，则足以拒秦；秦复爱六国之人，则递三世可至万世而为君，谁得而族灭也？秦人不暇自哀，而后人哀之；后人哀之而不鉴之，亦使后人而复哀后人也。

徵明

《阿房宫赋》

之公主能影响这次大考。公主在看到一个翩翩少年,弹得一手好琵琶,长得也帅,按今天叫小鲜肉。公主非常高兴,说你为什么不参加科举呢?李隆范说,这小兄弟脾气怪,除了第一名不当,听说公主大人已经有人选,他就不考了,这是激将法。这个时候公主哈哈大笑,那个人也是别人推荐的,我就把他撂一边就行了。果不其然,王维高中。②这虽然是戏说,也符合当时的情理。

这不是舞弊吗?这不是走后门吗?也对。但是别忘了,一考定终身是客观,可是它也有问题,如果选拔的人不是朝廷要的,客观半天没用,也就是选拔的有效性和客观性,恐怕是两个问题。客观性能够保证,可是这个人是否有能力是一个问题。所以老眼昏花的大人们就想了解平常这些士子的行为举止,以及他们的知识结构,于是才有了行卷。可是行卷对谁有利?肯定是社会名流。比如说杜牧,杜牧爷爷就是杜佑,是宰相,编《通典》的大人物,所以他能找到太学博士吴武陵,吴武陵又找到主考崔郾,一般人想都甭想。李白、杜甫名落孙山,

杜牧像

杜佑像

道理在这。不是说他们水平不行,而是没有这样的家庭环境。

这种环境对于贵族有利,对于寒门不利,于是到了宋王朝进行了深度的改革,考试逐渐客观化,锁院、糊名,这个时候就好比今天考试一样,有着非常严格的规矩。但是还是那个问题,客观性和有效性是一回事吗?有一定距离,这个话题至今没有完全解决。

但甭管怎么样,唐王朝的科举非常有规模,李世民做了很多的改革,武则天时期出现了殿试,也就是皇帝亲自选拔人才,殿试的人才是天子门生,直接效命于皇帝。咱们曾经看过一个电视剧叫《雍正王朝》,拍得非常好,唐国强老师饰演雍正帝,殿试的时候拿着蜡烛给举子掌灯,使得举子王文昭眼泪流到了纸上。这种行为的确是在笼络人心,但是皇权也征服了这些知识分子;虽然这个情节是虚构的,但是它符合情理。所以唐王朝出现了盛世,社会比较稳定,社会有一条大道就是科举,它能使得社会各阶层有流动性。社会流动了,自然健康。

同时唐朝还征服了突厥。突厥是隋、唐王朝心腹大患,已经分裂成东突厥和西突厥。东突厥的首领就是颉利可汗,始毕可汗的弟弟。始毕可汗死后,颉利可汗扰边,一度打到渭水,唐王朝非常无奈。有的说是李世民轻装简从,在渭水桥畔指着颉利大骂,说他无信无义,居然把颉利给骂走了。这个做法非常的有胆识,贞观天子干得出来,可是不太符合情理。而还有人说的是李世民及其臣僚和颉利已经签下屈辱条约,甚至李唐起事之初向突厥称臣。这是陈寅恪先生的看法。③等后来把突厥打跑了,也不提称臣这个事,这都是计策。但甭管怎么着,这时突厥和唐王朝关系非常紧张。到了630年,李世民腾出手来收拾东突厥,派大将军李靖北征。大将军李靖您应该熟悉,就是哪吒他爸爸。《封神榜》也够"神"的,把一个唐朝人说到商末周初去了。李靖征突厥,大获全胜,给突厥致命性的打击,俘虏颉利可汗。④这下西域诸国拥戴唐王室，称李世民为天可汗。640年的时候，唐王朝派遣侯君集征高昌，大获全胜。⑤到了657年，唐王朝派遣苏定方征西突厥，最后灭西突厥，⑥突厥逐渐汉化了，一部分融入回鹘，一部分融入汉民族的家庭之中。突厥成为历史，唐王朝盛世来临了。

说到这个贞观之治和开元盛世之间，势必得提到女皇帝武则天。女主称制是在中国历史上独有的现象。在中国历史上有垂帘听政，但是女皇帝仅此一个（农民起义不算），唐王朝能够出现武则天，表现出唐王朝开放的胸襟。

武周女皇武则天像

武则天这个人也够离奇的，她本身是唐太宗的妃子，只是个才人。后来太宗死，她成了感业寺里的尼姑。武则天还好生活在唐朝，如果在其他时候，有可能她就活不成。654年，历史发生了转机，今天叫剧情逆转。唐高宗带领王皇后进香，唐高宗二十七岁。武则天三十一岁，四岁年龄差。唐高宗一眼看上了武则天，于是把她领回宫，成了自己的妃子。这里头有王皇后的事，王皇后跟萧淑妃斗，想引来武氏架空萧淑妃，但没想到引狼入室。等过了一年七个月，武则天手腕太强了，她给唐高宗生下了一个女儿，自己亲手把女儿杀死，这见于史书。是后人栽赃？还是她女儿真被她所杀？今天也不得而知，总之这件事嫁祸王皇后。皇帝大怒，在永徽六年，这一年是公元655年，也就是在感业寺邂逅的一年零七个月后，武则天成为唐王朝的皇后。⑦

这一年历史发生转折，陈寅恪先生认为这是唐王朝的转折点。原先的关陇贵族彻底迎来了它的厄运。⑧因为武则天的出身非常寒微，她用的人一般都是寒门。她用寒门的人，乃至酷吏，大张旗鼓打击原先的贵族。这时候历史迎来了新的一页。

武则天也为人所诟病，重用了很多酷吏，很典型的一个故事叫请君入瓮，是周兴、来俊臣的故事。周兴还在那显摆，说如何对待罪犯。应当架一个大锅，底下烧柴，让他进瓮。没想到来俊臣就吩咐手下人这么做，有人说你谋逆。周兴只得认命。⑨

武则天不仅对异己势力狠，也对她的儿女狠。掐死她的亲闺女不说，她的两个儿子，一个是李弘，一个是李贤，都死于非命。今天考古工作者还发现了章怀太子李贤墓。而另外的儿子李显和李旦被她玩弄于股掌之中，唐高宗眼睛非常不好。有一个电视剧，二十多年前热播的《大明宫词》，就说到唐高宗李治眼睛不好，得靠武则天。当时武则天和唐高宗一起升朝，大臣向二圣奏事；没想到唐高宗一活了三十八年，直到三十八年后的683年武则天才成为唐王朝真正的主宰。又过了七年，公元690年把两个儿子都推到了一边，自己称帝，改国号为周，历史上称之为武周。

武周政权进行大刀阔斧的改革，前面说的用酷吏是一方面，主要打击关陇贵族的势力。武则天广开科举，而且重修《氏族志》，新的士族得我许可，而这些人基本是我的人，立有功勋，这样的话，一大批寒门地主走上舞台。有人说真正宣告门阀制度崩溃的是科举制，而一手埋葬了门阀制度的应当是武则天。刘禹锡就有了那句诗，"旧时王谢堂前燕，飞入寻常百姓家。高岸为谷，深谷为陵，这恐怕就是气数了。

第24讲 武周夺权

注释：

① 《新唐书·吴武陵传》："大和初，礼部侍郎崔郾试进士东都，公卿咸祖道长乐，武陵最后至，谓郾曰：'君方为天子求奇材，敢献所益。'因出袖中书搢笏，郾读之，乃杜牧所赋阿房宫，辞既警拔，而武陵音吐鸿畅，坐客大惊。武陵请曰：'牧方试有司，请以第一人处之。'郾谢已得其人。至第五，郾未对，武陵勃然曰：'不尔，宜以赋见还。'郾曰：'如教。'牧果异等。"

② 郑还古《郁轮袍传》："维方将应举，具其事言于岐王，仍求庇借。岐王曰：'贵主之强不可力争，吾为子画焉。子之旧诗清越者，可录十篇，琵琶之新声怨切者，可度一曲。后五日当诣此。'维即依命如期而至……仍令赍琵琶同至公主之第。岐王入曰：'承贵主出内故携酒乐，奉宴。'即令张筵，诸伶旅进。维妙年洁白，风姿都美，立于前行。公主顾之，谓岐王曰：'斯何人哉？'答曰：'知音者也。'即令独奏新曲，声调哀切，满座动容。公主自询曰：'此曲何名？'维起曰：'号郁轮袍。'公主大奇之。岐王曰：'此生非止音律，至于词学无出其右。'公主尤异之，则曰：'子有所为文乎？'维即出献怀中诗卷。公主览读，惊骇曰：'皆我素所诵习者，常谓古人佳作，乃子之为乎。'因令更衣升之客右。维风流蕴藉，语言谐戏，大为诸贵之所钦瞩。岐王因曰：'若使京兆，今年得此生为解头，诚谓国华矣。'公主乃曰：'何不遗其应举？'岐王曰：'此生不得首荐，义不就试。然已承贵主论，托张九皋矣。'公主笑曰：'何预儿事，本为他人所托。'顾谓维曰：'子诚取解，当为子力。'维起谦谢，公主则召试官至第，遣宫婢传教，维遂作解头而一举登第。"

③ 《资治通鉴》卷第一百九十一唐纪七高祖神尧大圣光孝皇帝下之上武德九年："上自出玄武门，与高士廉、房玄龄等六骑径诣渭水上，与颉利隔水而语，责以负约。突厥大惊，皆下马罗拜。俄而诸军继至，旌甲蔽野，颉利见执失思力不返，而上挺身轻出，军容甚盛，有惧色。上麾诸军使却而布陈，独留与颉利语。"陈寅恪《论唐高祖及李世民称臣突厥事》："太宗既明言高祖于太原起兵时曾称臣于突厥，则与称臣有关之

狼头纛及可汗封号二事，必当于创业史料中得其经过迹象。惜旧记讳饰太甚，今只可以当时情势推论之耳。""太宗与突利结香火之盟，即用此突厥法也。故突厥可视太宗为其共一部落之人，是太宗虽为中国人，亦同时为突厥人矣！其与突厥之关系，密切至此，深可惊讶者也。"（1951年6月《岭南学报》第11卷第2期）

④《资治通鉴》卷第一百九十三唐纪九太宗文武大圣大广孝皇帝中之上贞观四年："突厥颉利可汗至长安。夏，四月，戊戌，上御顺天楼，盛陈文物，引见颉利，数之曰：'汝藉父兄之业，纵淫虐以取亡，罪一也。数与我盟而背之，二也。恃强好战，暴骨如莽，三也。蹂我稼穑，掠我子女，四也。我宥汝罪，存汝社稷，而迁延不来，五也。然自便桥以来，不复大入为寇，以是得不死耳。'颉利哭谢而退。诏馆于太仆，厚廪食之。""突厥既亡，其部落或北附薛延陀，或西奔西域，其降唐者尚十万口。"

⑤《资治通鉴》卷第一百九十五唐纪十一太宗文武大圣大广孝皇帝上之中贞观十三年："上犹冀高昌王文泰悔过，复下玺书，示以祸福，征之入朝；文泰竟称疾不至。十二月，壬申，遣交河行军大总管、吏部尚书侯君集，副总管兼左屯卫大将军薛万均等将兵击之。"

⑥《资治通鉴》卷第二百唐纪十六高宗天皇大圣大弘孝皇帝上之下显庆二年："苏定方击西突厥沙钵罗可汗，至金山北，先击处木昆部，大破之，其俟斤懒独禄等帅万余帐来降，定方抚之，发其千骑与俱。"

⑦《资治通鉴》卷第一百九十九唐纪十五高宗天皇大圣大弘孝皇帝上之上永徽五年："忌日，上诣寺行香，见之，武氏泣，上亦泣。王后闻之，阴令武氏长发，劝上内之后宫，欲以间淑妃之宠。武氏巧慧，多权数，初入宫，卑辞屈体以事后；后爱之，数称其美于上。未几大幸。拜为昭仪，后及淑妃宠皆衰，更相与共谮之。""后宠虽衰，然上未有意废也。会昭仪生女，后怜而弄之，后出，昭仪潜扼杀之，覆之以被。上至，昭仪阳欢笑，发被观之，女已死矣，即惊啼。问左右，左右皆曰：'皇后适来此。'上大怒曰：'后杀吾女！'昭仪因泣数其罪。后无以自明，上由是有废立之志。"《资治通鉴》

卷第二百唐纪十六高宗天皇大圣大弘孝皇帝上之下永徽六年："冬，十月，己酉，下诏称：'王皇后、萧淑妃谋行鸩毒，废为庶人，母及兄弟，并除名，流岭南。'""（武后）遣人杖王氏及萧氏各一百，断去手足，捉酒瓮中，曰：'令二妪骨醉！'数日而死，又斩之。"

⑧ 陈寅恪《记唐代之李武韦杨婚姻集团》："当高宗废王皇后立武昭仪之时，朝臣赞否不一。然详察两派之主张，则知此事非仅宫闱后妃之争，实为政治上社会上关陇集团与山东集团决胜负之一大关键。"（《历史研究》1954年第1期）

⑨ 《资治通鉴》卷第二百四唐纪二十则天顺圣皇后上之下天授二年："或告文昌右丞周兴与丘神勣通谋，太后命来俊臣鞫之。俊臣与兴方推事对食，谓兴曰：'囚多不承，当为何法？'兴曰：'此甚易耳！取大瓮，以炭四周炙之，令囚入中，何事不承！'俊臣乃索大瓮，火围如兴法，因起谓兴曰：'有内状推兄，请兄入此瓮！'兴惶恐，叩头伏罪。"

第25讲　韦后之乱

　　武则天是中国历史上唯一的女皇帝,而且她称制达十五年之久,如果再算上她和唐高宗"二圣"听政的时间段就更长。唐代很开放,政治也比较清明,在这样的背景下出现女皇帝,人们还一定程度上能够接受,表现出唐王朝独有的气魄。

　　今天学者对武则天的肯定是很多的,但是古代史家中很多人对武则天有诟病,女子称制本身就不是一件正常的事情,而且武则天采取了很多非常的手段,诛杀骨肉、任用酷吏、打击异己、扶植私党、宠幸男宠,目的不外乎巩固统治根基。她的打击面很大,属非常之举;但是她有雄才伟略。《资治通鉴》有好多故事能够说明这一点。她用了一批特别名臣,一个是张柬之,后来发动兵变逼她让位。还有一个就是狄仁杰,狄仁杰备受武则天青睐,甚至敢于在武则天面前说"不"。武则天因狄仁杰主动劝谏,不去观葬舍利,还说成吾直。有一个大臣叫娄师德,一度也当过宰相,他举荐了狄仁杰,但他很是君子,也没告诉狄仁杰。后来两个人有矛盾,武则天就问狄仁杰,你知道我为什么重用你吗? 狄仁杰说我靠文章和品德,不是人际关系。武则天就告诉狄仁杰,事实上是娄师德推荐了你。狄仁杰这时候才恍然大悟,感慨了一句,我竟不知道娄公有这样宽宏的气量。他能这样包容我,也不夸耀自己,我感到非常惭愧。①

武则天表现出非凡的气量,甚至出人意料。有一年闹了大灾,武则天就下令不准到江淮里去捕鱼,也不准杀羊,因为羊是非常重要的农业物资,而江淮是需要保护的。武则天令一下,人们就得遵从。有一个官员叫张德,他的官职是右拾遗。张德老来得子,在喜筵之中杀羊款待宾客。要么说不怕没好事,就怕没好人,有一个叫杜肃(杜肃是补阙,也就是说他还不入流)偷偷地就藏了一块肉,给皇帝写奏折,打小报告。上朝的时候,武则天主动问办酒席的张德,说你的喜事办得怎么样?张德说很好很好。那肉哪来的?你杀羊了是吧?这下张德吓得体似筛糠,赶紧承认错误。武则天是什么态度?武则天把这个杜肃的奏折扔到地上,以后不要交往这种人。武则天这手行为很反常,但她说我的确是下令不杀羊,可是我没说办喜事白事不杀。给同僚打小报告的,不是什么好人。于是杜肃也就没法过日子了。②

今天咱们对武则天的评论还是正确的。她有残酷的一面,尤其是用了臭名昭著的来俊臣、周兴等人,这些人的确不是什么好东西。武则天本身出身很贫寒,她一心一意想把庶族地主推上舞台,重新编撰了《氏族志》,运用酷吏是打击士族的一个很重要的手段,不惜冤狱横生。但是这是她的手腕,当达到目的之时,甭管男宠还是酷吏都失去了价值,武则天拿他们当替罪羊,以泄民愤。③

武则天受人诟病的还有一条,那就是男

张柬之像

狄仁杰像

宠。这个男宠，叫薛怀义，本身是洛阳中的一个小混混，原名叫冯小宝，后来受得武则天的重视，出入宫禁之中，身份是和尚。薛怀义在武则天面前说一不二，后来也玩火自焚。武则天认为他得罪的人太多，也就疏远了他。结果薛怀义心生怨恨，把武则天的明堂给烧了，这下皇帝大怒，只能赐薛怀义死。④

薛怀义之后还有张易之、张昌宗这兄弟二人。二十年前有一个电视剧叫《大明宫词》，里面就有这个张易之、张昌宗，这两个男宠，比这个薛怀义有过之而无不及。两个人权倾朝野，官员想见皇帝势必要通过他们。阿附之人比比皆是，武则天曾袒护他们，但最终他们死在张柬之手里。⑤

武则天到了晚期，狄仁杰、张柬之等大臣就对女子称制提出了异议，尤其狄仁杰曾经劝诫皇帝。武则天做了一个非常怪的梦，梦到了一只大鹦鹉，它的两个翅膀折断了，武则天非常恐惧，醒来之后就问狄仁杰，这到底预示着什么呢？狄仁杰说，鹦鹉的鹉就是您武后的武，两个翅膀折断，那就是说您的两个儿子被迫害。李显、李旦已经被她所废黜，李唐骨肉受尽摧残，您不应该再从武家人之中找继承人。狄仁杰就对皇帝分析，说您春秋已高，如果说把大位给武三思、武承嗣等，这些人肯定没有您儿子亲，一个是您的侄子，一个是您的亲儿子，您说哪个能对你更好？另外一方面，古往今来女子称制从没有听说过，如果把武家子嗣立为皇储，于典志也不合，百年后他不可能把姑姑放到宗庙里头，从没有这样的前例。只有立了您儿子，才有可能把您放到宗庙里，享受李唐王朝的烟火。⑥武则天动了心，所以把李显招过来，武则天已不如原来固执。也能看出，武则天用狄仁杰等人，目的之一是充当她和李唐王朝之间的润滑剂，起到缓冲作用，不至于把事做绝。

到了公元705年，武则天已经病得很重了，于是丞相张柬之等人发动政变，逼病中的武则天让位，武则天也没有办法，因为政归李唐大势所趋。

第 25 讲 韦后之乱

武则天应当是一个很矛盾的人,一方面她想树立新的一套,甭管是文化还是典章制度,打出武周的大旗,想扶植一批有才干的、能够为自己所用的人才。这些人武则天提拔得非常对,为后来唐玄宗所用的姚崇、宋璟等人,都和武则天有密切的关系。庶族地主代表鲜活的血液,为李唐王朝的繁荣打下了坚实的基础。武则天甚至改革改到了文字上,当时她创造了很多字,今天咱们看起来也非常怪,如果有朋友感兴趣的话可以找一找相关论文,有学者研究过武周新字。比如武曌的那个"曌",日月明空为"曌",这就是她自己创造的。天写成什么样,地写成什么样,她想创立武周的文化气象。

而古代女子称制的事情并不是正常的,武则天对此心知肚明。她想让自己的制度、文化在后代也流传下去,不至于人亡政息。哪个统治者都怕这一条,只要他是成熟老练的政治家就不会那么任性。所以她想方设法把改革的成果保留下来,哪怕是改头换面或旧瓶装新酒。她也不能完全得罪李唐王朝的人,包括自己的两个儿子以及他们的心腹大臣。这些人虽然是李唐王朝的人,但是另外一重身份,他们也是武则天的臣子,能够贯彻自己的主张,至少提拔庶族,后继者做到了。

所以武则天最后也就答应把大政还给自己的儿子。后来照样把武则天和她的丈夫唐高宗李治埋葬在一起,武则天的墓前还有无字碑。无字碑很有意思,不知道用什么语言去形容她(其实当时流行的是放在墓中的墓志铭)。

唐中宗是非常暗弱的,王夫之的《读通鉴论》里面批评过李显。李显他的夫人是韦后。李显被贬为庐陵王,被他母亲迫害

唐中宗李显像

唐玄宗李隆基像

的时候，他的夫人韦氏跟随身边，也是患难夫妻，尤其是颠沛流离之中生了安乐公主。但是母女两个人野心实在太大，李显又很暗弱，所以大权被安乐公主和韦氏所掌握的。李显也没有太大的心气，非常爱读《道德经》，对于权力那一套睁一眼闭一眼。有一个典故，叫墨敕斜封。当时韦后以及她的女儿安乐公主卖官鬻爵，明码标价，而父亲李显非常疼爱闺女，女儿想干的事情他也不阻拦。按规矩中书省草诏，然后皇帝签字，需要拿给门下省去封驳（门下省如果说不同意还得封起来驳回去）。这时皇帝签字的诏书，颁发某些人的委任状，做了标记，不是用朱笔写的，是用墨笔写的，而且封口是斜着的，这就告诉宰相们，这些你们不能封驳，只能颁行天下，这意味着卖官鬻爵已经合理合法了。⑦甚至韦后想学武则天，想把安乐公主立为皇太女，和武则天的侄子武三思等人走到了一起，迫害张柬之这些大臣。而这样的行为李显不置可否。

韦后和女儿安乐公主，一不做二不休，就在李显吃的饼里头下毒，害死了李显，⑧另立了小皇帝李重茂，她们折腾，但十九天就完蛋了。弄垮她们的中坚力量就是李隆基。

李隆基有胆识、有能力，他是唐睿宗李旦的儿子。公元710年李显被弑，李隆基团结了反韦力量，和大臣一起杀向宫中，诛杀安乐公主和韦后，她们是罪魁祸首。⑨这样的政变，事实上是武周的残余势力的苟延残喘。

从武则天到李隆基，这个时间段很长。这是一个过渡期，许多旧的因素（士族的因素）在消亡，而新的东西（庶族的因素）在壮大。李唐王朝终于迎来了鼎盛的一页。当然鼎盛有漫长的铺垫,这个铺垫能上溯到隋甚至更早,冰冻三尺非一日之寒。

注释:

① 《资治通鉴》卷第二百六唐纪二十二则天顺圣皇后中之下圣历二年:"师德在河陇,前后四十余年,恭勤不怠,民夷安之。性沉厚宽恕,狄仁杰之入相也,师德实荐之;而仁杰不知,意颇轻师德,数挤之于外。太后觉之,尝问仁杰曰:'师德贤乎?'对曰:'为将能谨守边陲,贤则臣不知。'又曰:'师德知人乎?'对曰:'臣尝同僚,未闻其知人也。'太后曰:'朕之知卿,乃师德所荐也,亦可谓知人矣。'仁杰既出,叹曰:'娄公盛德,我为其所包容久矣,吾不得窥其际也。'是时罗织纷纭,师德久为将相,独能以功名终,人以是重之。"

② 《资治通鉴》卷第二百六唐纪二十二则天顺圣皇后中之下久视元年:"夏,四月,戊申,太后幸三阳宫避暑,有胡僧邀车驾观葬舍利,太后许之。狄仁杰跪于马前曰:'佛者夷狄之神,不足以屈天下之主。彼胡僧诡谲,直欲邀致万乘以惑远近之人耳。山路险狭,不容侍卫,非万乘所宜临也。'太后中道而还曰:'以成吾直臣之气。'"《资治通鉴》卷第二百五唐纪二十一则天顺圣皇后中之上长寿元年:"五月,丙寅,禁天下屠杀及捕鱼虾。江淮旱,饥,民不得采鱼虾,饿死者甚众。右拾遗张德,生男三日,私杀羊会同僚,补阙杜肃怀一餕,上表告之。明日,太后对仗,谓德曰:'闻卿生男,甚喜。'德拜谢。太后曰:'何从得肉?'德叩头服罪。太后曰:'朕禁屠宰,吉凶不预。然卿自今召客,亦须择人。'出肃表示之。肃大惭,举朝欲唾其面。"

③ 《资治通鉴》卷第二百六唐纪二十二则天顺圣皇后中之下神功元年:"太后游苑中,吉顼执辔,太后问以外事,对曰:'外人唯怪来俊臣奏不下。'太后曰:'俊臣有功于国,朕方思之。'顼曰:'于安远告虺贞反,既而果反,今止为成州司马。俊臣聚结不逞,诬构良善,赃贿如山,冤魂塞路,国之贼也,何足惜哉!'太后乃下其奏。丁卯,

昭德、俊臣同弃市，时人无不痛昭德而快俊臣。仇家争啖俊臣之肉，斯须而尽，抉眼剥面，披腹出心，腾蹋成泥。太后知天下恶之，乃下制数其罪恶，且曰：'宜加赤族之诛，以雪苍生之愤，可准法籍没其家。'士民皆相贺于路曰：'自今眠者背始帖席矣。'"

④《资治通鉴》卷第二百三唐纪十九则天顺圣皇后上之上垂拱元年："怀义，鄠人，本姓冯，名小宝，卖药洛阳市，因千金公主以进，得幸于太后；太后欲令出入禁中，乃度为僧，名怀义。又以其家寒微，令与驸马都尉薛绍合族，命绍以季父事之。出入乘御马，宦者十余人侍从；士民遇之者皆奔避，有近之者，辄挝其首流血，委之而去，任其生死。见道士则极意殴之，仍髡其发而去。朝贵皆匍匐礼谒，武承嗣、武三思皆执僮仆之礼以事之，为之执辔，怀义视之若无人。多聚无赖少年，度为僧，纵横犯法，人莫敢言。右台御史冯思勖屡以法绳之，怀义遇思勖于途，令从者殴之，几死。"《资治通鉴》卷第二百五唐纪二十一则天顺圣皇后中之上天册万岁元年："僧怀义益骄恣，太后恶之。既焚明堂，心不自安，言多不顺；太后密选宫人有力者百余人以防之。壬子，执之于瑶光殿前树下，使建昌王武攸宁帅壮士殴杀之，送尸白马寺，焚之以造塔。"

⑤《资治通鉴》卷第二百七唐纪二十三中宗大和大圣大昭孝皇帝上神龙元年："太后在迎仙宫，柬之等斩易之、昌宗于庑下。进至太后所寝长生殿，环绕侍卫。太后惊起，问曰：'乱者谁邪？'对曰：'张易之、昌宗谋反，臣等奉太子令诛之，恐有漏泄，故不敢以闻。称兵宫禁，罪当万死！'太后见太子曰：'乃汝邪？小子既诛，可还东宫。'（桓）彦范进曰：'太子安得更归！昔天皇以爱子托陛下，今年齿已长，久居东宫，天意人心，久思李氏。群臣不忘太宗、天皇之德，故奉太子诛贼臣。愿陛下传位太子，以顺天人之望！'"

⑥《资治通鉴》卷第二百六唐纪二十二则天顺圣皇后中之下圣历元年："武承嗣、三思营求为太子，数使人说太后曰：'自古天子未有以异姓为嗣者。'太后意未决。狄仁杰每从容言于太后曰：'文皇帝栉风沐雨，亲冒锋镝，以定天下，传之子孙。大帝以二子托陛下。陛下今乃欲移之他族，无乃非天意乎！且姑侄之与母子孰亲？陛下立子，

则千秋万岁后，配食太庙，承继无穷；立侄，则未闻侄为天子而祔姑于庙者也。'"

⑦《资治通鉴》卷第二百九唐纪二十五中宗大和大圣大昭孝皇帝下景龙二年："安乐、长宁公主及皇后妹郕国夫人、上官婕妤、婕妤母沛国夫人郑氏、尚宫柴氏、贺娄氏，女巫第五英儿、陇西夫人赵氏，皆依势用事，请谒受赇，虽屠沽臧获（奴仆），用钱三十万，则别降墨敕除官，斜封付中书，时人谓之'斜封官'；钱三万则度为僧尼。其员外、同正、试、摄、检校、判、知官凡数千人。"

⑧《资治通鉴》卷第二百九唐纪二十五睿宗玄真大圣大兴孝皇帝上景云元年："散骑常侍马秦客以医术，光禄少卿杨均以善烹调，皆出入宫掖，得幸于韦后，恐事泄被诛；安乐公主欲韦后临朝，自为皇太女；乃相与合谋，于饼馂中进毒，六月，壬午，中宗崩于神龙殿。"

⑨《资治通鉴》卷第二百九唐纪二十五睿宗玄真大圣大兴孝皇帝上景云元年："隆基勒兵玄武门外，三鼓，闻噪声，帅总监及羽林兵而入，诸卫兵在太极殿宿卫梓宫者，闻噪声，皆被甲应之。韦后惶惑走入飞骑营，有飞骑斩其首献于隆基。安乐公主方照镜画眉，军士斩之。斩武延秀于肃章门外，斩内将军贺娄氏于太极殿西。"

第26讲　开元盛世

唐睿宗李旦像

　　唐中宗李显被他的皇后和女儿毒死，这个事件非常恶劣，但是这母女两个人只折腾了十九天，李隆基带领一干人马冲杀进宫中，诛杀逆党，又进行了一次洗牌。武则天另外一个儿子李旦，原先是相王，这时候走上皇位，这一年是710年。

　　唐中宗李显和唐睿宗李旦，兄弟两个人很像，母亲太强势，儿子就比较暗弱。唐睿宗李旦也不喜欢政事，而李隆基又非常精明，但是这个时候李隆基遇到了他的对头姑母太平公主。大家还记得在二十年前的电视剧《大明宫词》，里头的太平公主与史实还是有很大距离的，那个太平公主很淡泊，由于自己婚姻的不幸看透了人间事，可是历史上的太平公主是个野心家，和侄儿李隆基唱对台戏。睿宗朝七个宰相，五个是太平公主的人。后来李隆基羽翼丰满，太平公主越看越不顺溜，就想废除李隆基的皇储身份，这时候她酝酿着政变。而消息走漏，让李隆基得知，李隆基一不做二不休，先下手为强，太平公主被迫自杀。①李旦也没法收拾，干脆让位吧，这一年是公元713年，历史进入新的一页。

开元盛世在历史上太有名气了，三十年前有一个拍得很好的电视剧《唐明皇》，有人说起来它算是这些年影视剧中很认真的一部戏，再现了许多历史情节。开元盛世的功绩没有人敢抹杀，但是天宝以后唐玄宗也腐化堕落，进入瓶颈期。王夫之《读通鉴论》论及这一点，说这让人扼腕叹息。他说唐朝比较好的时间段，有贞观、有开元，还有后边的元和（唐宪宗时间段）。但是它们都是原先不错，可是越来越不行。王夫之琢磨这是什么原因呢？按说人在年轻的时候比较孟浪，涉世不深，成人以后愈发的成熟，能够控制住局面。可是像李隆基这样前面做得非常好，到了天宝以后社会一团乱。于是王夫之感慨，治国是一件容易的事吗？每个人的力量都是有限的，各有各的原委。②

这个道理没错，从公元713年到740年人们称之为开元盛世。这个时间段经济很繁荣，社会也比较稳定，而且唐玄宗任用了一批贤能之臣。姚崇、宋璟这些人在史书上非常值得称道。天下闹了蝗灾，对农业来说是致命打击，所以许多人非常恐慌。有人说蝗是虫之中之皇，所以在"皇"左边加了一个"虫"字，你只能拜不能灭它。但是姚崇不信这一套，他得到了皇帝的许可，掀起了灭蝗运动，最后把蝗灾遏止。③宋璟的名声更好，王夫之非常称道他，认为他有清劲贞良的风格。有才干的人多，可是能以正直列相位的不多，王夫之非常赞许宋璟。④

在这样的清明环境之下，政局为之一振，而当时经济也很发达。唐长安城就是天下最大的都会，比今天西安城要大得多，而且它中间一条主干道，由明德门连接，就是朱雀大街，朱雀大街的宽度达到了一百多米，比今天北京的长安街还要宽。长安城出现一百零八坊，坊就是居民区。除了居民区还有商业区，有东西二市。咱们看李白的诗，"五陵年少金市东，

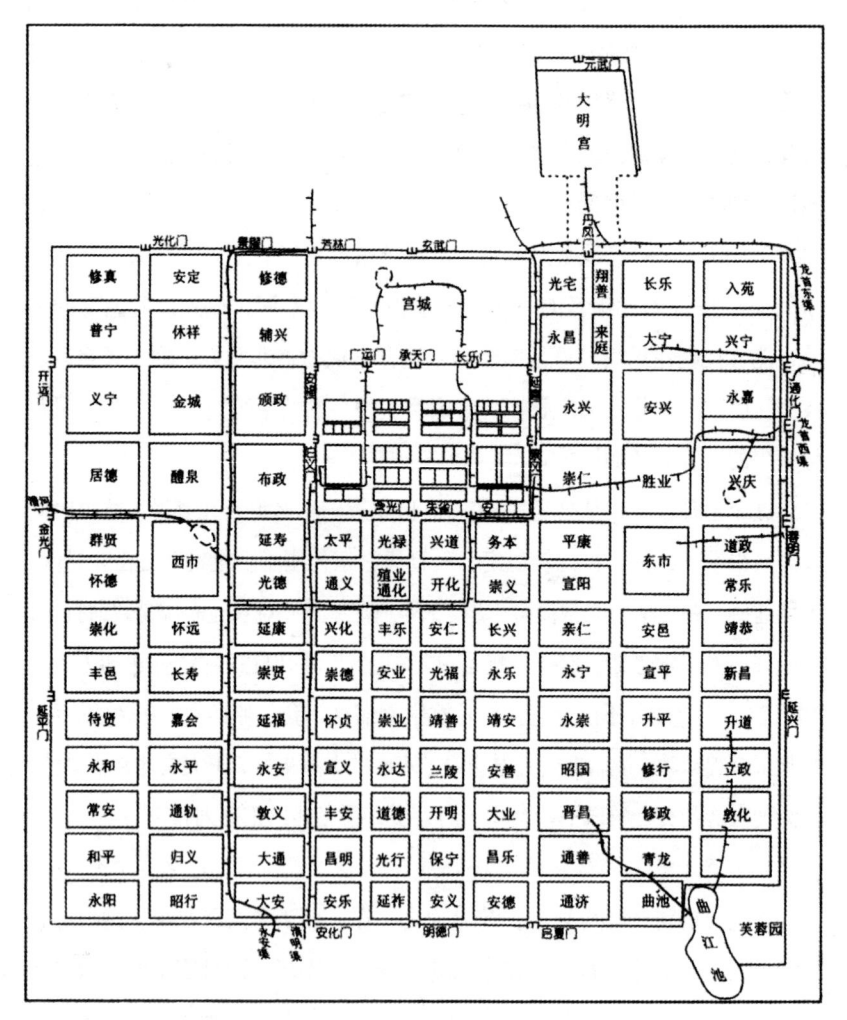

唐长安城概况

银鞍白马度春风。落花踏尽游何处，笑入胡姬酒肆中。"胡姬按今天说叫做洋妞，那就相当于北京的三里屯一带，唐长安城的状貌在整个世界上都是仅见的。

开元盛世有着它雄厚的经济基础。但是也有着它的问题。唐王朝贯彻的就是从北魏以来的均田制，以及建立在均田制之上的租庸调制。有了田制，有了税制，也有了兵制，兵制就是府兵制。你种了国家的地，得给国家服徭役纳赋税，而赋税徭役是按人头来计算的，还不按土地田亩来计算，产生了一个巨大的问题：任何一个王朝到了中晚期都有非常剧烈的土地兼并，随着土地私有化，土地兼并就一定出现，于是大地主手中的田非常多，而农民便少田无田。⑤可税收的基础是人丁，少田无田又怎么交税？均田制推行不下去，国家手中没有什么田了，老百姓没田也交不起税，所以税源枯竭。更重要的是他们还不能服兵役了，所以兵源也枯竭。

唐王朝的边境并不太平。云南有南诏，消灭了它的对手，南诏统一了六诏，唐玄宗曾经加封过皮逻阁当云南王。除了南诏之外还有强大的吐蕃，吐蕃政权与唐王朝一度和亲过，著名的松赞干布和文成公主故事家喻户晓。唐中宗时代还有金城公主进藏。可是这个吐蕃也跃跃欲试，一直是唐王朝的心腹大患。从唐初就有镇守边庭的大将，由于他们握有朝廷的符节，称为节度使，到了开元天宝年间有十节度使。王夫之总结过，除了河东节度使在山西在太原，其他的节度使全在边庭。⑥边庭的节度使手握重兵，就是他们也可能会叛变，曾有人向唐玄宗提出过这个问题，可是唐玄宗不以为意，认为带兵打仗的将领不是汉人，文化程度比较低，没有那么多花花肠子，所以他们似乎对朝廷还是很忠诚的。唐玄宗对边庭之事睁一眼闭一眼，连高力士都看不过去了。⑦然而"渔阳鼙鼓动地起"，安史之乱的爆发是唐王朝一个转折点。如果把唐王朝分两个阶段的话，前期后期分水岭就是它。

安史之乱为什么爆发？天宝十节度使手握重兵，而朝廷内部又出了问题。唐玄宗任用奸党，原先是"口蜜腹剑"的李林甫，后来是杨国忠。姚崇死了，宋璟死了，张说罢相，唐玄宗没用对人。有人说为什么唐玄宗用这些人？有人说李林甫推崇法家思想，他编修过《唐六典》。当时唐玄宗重用李林甫是想搞改革，但是没想到改革也没成，李林甫身死，臭名昭著。杨国忠靠着杨贵妃的裙带关系走上舞台，他没有什么能耐，但是据说朝廷将几十个官职都笼在他的身上，这个人权力欲望非常大，心黑手狠。

杨国忠和安禄山是死敌。安禄山不是汉人，是粟特人和突厥人的混血。这个人身兼平卢、范阳、河东三地节度使，握兵几十万，他还给唐明皇杨贵妃撒烟幕弹，他认杨贵妃为干妈，唐明皇问他肚子里是什么？他说没有什么，只是对陛下的一颗忠心。杨国忠和安禄山死掐，抄了安禄山的家，想逼安禄山叛乱，这样就有机会收拾他。可是他没想到玩火自焚，安禄山是你能收拾得了的吗？⑧白居易有一首著名的文学作品《长恨歌》，说"渔阳鼙鼓动地起"打破了唐王朝的歌舞声色。

安禄山的叛变给唐玄宗来了个措手不及，唐玄宗仓促应对，结果兵败山崩。唐玄宗真的没有什么戒心吗？他对整个国家的规划犯了一个致命的错误，就是外重而内轻。他并非不知道这个，也想用自己的手段、人脉去笼络边庭的各节度使，但是这种笼络是

杨国忠像

安禄山像

不牢固的，没有良方去束缚他们，叛乱早晚会发生。

　　这一场叛乱持续了八年（755年—763年），安禄山起兵势如破竹打下洛阳，提出的口号就是清君侧，诛杀杨国忠，攻到潼关。唐玄宗猝不及防，仓皇之中让哥舒翰应战。哥舒翰是懂得打仗的人，可是也得罪了杨国忠。哥舒翰的主张就是坚壁清野，潼关一夫当关万夫莫开，我以逸待劳，早晚将叛军的补给耗尽，再避实击虚。这种做法是正确的。不过要么说得罪君子别得罪小人，杨国忠就在皇帝面前说哥舒翰贪生怕死，皇帝一怒，勒令哥舒翰迎敌。迎敌哪有好处？最后哥舒翰被俘，于是安禄山大队人马冲进长安，唐明皇只有跑向蜀中。⑨

　　这有十几天的时间差，好像叛军正好给唐明皇留出时间逃跑。唐明皇只能南逃，跑进蜀中，也有称"明皇幸蜀"的。然后走到马嵬坡军队哗变，将军陈玄礼等人的手下不干了，觉得杨氏兄妹都是国之罪魁，诛杀杨国忠后，逼唐明皇赐杨贵妃自尽。⑩二十年前的电视剧《唐明皇》有那一幕，杨贵妃一袭白裙飘过栈道，最后赴死，拍得非常唯美。实际上乱兵之中，不可能有那么唯美。还有人提出其他说法，认为她被搭救了，还有人说她跑到了日本，但是今天历史学家一般不信，众目睽睽，杨贵妃跑掉的可能性几乎为零。

　　太子李亨也够绝的，干脆一不做二不休称帝，这一年是756年，唐明皇见状只得把天下顺势交给他。无情最是帝王家，李

马嵬坡之变

颜真卿像

张巡像

亨的几个哥哥就曾经被唐玄宗弄死,是因为武惠妃在唐玄宗面前说过几个哥哥的坏话,于是原太子李瑛等人被赐自尽。所以他太子当得非常不是滋味,一朝不是皇帝,一朝就有被废黜乃至被赐死的可能。他爸爸跑到了蜀中,他可开心了,就在甘肃灵武登基。这个时候天下出现了三个皇帝:一个是唐玄宗,另外一个是他的儿子唐肃宗李亨,还有一个是安禄山,安禄山立国号为燕,史称伪燕。安禄山把一大批长安城中的官僚拉到了洛阳,这些人迫不得已当了伪职,其中就有大诗人王维,这是王维的一个污点。

唐肃宗李亨也很不容易,调兵遣将,用节度使打节度使。虽然安禄山叛乱了,但是阵线不是铁板一块,朝廷得分化敌人,避实击虚。他找到了两个重要的人物,一个是朔方节度使郭子仪,一个是河东节度使李光弼,这两位节度使为唐王朝效命。有一个人特别值得人们纪念,就是大书法家颜真卿。当时很多人都被歌舞升平所迷惑,醉生梦死,谁也没想到天下乱了,但颜真卿早就看出安禄山有叛心,暗中备战。颜真卿抵抗的消息传到了唐明皇耳朵里头,唐明皇就非常感慨:天下一乱,一堆人背叛了我,可是这个颜真卿却在抵抗,居然有这么忠正之士,我连颜真卿是谁都不知道。⑪

除了颜真卿之外还有一个张巡。张巡镇守的地方是睢(读作 suī)阳,睢阳今天归河南商丘,地理位置太重要了。它是入江淮的要道,如果这丢了的话,那叛军轻而易举就能够占据江淮,唐王朝的税收就没了。张巡付出了最大的代价,后来城还是被攻破,张巡骂贼而死,据说牙齿都已经咬碎,这是唐王朝有名的忠臣。⑫

安史之乱持续了八年,但是叛军内部他也是矛盾重重,安禄山称帝没多久就被他的儿子安庆绪所杀,于是唐王朝就收复洛阳。但是叛将史思明打来,叛军又重新占据洛阳,对洛阳一片血洗,然后史思明杀掉了安庆绪,内部火并。史思明也称帝,但是他被他的儿子史朝义所杀,可见坑爹之事自古有之。

杀来杀去杀红了眼,唐王朝找到回纥兵。回纥后来叫回鹘。回纥当时跟唐王朝的关系很好,一度帮过唐王室打过吐蕃。吐蕃还管回纥要兵,但是没想到回纥给吐蕃背后一击,使得吐蕃分裂,让唐王朝有喘息之机。但是回纥开出条件,就是我打进洛阳之后,洛阳城归我,我爱怎么办怎么办。各个势力围绕洛阳城展开拉锯战,老百姓盼着说王师打来,没想到洛阳老百姓一看这王师来了,照样一片血海,天下已经乱到这个地步。杜甫说:"漫卷诗书喜欲狂,青春作伴好还乡。"但杜甫未必明白其中缘由,如果他看到照样是一片血海的话,恐怕就没有这么欢快了。

后来等长安收复之后,唐肃宗李亨就把太上皇李隆基给请回来了,大家如果读《长恨歌》就会看到李隆基的忧郁和无奈。李隆基为了自保赐自己心爱女人杨玉环死,如今江山易主,面对宫廷苑囿,他感物伤怀。历史发生了喜剧的一幕,这个父子还曾经相认,虽然他们之间有巨大的矛盾,但是据说他们相见抱头痛哭,李隆基还承认了自己儿子的帝位(不承认也没办法),甘心居于太上皇的位置。⑬可是他住在兴庆宫,时不时接见原先的旧臣,让唐肃宗李亨非常不安,他怕有朝一日旧臣和他爸爸再发起政变把自己轰下去，就把他的旧臣尤其是身边的高力士赶走，把唐明皇迁徙到太极宫，唐明皇孤苦伶仃地死去了。历史也开了个玩笑，唐明皇死后只有十几天，唐肃宗李亨也死了。要么说国之将亡必有妖孽，父子的丧事接着。这个时候太监一干人马拥立唐代宗李豫登基。唐代宗面临着两个帝王的丧事，一个是他爸爸，一个是他爷爷，唐代宗又是宦官所拥立，自然高兴不起来。还是那句话，吃人家嘴短，拿人家手短，唐朝的气数终衰，忧患一天比一天严重。

注释：

① 《资治通鉴》卷第二百一十唐纪二十六玄宗至道大圣大明孝皇帝上之上开元元年："太平公主依上皇之势，擅权用事，与上有隙，宰相七人，五出其门。文武之臣，太半附之"，"又与宫人元氏谋于赤箭粉中置毒进于上。""秋，七月，魏知古告公主欲以是月四日作乱，令元楷、慈以羽林兵突入武德殿，上乃与岐王范、薛王业、郭元振及龙武将军王毛仲、殿中少监姜皎、太仆少卿李令问、尚乘奉御王守一、内给事高力士、果毅李守德等定计诛之。""太平公主逃入山寺，三日乃出，赐死于家。"胡三省注："《考异》曰：《新传》云，'三日乃出'。《太上皇实录》曰：'公主闻难作，遁入山寺，数日方出，禁锢终身，诸子皆伏诛。'今从《新》《旧》《传》，《睿宗实录》。"

② 王夫之《读通鉴论》卷二十二"唐玄宗一八"："唐政之不终者凡三：贞观也，开元也，元和也。而天宝之与开元，其治乱之相差为尤悬绝。""唐之三君，既能自克以图治于气盈血溢、识浅情浮之日矣，功已略成，效可自喜，而躁烈之客气且衰，渔色耽游之滋味已饫，乃改而逆行，若少年狂荡之为者，此又何也？于是而知修德之与立功，其分量之所至，各有涯涘，而原委相因也。"

③ 《资治通鉴》卷第二百一十一唐纪二十七玄宗至道大圣大明孝皇帝上之中开元三年："山东大蝗，民或于田旁焚香膜拜设祭而不敢杀，姚崇奏遣御史督州县捕而瘗之。

议者以为蝗众多,除不可尽;上亦疑之。崇曰:'今蝗满山东,河南、北之人,流亡殆尽,岂可坐视食苗,曾不救乎!借使除之不尽,犹胜养以成灾。'上乃从之。卢怀慎以为杀蝗太多,恐伤和气。崇曰:'昔楚庄吞蛭而愈疾,孙叔杀蛇而致福,奈何不忍于蝗而忍人之饥死乎!若使杀蝗有祸,崇请当之。'"

④ 王夫之《读通鉴论》卷二十二"唐玄宗三":"唯开元之世,以清贞位宰相者三:宋璟清而劲,卢怀慎清而慎,张九龄清而和,远声色,绝货利,卓然立于有唐三百余年之中,而朝廷乃知有廉耻,天下乃藉以又安。开元之盛,汉、宋莫及焉。"

⑤ 《资治通鉴》卷第二百二十六唐纪四十二德宗神武孝文皇帝一建中元年:"唐初,赋敛之法曰租、庸、调,有田则有租,有身则有庸,有户则有调。玄宗之末,版籍浸坏,多非其实。及至德兵起,所在赋敛,迫趣取办,无复常准。赋敛之司增数而莫相统摄,各随意增科,自立色目,新故相仍,不知纪极。民富者丁多,率为官、为僧以免课役,而贫者丁多,无所伏匿,故上户优而下户劳。吏因缘蚕食,旬输月送,不胜困弊,率皆逃徙为浮户,其土著百无四五。至是,炎建议作两税法。"

⑥ 王夫之《读通鉴论》卷二十二"唐玄宗一七":"置十节度使,其九皆西北边徼也。唯河东一镇治太原,较居内地。""若畿辅内地,河、雒、江、淮、汴、蔡、荆、楚、兖、泗、魏、邢,咸弛武备,幸苟安,而倚沿边之节镇,以冀旦夕之无虞,外强中枵(空虚),乱亡之势成矣。"

⑦ 《资治通鉴》卷第二百一十七唐纪三十三玄宗至道大圣大明孝皇帝下之下天宝十三载:"上尝谓高力士曰:'朕今老矣,朝事付之宰相,边事付之诸将,夫复何忧!'力士对曰:'臣闻云南数丧师,又边将拥兵太盛,陛下将何以制之!臣恐一旦祸发,不可复救,何得谓无忧也!'上曰:'卿勿言,朕徐思之。'"胡三省注:"高力士之言,明皇岂无所动于其心哉!祸机将发,直付之无可奈何,侥幸其身之不及见而已。"

⑧ 《资治通鉴》卷第二百一十七唐纪三十三玄宗至道大圣大明孝皇帝下之下天宝十四载:"安禄山归至范阳,朝廷每遣使者至,皆称疾不出迎,盛陈武备,然后见之。

裴士淹至范阳，二十余日乃得见，无复人臣礼。杨国忠日夜求禄山反状，使京兆尹围其第。"胡三省注：《考异》曰："《肃宗实录》：'国忠日夜伺求禄山反状，或矫诏以兵围其宅，或令府县捕其门客李起、安岱、李方来等，皆令侍御史郑昂之阴推劾，潜槌杀之。庆宗尚郡主，又供奉在京，密报其父，禄山转惧。'"

⑨《资治通鉴》卷第二百一十八唐纪三十四肃宗文明武德大圣大宣孝皇帝上之下至德元载："会有告崔乾右在陕，兵不满四千，皆羸弱无备，上遣使趣哥舒翰进兵复陕、洛。翰奏曰：'禄山久习用兵，今始为逆，岂肯无备！是必羸师以诱我，若往，正堕其计中。且贼远来，利在速战；官军据险以扼之，利在坚守。况贼残虐失众，兵势日蹙，将有内变；因而乘之，可不战擒也。要在成功，何必务速！今诸道征兵尚多未集，请且待。'郭子仪、李光弼亦上言：'请引兵北取范阳，覆其巢穴，质贼党妻子以招之，贼必内溃。潼关大军，唯应固守以弊之，不可轻出。'国忠疑翰谋己，言于上，以贼方无备，而翰逗留，将失机会。上以为然，续遣中使趣之，项背相望。翰不得已，抚膺恸哭；丙戌，引兵出关。"

⑩《资治通鉴》卷第二百一十八唐纪三十四肃宗文明武德大圣大宣孝皇帝上之下至德元载："上杖屦出驿门，慰劳军士，令收队，军士不应。上使高力士问之，玄礼对曰：'国忠谋反，贵妃不宜供奉，愿陛下割恩正法。'上曰：'朕当自处之。'入门，倚杖倾首而立。久之，京兆司录韦谔前言曰：'今众怒难犯，安危在晷刻，愿陛下速决！'因叩头流血。上曰：'贵妃常居深宫，安知国忠反谋？'高力士曰：'贵妃诚无罪，然将士已杀国忠，而贵妃在陛下左右，岂敢自安！愿陛下审思之，将士安则陛下安矣。'上乃命力士引贵妃于佛堂，缢杀之。舆尸置驿庭，召玄礼等入视之。玄礼等乃免胄释甲，顿首请罪，上慰劳之，令晓谕军士。玄礼等皆呼万岁，再拜而出，于是始整部伍为行计。"

⑪《新唐书·颜真卿传》："安禄山逆状牙孽（邪恶），真卿度必反，阳托（借口）霖雨，增陴（墙）浚隍（壕沟），料（统计）才壮，储庼廪。日与宾客泛舟饮酒，以纾禄

山之疑。果以为书生，不虞也。禄山反，河朔尽陷，独平原城守具备，使司兵参军李平驰奏。玄宗始闻乱，叹曰：'河北二十四郡，无一忠臣邪？'及平至，帝大喜，谓左右曰：'朕不识真卿何如人，所为乃若此！'"

⑫《资治通鉴》卷第二百二十唐纪三十六肃宗文明武德大圣大宣孝皇帝中之下至德二载："癸丑，贼登城，将士病，不能战。巡西向再拜曰：'臣力竭矣，不能全城，生既无以报陛下，死当为厉鬼以杀贼！'城遂陷，巡、远俱被执。尹子奇问巡曰：'闻君每战眦裂齿碎，何也？'巡曰：'吾志吞逆贼，但力不能耳。'子奇以刀抉其口视之，所余才三四。子奇义其所为，欲活之。其徒曰：'彼守节者也，终不为用。且得士心，存之，将为后患。'乃并南霁云、雷万春等三十六人皆斩之。"

⑬《资治通鉴》卷第二百二十唐纪三十六肃宗文明武德大圣大宣孝皇帝中之下至德二载："十二月，丙午，上皇至咸阳，上备法驾迎于望贤宫。上皇在宫南楼，上释黄袍，著紫袍，望楼下马，趋进，拜舞于楼下。上皇降楼，抚上而泣，上捧上皇足，呜咽不自胜。上皇索黄袍，自为上著之，上伏地顿首固辞。上皇曰：'天数、人心皆归于汝，使朕得保养余齿，汝之孝也！'上不得已，受之。父老在仗外，欢呼且拜。上令开仗，纵千余人入谒上皇，曰：'臣等今日复睹二圣相见，死无恨矣！'"

第27讲 安史残局

安史之乱是唐王朝由盛转衰的转折点，它暴露了唐王朝许多问题，经济问题、军事问题、政治问题等等，乱局收拾起来也非常麻烦。

安史之乱中，唐王朝英明的将领并不多见，张巡死守睢阳，睢阳的位置在河南商丘，是中原进江淮的要道。如果叛军绕过睢阳城进入江淮，那是不得了的事情，张巡必须殊死一搏。①和张巡一样的人还有颜真卿，以及颜真卿的哥哥颜杲卿。这些人都是忠贞之士，值得唐王朝去纪念。

安史之乱之后唐代宗登基。唐代宗是宦官所立，他的力量本身就不强，所以他对宦官百依百顺。不仅如此，唐王朝地方藩镇越来越重。在安史之乱前是节度使膨胀，安史之乱后是藩镇尾大不掉。平息安史之乱，对战局起决定作用的是几个大节度使，郭子仪是朔方节度使，李光弼是河东节度使。朝廷只能用节度使来打节度使。这样的话国家结构不是那么牢固了。藩镇越来越多，甚至好些官员也领有藩镇，后来历史学家认为这藩镇内部也不是铁板一块，不都向朝廷挑战，和朝廷唱对台戏的其实是"河朔四镇"，平卢、成德、魏博、卢龙。这几镇节度使基本都是安史之乱的羽翼，原先他们就反抗朝廷，这时候看朝廷力量大了起来，暂时韬光养晦。所以"河朔四镇"一直都是朝廷的心腹大患。

这几镇拥有独立的财权，以及独立一套制度，甚至节度使的继承都是世袭，好些层面是朝廷不敢过问的。朝廷力量强，他们听朝廷话。朝廷力量弱，他们就跃跃欲试，朝廷非常头疼。

不要说平民百姓，就是皇家也在动荡中受到巨大冲击，堂堂皇太后失踪了，唐德宗的生母、唐代宗的夫人沈氏。沈氏是吴兴人，也是名门望族，唐肃宗把沈氏许给自己的儿子，也就是后来的唐代宗李豫，这是患难夫妻。唐肃宗在灵武登基，局势很紧张，他打击他的对手永王李璘，还得平叛。他把许多大任务交给他的儿子，也就是未来的唐

李光弼像

代宗。唐代宗忙碌至极，没有精力顾及家眷，安史之乱爆发，安禄山打进潼关，唐明皇跑到了蜀中。叛军攻入长安前十几天，唐明皇赶紧逃之夭夭。据《资治通鉴》等文献记载，当时唐明皇带了文武大臣一千人等以及他的女眷跑，但是为什么这个沈氏没有跑？今天不是太清楚。沈氏没有和这些皇亲国戚一起逃往蜀中，一定其中有缘故。然后我们还交代过，756年唐肃宗称帝，757年安禄山被儿子安庆绪所杀，唐王朝的军队打进洛阳，洛阳一度光复过，李豫在洛阳这儿还看到了自己的夫人沈氏，但是没有带沈氏走，可能是由于行军不便。没想到后来叛军又一次打来，下边发生什么也就不知道了，沈氏是流落民间还是已经命丧黄泉，就成为一个谜。②

到了762年安史之乱基本被平定，唐代宗处理他的父亲唐肃宗李亨、爷爷唐玄宗李隆基两个帝王的丧事，以及一切善后事宜。唐代宗就想到了自己的夫人，沈氏在哪儿还是不知道。唐代宗在位没有多久就驾崩，沈氏

的儿子就是唐德宗李适登基。唐德宗就特别想念母亲,于是他向天下昭告,在列祖列宗面前,把自己的母亲沈氏立为皇太后。按唐王朝的制度,皇帝应在太后面前施以大礼,可是太后哪去了都不知道,所以当时皇帝连同文武大臣号啕大哭。于是唐德宗下旨,全天下寻找他的母亲,有不少认错了的。③有一次还真找到一个老太太,声称就是当年流落民间的,后来发现并不是他的母亲,而只是当年的少阳院乳母,诈称太后。④沈氏是死是活,真相已淹没在历史长河中。

皇后如此,遑论一般人。咱们知道大诗人李白和杜甫,都是安史之乱的受害者。李白比较悲惨,他在唐玄宗时曾经是皇帝驾前的文字弄臣,留下脱靴磨墨的著名典故。这可信度不是那么高,因为李白如果在皇帝面前这样做的话,那他太没正形儿了。李白当翰林的时候太任性,所以皇帝也不把他当回事,他一怒之下挂官归去,曾经和大诗人杜甫、大诗人高适一起游历,留下了宝贵的诗篇。可是安史之乱中他投奔了永王李璘,永王李璘是肃宗李亨的兄弟,也是肃宗的政治仇敌,等于这个李白站错了队,后来李璘兵败身死,⑤李白也受到了牵连。但这个时候遇到了唐肃宗的大赦,

李白像

杜甫像

第27讲 安史残局

李白非常高兴，于是留下了"朝辞白帝彩云间"，可见他的欢快。李白晚年也非常凄凉，曾投奔他的族叔，他的族叔叫李阳冰是著名的书法家，后来死在了安徽当涂。

李白如此，杜甫也照样。杜甫在兵燹（读作 xiǎn）之中留下了著名的"三吏三别"。中学语文讲过《石壕吏》，他投奔石壕村来了，没想到抓壮丁，"老夫逾墙走，老妇出门看"，当时杜甫住在这老夫妇家里。我在上中学的时候曾经问过语文老师一个问题，这抓壮丁的怎么没把杜甫给抓走？后来学了历史，才发现这是不可能的，杜甫是华州司功参军，人家是大人，怎么能把大人给抓走？杜甫沉郁顿挫，他以唐王朝基层官吏的视角看变乱，这一番情绪和安史之乱有着密切的联系。

还有王维，被乱兵掳走，掳到洛阳，还一度当了安禄山的伪职，其实他是被逼无奈。后来趁着看管不严跑了，这个行为救了他一命，后来反攻倒算，当时谁给叛军效命，谁就被处理，于是有人就清算到了王维。王维的朋友给王维说话，说他曾经写过感物伤怀的诗而且心系朝廷，有忠正之心，一直想报效皇帝，被掳是事出无奈，这样的话王维才得以善终。

南方的社会环境和北方不同，一道长江隔开南北，要相对稳定，而且这个时候北方大量流民迁徙到南方，这是开发南方的第二个时机。我们说第一次开发是在魏晋南北朝的时候，永嘉南渡带来了大量的人口，所以东晋王朝采取了侨置、土断的方式管理。第二个开发南方的时机就是安史之乱前后，有一个重要的农具曲辕犁，应当叫江东曲辕犁，它在

曲辕犁

南方得到了广泛使用，后来推广到了天下。而且还有一条大运河，沟通了南北，对于南北的经济文化交流起到了促进作用。相对稳定的南方成为唐王朝的税源保障。虽然唐王朝受到了致命性打击，但是百足之虫死而不僵。安史之乱结束是763年，唐王朝进入中晚唐的阶段，直到907年才被军阀朱温所取代，其间还有比较长的一段路要走。

注释：

① 《资治通鉴》卷二百二十唐纪三十六肃宗文明武德大圣大宣孝皇帝中之下至德二载："尹子奇久围睢阳，城中食尽，议弃城东走，张巡、许远谋，以为：'睢阳，江、淮之保障，若弃之去，贼必乘胜长驱，是无江、淮也。'"胡三省注："《考异》曰：'唐人皆以全江、淮为巡、远功。按睢阳虽当江、淮之路，城即被围，贼若欲取江、淮，绕出其外，睢阳岂能障之哉！盖巡善用兵，贼畏巡为后患，不灭巡则不敢越过其南耳。'"

② 《资治通鉴》卷第二百二十六唐纪四十二德宗神武孝文皇帝一建中元年："辛巳，遥尊上母沈氏为皇太后。"胡三省注："沈氏以开元末选入代宗宫，安禄山之乱，玄宗避贼，诸王妃妾不及从者，皆为贼所得，拘之东都之掖庭。代宗克东都，入宫，得沈氏，留之东都宫中。史思明再陷东都，遂失所在。"

③ 《资治通鉴》卷第二百二十六唐纪四十二德宗神武孝文皇帝一建中二年："上恐后人不复敢言太后，皆不之罪，曰：'吾宁受百欺，庶几得之。'自是四方称得太后者数四，皆非是，而真太后竟不知所之。"

④ 《资治通鉴》卷第二百二十三唐纪三十九代宗睿文孝武皇帝上之下永泰元年："太子母沈氏，吴兴人也。安禄山之陷长安也，掠送洛阳宫。上克洛阳，见之，未及迎归长安；会史思明再陷洛阳，遂失所在。上即位，遣使散求之，不获。己亥，寿州崇善寺尼广澄诈称太子母，按验，乃故少阳院乳母也，鞭杀之。"

⑤ 《资治通鉴》卷第二百一十九唐纪三十五肃宗文明武德大圣大宣孝皇帝中之上

至德二载:"戊戌,永王璘败死。"胡三省注:"《考异》曰:'《新》《旧》《纪》《传》《实录》《唐历》皆不见璘败时在何处,唯云:"璘进至当涂"。若在当涂,不应登城望见瓜步、扬子。李白《永王东巡歌》云:"龙盘虎踞帝王州,帝子金陵访古丘。"又云:"初从云梦开朱邸,更取金陵作小山。"如此,似已据金陵。但于诸书别无所见,疑未敢质。余详考下文,璘所登以望瓜步、扬子者,盖登丹阳郡城也。璘自当涂进兵,击斩丹阳太守阎敬之,遂据丹阳城,然后可以望见扬子及瓜步江津之兵。及其败也,自丹阳奔晋陵以趣鄱阳。'"

第28讲　德宗出逃

许多王朝出现的问题，唐王朝也已经出现了，形容成千疮百孔似乎也不为过。王朝内部出现了藩镇割据，尾大不掉，有的藩镇是听朝廷的，有的藩镇则不是，它们跟朝廷唱对台戏。中央内部也产生了许多问题，比如出现了宦官专权，唐玄宗就开了一个头。唐玄宗朝大太监高力士不像戏台上演得那么猥琐，不是小丑的形象。据高力士墓志铭，说这个人很魁伟。人们不称他高公公，称的是高将军。他对于政局的影响力非常大，尤其是平息韦后之乱、太平公主之乱，是唐玄宗的左膀右臂。①

高力士之后出现的大太监是李辅国，李辅国力挺唐肃宗。他对唐肃宗登基立有大功，唐肃宗委之以重任。唐代宗是太监所立，所以对太监百依百顺。此后唐德宗把军权赋予太监，大书法家柳公权有一个碑特别著名，也是今天学毛笔字的范本，叫《神策军碑》，神策军是由太监率领。唐德宗认为禁军统领没有能力，也不听自己的，干脆让太监带兵，此后一发不可收拾。②宦官专权愈演愈烈。除了宦官专权之外，在王朝内部还有朋党之争，并且财政匮乏，所以唐王朝日子很不好过。

唐德宗叫李适（读作 kuò），一度想将权力收归中央，向藩镇说不。藩镇里头和朝廷最唱对台戏的是河朔四镇，魏博、卢龙、平卢、成德，其将领是安史之乱的叛将，安史之乱后暂时听朝廷调遣。河朔四镇之中，成德节度使李宝臣死，他的儿子李惟岳奏请朝廷，希望继任爸爸的职位。唐德宗驳回这个奏折，你爸爸终于死了，我应该掌握河朔，凭什么你来继任？③于是李惟岳怒了，呼吁其他节度使对抗朝廷。朝廷还是原先的法子，以节度使打节度使，调遣卢龙节度使朱滔、淮西节度使李希烈平叛，没想到按下葫芦起了瓢，朱滔、李希烈、李纳、田悦、王武俊五个军阀勾结在一起对抗朝廷，这下乱了。④

颜杲卿像

王夫之《读通鉴论》写到这的时候说这唐德宗也不容易，"不克有终"，"乃不一二年而大失其故心"，⑤关键是有始有终谈何容易？这马蜂窝，你说捅不捅？如果不捅的话，听之任之，藩镇将继续坐大，如果捅的话，生灵涂炭，有可能鱼死网破。事非经过不知难，捅了马蜂窝以为马蜂跑了，没想到越来越多，进退两难。

朱滔、李希烈叛乱时，忠臣颜真卿站了出来。颜真卿是忠贞之士，在安史之乱的过程之中，颜家满门忠烈，他的哥哥颜杲卿，常山太守，最后骂贼而死。颜杲卿和他的侄儿颜季明都死在叛军的手里。安史之乱平息后，他看到侄儿颜季明的人头号啕大哭，有了感人至深的《祭侄文稿》，被称为天下第二行书。颜真卿在安史之乱平息之后，他以几朝元老的身份留下一个重要的碑文《大唐中兴颂》。《大唐中兴颂》今天也是学习颜体书法的范本之一，这个碑文的内容就是感慨安史之乱带来的创伤，希望大唐王朝

《祭侄文稿》

《大唐中兴颂》

第28讲 德宗出逃

风调雨顺。

颜真卿得罪了奸相卢杞。⑥卢杞在皇帝面前进谗言，说淮西节度使李希烈叛变，朝廷应当派重臣去游说，最好的人选就是颜真卿。让颜真卿去说服李希烈归顺朝廷，其实就是让颜真卿送死。糊涂的皇帝派颜真卿去了，颜真卿到了那就被李希烈扣留下来，扣了一年多之后，被李希烈给勒死，这都是悲剧。

于是战乱就开始了，这是783年、784年，《资治通鉴》写到唐朝《唐纪》这个部分，哪个时间最多？一个是贞观时代，一个就是783、784年。此时国家千疮百孔，司马光等人交代得非常细。朝廷调兵平叛，没想到一波未平一波又起，又出现泾原兵变。

李希烈兵变，朝廷派泾原兵镇压，泾原兵的首领朱泚。朱泚和前面说的朱滔都是军阀，这两个人是兄弟，朝廷派节度使打节度使，实际危如累卵。泾原兵不满朝廷给他们待遇，认为朝廷言而无信，而且吃的都是粗粮，索性兵变了。朱泚一不做二不休，占据长安，称帝，国号为秦，唐德宗吓坏了，跑到奉天（今天陕西乾县），做了最坏的打算，他想像唐玄宗一样跑到蜀地，但这个事变闹得没有那么大。

咱们学大学语文或《古文观止》有一篇很著名的文字，就是柳宗元写的《段太尉逸事状》，段太尉的名字叫段秀实，也是一个忠臣。朱泚称帝，他想联合段秀实反抗朝廷，但是段秀实拒不答应，拿自己手中的笏去打朱泚，朱泚的手下把段秀实乱刃分尸。段秀实非常有威望，从容淡定。即使在手下人斩杀段秀实的时候，朱泚还拦着，说你们不要杀他，他可是朝廷的忠臣。⑦后来这场叛乱平息之后，朝廷表彰段秀实，有了柳宗元写的《段太尉逸事状》，写得辞彩清壮，也是名篇。

战乱后来被平息，是因为叛乱集团内部也产生了分裂，将军李晟大败

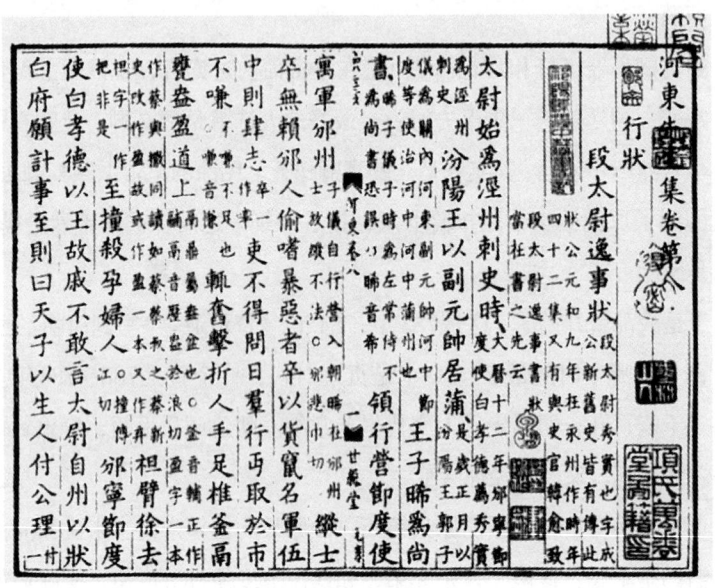

《段太尉逸事状》

朱泚，朱泚落荒而逃。李希烈气数已尽，被他的部下毒死。而朱滔、田悦等人看到没有什么闹头了，干脆归顺朝廷。泾原兵变给唐王朝重重一击，可是唐王朝百足之虫死而不僵，还在这样的背景下存活。

　　有人认为唐德宗是一个昏聩的君主，他率领一群坏蛋。唐德宗也的确是有他不得人心的地方，但是也有人认为唐德宗打击藩镇，刷新吏治，他也有雄心壮志。司马光《资治通鉴》写到唐德宗，说他有一番作为，尤其是想加强皇权，有改革的愿景。但是大业没有完成，司马光说原因是因为他不明大义。这个不明大义司马光说得也没错，头一点就是重用奸臣，比如我们刚才提到的卢杞。卢杞在历史上没有什么好名声，据说他长得很丑，史书记载卢杞脸色发蓝，形状很龌龊。周围许多人都感知到了卢杞心术不正。唐王朝有一个功臣郭子仪，他原先是朔方节度使，对朝廷百依百顺，朝廷也拉拢他，把公主许给他的儿子。郭子仪和卢杞打过交道，那时卢杞还很寒微，郭子仪生病了，卢杞去探病，这时候郭子仪听说卢杞来了，屏退手下侍女，靠着身边的"几"恭敬地对待这位卢大人。这些手下人很不解，等卢杞走后，就问郭子仪，说出入您府第的，比他品级高的人多了，都没有得到您这样的待遇，为什么对他百依百顺？郭子仪就讲了这么一番话，说这个人丑陋而且面露凶相，他是个小人，如果你得罪了他，等他日后发达了，有你们好果子吃？⑧郭子仪对他都非常谨慎，别人更在卢杞面前低声下气。比如有的官员在御前会议中听到卢杞发言，干脆就不说了，后半截的话咽下去，怕得罪卢杞，以免卢杞会弄死你。⑨好些人死在卢杞的阴谋之下，比如刚才讲过的颜真卿，如果卢杞不出坏主意，颜真卿不会死在李希烈之手。

还有一个重要的人物，就是宰相杨炎。杨炎是独树一帜的改革家，他建议皇帝推行两税法。唐王朝土地兼并严重，造成均田制推行不下去，少地无地的农民就交不起税，因为税收的基础是按人头，良田千顷也交这么多税，少地无地也是这么多税，所以易激发民变。杨炎建议皇帝不能再以人头收税了，应当以土田和财产为基础，田多的、财产多的多交，少就少交，没有就不交，这样才可能防止民变，让老百姓过上好日子。皇帝深以为然。唐德宗能用杨炎，说明唐德宗也不是十足昏聩之辈。两税法推行，唐德宗看到了好果子，于是他问手下人，这样的话两税法是否给我们带来了成效？结果手下人说不，因为丈量土地的同时，原先的杂税是废了，可是新的苛捐来了，老百姓照样叫苦不迭。所以唐德宗只能默不作声。但甭管怎么样，这个两税法意义非同小可，它是履亩纳税，此后历史发展就是按照杨炎的思路进行下去的。王安石变法中就有一条，就是方田均税法，丈量田亩。明朝改革家张居正推行一条鞭法，也是丈量田亩。到了清朝，索性实行了摊丁入亩。这样的思路发端于杨炎。可是杨炎是卢杞的死敌，卢杞在皇帝面前可没少说杨炎的坏话，最后杨炎被贬谪，客死在了崖州（也就是今天的海南）。⑩这样的奸臣给皇帝起不了好作用。

除了重用奸臣以外，唐德宗还开了一个恶例，就是扩大了宦官的权力。他吸取了泾原兵变的教训，宦官掌管神策军。泾原兵变使得乱局雪上加霜，禁军统领使不上力气，皇上认为他无能，索性找自己的人。按说宦权是皇权的附庸，一定受皇权的支配，可是它要有了兵权，有可能就异化了。汉朝有十常侍，桓灵时代的乱政也没好到哪去，但是太监掌握兵权弄死皇帝，这种事别的朝代还没发生过。唐王朝自此就开了恶性的先例，太监专权一发不可收拾。

此时皇储是谁，得太监说了算。的确唐代宗的登基和太监有关系，可是没有到这个地步。太监有兵权，他能决定皇储该立谁、不立谁，最后是几派太监在斗争，太监背后才是皇子们，这样的局面已经不可收拾。但是太监要把皇权抓在手里才能打得出去，所以呈现宦权和皇权既有矛盾又水乳交融的关系。在朱滔、李希烈之乱，以及泾原兵变的刺激之下，其他节度使跃跃欲试，原先听朝廷的这时候也不听朝廷了，因为看到有的人不听，我凭什么听？索性这些人就不加遮掩了。

唐德宗还曾经有一位非常有名的宰相，叫做李泌，给唐德宗出过主意，让他联合回纥，乃至联合大食打击吐蕃。吐蕃向唐王朝进攻过，一度血洗过长安，是唐王朝的心腹大患。李泌的这个计策起到了作用，回纥人在吐蕃背后反戈一击，使得吐蕃腹背受敌。

除了李泌之外还有一个名臣叫陆贽。陆贽是进士出身，擅长于辞令，《资治通鉴》里头保存了不少陆贽的言行，尤其是他写的文告特别出色。在这样的局面之中，唐王朝迎来了晚唐时期的回光返照。

注释：

① 《资治通鉴》卷第二百一十三唐纪二十九玄宗至道大圣大明孝皇帝中之上开元十九年："自是宦官势益盛。高力士尤为上所宠信，尝曰：'力士上直，吾寝则安。'故力士多留禁中，稀至外第。四方表奏，皆先呈力士，然后奏御；小者力士即决之，势倾内外。金吾大将军程伯献、少府监冯绍正与力士约为兄弟；力士母麦氏卒，伯献等被发受吊，擗踊哭泣，过于己亲。力士娶瀛州吕玄晤女为妻，擢玄晤为少卿，子弟皆王傅。吕氏卒，朝野争致祭，自第至墓，车马不绝。然力士小心恭恪，故上终亲任之。"

② 《资治通鉴》卷第二百二十六唐纪四十二德宗神武孝文皇帝一建中二年："发京西防秋兵万二千人戍关东。上御望春楼宴劳将士，神策军士独不饮，上使诘之，其将杨惠元对曰：'臣等发奉天，军帅张巨济戒之曰：此行大建功名，凯还之日，相与为欢。'故不敢奉诏。"《资治通鉴》卷第二百三十一唐纪四十七德宗神武圣文皇帝六兴元元年："初，鱼朝恩既诛，代宗不复使宦官典兵。上即位，悉以禁兵委白志贞，志贞得罪，上复以宦官窦文场代之，从幸山南，两军稍集。上还长安，颇忌宿将握兵多者，稍稍罢之。戊辰，以文场监神策军左厢兵马使，王希迁监右厢兵马使，始令宦官分典禁旅。"胡三省注："宦官握兵柄，自此不可夺矣。"

③ 《资治通鉴》卷第二百二十六唐纪四十二德宗神武孝文皇帝一建中二年："及（李宝臣）薨，孔目官胡震、家童（僮）王他奴劝惟岳匿丧二十余日，诈为宝臣表，求令惟岳继袭，上不许；遣给事中汲人班宏往问宝臣疾，且谕之。惟岳厚赂宏，宏不受，还报。惟岳乃发丧，自为留后，使将佐共奏求旌节，上又不许。""或谏曰：'惟岳已据父业，不因而命之，必为乱。'上曰：'贼本无资以为乱，皆藉我土地，假我位号，以聚其众耳。向日因其所欲而命之多矣，而乱日益滋。是爵命不足以已乱而适足以长乱也。然则惟

岳必为乱，命与不命等耳。"

④《新唐书·李希烈传》："希烈遣使者约河北朱滔、田悦等连和，凶焰炽然。俄而滔等自相王，遣使者来奉笺，希烈亦自号建兴王、天下都元帅，五贼株连半天下。"

⑤ 王夫之《读通鉴论》卷二十四"德宗一"："唐德宗之初政，举天宝以来之乱政，疾改于旬月之中，斥远宦寺，闲制武人，慎简贤才以在位，其为善也，如日不足，察常衮之私，速夺其相位，以授所斥之崔祐甫，因以震动中外，藩镇有聪明英武之言，吐蕃有德洽中国之誉；乃不一二年而大失其故心，以庇奸臣、听谗贼，而海内鼎沸，几亡其国。"尧不以共（工）、骥（兜）而防舜、禹，周公不以管（叔）、蔡（叔）而废亲亲；三折肱为良医，唯身喻之而已。躁人浮慕令名，奚足以及此哉？故于德宗之初政，可以决其不克有终也。"

⑥《资治通鉴》卷第二百二十七唐纪四十三德宗神武圣文皇帝二建中三年："卢杞恶太子太师颜真卿，欲出之于外。真卿谓杞曰：'先中丞（卢杞父亲卢弈）传首至平原，真卿以舌舐面血。今相公忍不相容乎！'（杞）矍然起拜，然恨之益甚。"

⑦《资治通鉴》卷第二百二十八唐纪四十四德宗神武圣文皇帝三建中四年："是日，泚召李忠臣、源休、姚令言及秀实等议称帝事。秀实勃然起，夺休象笏，前唾泚面，大骂曰：'狂贼！吾恨不斩汝万段，岂从汝反邪！'因以笏击泚，泚举手扞之，才中其额，溅血洒地。泚与秀实相搏汹汹，左右猝愕，不知所为。""秀实知事不成，谓泚党曰：'我不同汝反，何不杀我！'众争前杀之。泚一手承血，一手止其众曰：'义士也！勿杀。'秀实既死，泚哭之甚哀，以三品礼葬之。"

⑧《资治通鉴》卷第二百二十六唐纪四十二德宗神武孝文皇帝一建中二年："御史中丞卢杞，奕之子也，貌丑，色如蓝，有口辩；上悦之，丁未，擢为大夫，领京畿观察使。郭子仪每见宾客，姬妾不离侧。杞尝往问疾，子仪悉屏侍妾，独隐几待之。或问其故，子仪曰：'杞貌陋而心险，妇人辈见之必笑，他日杞得志，吾族无类矣！'"

⑨《资治通鉴》卷第二百二十七唐纪四十三德宗神武孝文皇帝二建中三年："卢杞

秉政，知上必更立相，恐其分己权，乘间荐吏部侍郎关播儒厚，可以镇风俗；丙辰，以播为中书侍郎、同平章事。政事皆于杞，播但敛衽无所可否。上尝从容与宰相论事，播意有所不可，起立欲言，杞目之而止。还至中书，杞谓播曰：'以足下端悫少言，故相引至此，向者奈何发口欲言邪！'播自是不复敢言。"

⑩ 《资治通鉴》卷第二百二十七唐纪四十三德宗神武孝圣文皇帝二建中二年："（杨）炎庙正直萧嵩庙地，（卢）杞因潜炎，云：'兹地有王气，故玄宗令（萧）嵩徙之；炎有异志，故于其地建庙。'冬，十月，乙未，炎自左仆射贬崖州司马。未至崖州百里，缢杀之。"

第29讲　元和中兴

前面咱们说到中晚唐的局面，唐王朝的日子非常不好过，如果说可圈可点的帝王，还能称得上明君的话，有两位：一个是唐宪宗李纯，一个是唐宣宗李忱。一个开创了元和中兴，元和中兴十六年。另外一个开创了大中之治，大中之治十三年。虽然时间短，但是这对于中晚唐的乱局来说已经很不容易了。

唐宪宗如果您不熟悉的话，白居易您就应该很熟悉了，白居易有一首非常著名的诗《长恨歌》。《长恨歌》应配合另外一篇解读性文字去读，这篇文字就是陈鸿的《长恨歌传》。陈寅恪先生主张以诗证史，陈先生认为文学作品一定有它的历史背景，虽然诗歌在探讨许多人类共性，但是它脱离了社会背景、历史元素的话，这些共性就成了无米之炊。所以陈寅恪通过诗歌的解读能够看出许多历史的痕迹。比如说他的《元白诗笺证稿》解读《长恨歌》就很精彩。《长恨歌》里头杨贵妃什么时候出的家，出家的时候她已经和寿王李瑁结亲了没有？她是姑娘还是媳妇？最后考证的结果，日期跟原先有一些变化。陈先生要干吗？其实他的真正目的想驳斥朱彝尊的《曝书亭集》，《曝书亭集》是清朝人的东西，他说当时杨贵妃还是姑娘，但是陈寅恪考证了半天说不可能，《元白诗笺证稿》中陈寅恪先生说当时李瑁已经和杨贵妃完婚有两年之久，怎么可能还是姑娘呢？①为什么要考证这个？陈寅恪的目的要论证，唐王朝不太讲什么贞节大防，这跟后代理学的思想世界有巨大的区别。这就是以诗证史。我们读陈鸿的《长恨歌传》，读陈寅恪先生的《元白诗笺证稿》，能够恢复陈鸿、白居易的心路历程。

这两个人为什么要写《长恨歌》以及《长恨歌传》？事实上这两个人其实是好朋友，白居易和陈鸿约好了一起写，我写诗，你写传。这个传是解释性的文

《长恨歌传》书影

字，跟《左传》的"传"意思是一样的。通过这样一唱一和，把这个事说明白，真正的目的要"惩尤物，窒乱阶"，警醒后世。"尤物"就是红颜祸水，说的是杨贵妃这样的女人，以后避免红颜祸水事件。"窒乱阶"是说由此以后防微杜渐，告诫统治者一定要克勤克俭，戒骄戒躁，才可能迎来盛世。所以他们的目的是要规劝。

这个诗写在公元805年，也就是元和初年。当时唐宪宗李纯已经登基，他想有所作为，所以用了一些饱学之士，以振兴朝纲。在这样的背景之下，白居易、陈鸿才很有可能有他们的用武之地。元和天子还是有作为的，尤其是用贤臣，打击藩镇。这白居易也是个缩影，他非常希望皇帝有作为。白居易敢说话，少年得志，受到皇帝的青睐。可是当时出现了一档子事，就是丞相武元衡之死。丞相被刺客所杀，而且藩镇跃跃欲试，很可能这个丞相的死跟藩镇有关系。②白居易据理力争，一定要彻查此案还一个公道，

可是直言得罪了权贵,很多人攻击白居易。当时白居易母亲不小心掉井里头落水淹死,而白居易还写过一个《新井赋》,所以这就成了由头,说白居易本身就是一个不孝之人,而且还可能有其他的劣行,所以皇帝才把白居易外放,有了另外的一首诗,大家也熟悉,就是《琵琶行》,贬为江州司马。

这和当时朝局的变动有着密切的联系,事实上唐宪宗想加强君主权力,打击藩镇。比如暂代西川节

唐宪宗李纯像

度使刘辟,他奏报朝廷,说我当西川节度使不够,我还想兼任东川以及山南西道节度使,也就是兼三任节度使,手握重兵。而且西南是天府之国,一夫当关万夫莫开,朝廷就干预不了他。元和天子唐宪宗可不干,所以驳回刘辟。刘辟大怒,于是打到了东川,想以武力夺得东川节度使。朝廷调兵平叛,打了大胜仗,俘虏了刘辟,最后当众处死,给这些叛乱之徒以警醒。③

另外一个事就是吴元济事件。当时淮西节度使吴少阳病死,吴元济是他的儿子,就想子承父业,接任淮西节度使。这个淮西又叫蔡州(今河南汝南),地理位置很重要,如果世袭把持的话朝廷会受到威胁,就驳回了他的奏章,他也开始叛乱,于是朝廷派兵清剿,最后俘虏了吴元济,也是当众处死。④

这下处理了两个节度使,使得河朔四镇大为惊恐。河朔四镇是朝廷的

心腹大患，此时他们都害怕了，索性交出了自己的一些权力，朝廷的势力已经渗入河朔的内部，甚至他们一定程度接受了朝廷的制度，说明这个皇帝也非常有手腕，少数民族也暂时处于安定的状态，所以迎来了元和中兴。

元和中兴的确是值得称道，但是这个皇帝也有巨大的问题。一方面皇帝非常信任太监，他认为宦官是自己的心腹，他能支配宦官，让他们统领军队为自己效忠。有人提醒过他，他说宦官本身是家奴，我让他死，他就得死。可是这句话话音未落，唐宪宗李纯死在了宦官陈弘志手里头，他也是自食其果。

而且这个皇帝笃信佛教，笃信到了什么地步？咱们知道有一个大文豪韩愈，韩愈写过一篇著名的文字叫《谏迎佛骨表》，当时有一个习俗，就是每隔三十年要把舍利子从法门寺的地宫迎请出来，在长安城中游行，善男信女投以资财，为人们祈福，耗资巨大。唐王朝末期的皇帝都短寿，能碰上三十年的大典已经非常庆幸，唐宪宗热衷于此。没想到大臣韩愈提出意见，他说这个时候兵荒马乱，社稷不稳，您为什么还耗费这么大的钱财呢？如果说您头脑空虚的话，我们有神可拜，尧舜禹汤，文武周公，孔子孟轲，拜我们的儒家领袖不行吗？这个时候您就应该让这些和尚还俗，把寺庙都拆掉，佛经烧掉，把舍利子毁掉，国家才可能壮盛。皇帝勃然大怒，就要处死韩愈，要不是宰相一干人等是韩愈的故交，韩愈早就人头落地。皇帝说了，死罪得脱，活罪难逃，干脆你下放吧，韩愈只能去南方当潮州刺史。皇帝对佛教的笃信就可见一斑。

更要命的就是，又发生了宫廷政变，唐宪宗死在太监手里，而这太监又分好几派，当时郭子仪的孙女郭贵妃受皇帝宠爱，给皇帝生了李桓，而这个时候郭贵妃就想把自己的孩子，也就是日后的唐穆宗扶上皇位，她只能依靠太监，所以当时朝局又进行了一番洗牌，使得皇帝都死在了太监手里。⑤这既是偶然也是必然。

在当时还出了一档子事，就是朋党之争。朋党之争持续了二十六年，从821年至846年，从唐穆宗一直到了唐宣宗时代，每隔不久政坛上就有一次变更，大体上呈现出了两个阵营：一个就是牛党，一个是李党。"牛"以牛僧孺、李宗闵、李逢吉为代表。"李"以李德裕、李绅、郑覃为代表。这两党各有各的立场，经常是你方唱罢我登场，你在唱戏我拆台，党争不亦乐乎。他们的立场是很不一样的，牛党出身比较低，一般都是新科进士，是庶族地主，他们心向往是科举，因为自己就是进士科出身。进士科在唐王朝太不容易了，"三十老明经，五十少进士"，他们位列公卿后，一定得给进士出身的人站台。所以这个时候牛党代表社会比较新兴的血液。而李党这一方往往出身比较高贵，有着贵胄的血统，他不看好进士出身，他看好的是人才的家境背景。这样的话就在选拔人才的问题上两党针锋相对。有人说，政策上李党基于义（儒家道义），李党基于利（现实利益），也有一定道理。

李德裕像

牛僧孺像

说到牛李党争就得说到一个关键的人物,就是李商隐。李商隐是进士及第,他的进士及第和行卷有关系。行卷就是在考前动用自己的人脉,影响主考或者相关人员,为自己的仕途铺平道路。李商隐行卷找到宰相令狐绹,这足以影响李商隐的命运。令狐绹、令狐楚就拼命拉拢李商隐,他们都是牛党代表人物。可是李商隐干了一件非常不对头的事情,他又投靠了李党,李党关键人物王茂源也看好了他,王茂源把自己的闺女许配给了李商隐,所以李商隐猪八戒照镜子——里外不是人,牛党骂他是叛徒,而李党也认为他有二心。李商隐在后来的仕途也不是那么一帆风顺,他的许多诗,就包括"锦瑟无端五十弦",流露出很多凄楚哀怨的情绪,这和他的爱情有关,也和他的人生履历有关。⑥

牛党、李党对待藩镇的态度也很不一样。牛党这些进士,对待藩镇的态度比较模糊,和稀泥,能不闹翻就不闹翻,他们不折腾就算了吧,朝廷不要自讨没趣,自己不找好日子过,所以牛党的态度是比较消极的。而李党有雄厚的经济实力,它对藩镇的态度非常明确,主张应当削藩镇,伸张君权。两党你方唱罢我登场,像走马灯一样,一直到了唐宣宗时期,唐宣宗索性流放了李德裕,李德裕最后客死他乡,朋党之争才告终结。唐王朝晚期就出现了许多乱象,朋党之争,宦官专权,藩镇割据,还有财政的匮竭,千疮百孔。

注释:

① 陈寅恪《元白诗笺证稿》第一章《长恨歌》:武惠妃薨年在开元二十五年十二月七日,杨贵妃入宫至早在开元二十六年正月二日,但开元二十三年已册封寿王妃,"其间相隔至少已越两岁,岂有距离如是长久,既已请期而不亲迎同牢者乎? 由此观之,朱氏'妃以处子入宫似得其实'之论,殊不可信从也"。

② 《资治通鉴》卷第二百三十九唐纪五十五宪宗昭文章武大圣至神孝皇帝中之上元和十年："上自李吉甫薨，悉以用兵事委武元衡。李师道所养客说李师道曰：'天子所以锐意诛蔡者，元衡赞之也，请密往刺之。元衡死，则他相不敢主其谋，争劝天子罢兵矣。'师道以为然，即资给遣之。""陈中师按张晏等，具服杀武元衡；张弘靖疑其不实，屡言于上，上不听。戊辰，斩晏等五人，杀其党十四人，李师道客竟潜匿亡去。"胡三省注："《考异》曰：'《旧》《张弘靖传》曰："初，盗杀元衡，京师索贼未得。时王承宗邸中有镇卒张晏辈数人，行止无状，人多意之。诏录付御史台御史陈中师按之，皆附致其罪，如京中所说。弘靖疑其不直，骤于上前言之；宪宗不听。及田弘正入郓，按簿书，亦有杀元衡者，但事暧昧，互有所说，卒未得其实。"按《旧》《吕元膺传》："获李师道将訾嘉珍、门察，皆称害武元衡者。"然则元衡之死，必师道所为也。但以元衡叱尹少卿，及承宗上表诋元衡，故时人皆指承宗耳。'"

③ 《资治通鉴》卷第二百三十七唐纪五十三宪宗昭文章武大圣至神孝皇帝上之上元和元年："刘辟既得旌节，志益骄，求兼领三川，上不许。辟遂发兵围东川节度使李康于梓州。""(高)崇文入成都，屯于通衢，休息士卒，市肆不惊，珍货山积，秋豪不犯，槛刘辟送京师。""戊子，刘辟至长安，并族党诛之。"

④ 《资治通鉴》卷第二百三十九唐纪五十五宪宗昭文章武大圣至神孝皇帝中之上元和九年："元济不迎敕使，发兵四出，屠舞阳，焚叶，掠鲁山、襄城，关东震骇。"《资治通鉴》卷第二百四十唐纪五十六宪宗昭文章武大圣至神孝皇帝中之下元和十二年："吴元济见其下数叛，兵势日蹙，六月，壬戌，上表谢罪，愿束身自归。上遣中使赐诏，许以不死；而为左右及大将董重质所制，不得出。""(李)愬遣李进诚攻牙城，毁其外门，得甲库，取器械。癸酉，复攻之，烧其南门，民争负薪刍助之，城上矢如猬毛。晡时，门坏，元济于城上请罪，进诚梯而下之。甲戌，愬以槛车送元济诣京师。""十一月，上御兴安门受俘，遂以吴元济献庙社，斩于独柳之下。"

⑤ 此事有异说，《考异》说得比较详细。《资治通鉴》卷第二百四十一唐纪五十七

宪宗昭文章武大圣至神孝皇帝下元和十五年："上服金丹，多躁怒，左右宦官往往获罪，有死者，人人自危；庚子，暴崩于中和殿。时人皆言内常侍陈弘志弑逆。"胡三省注："《考异》曰:《实录》但云'上崩于大明宫之中和殿'。《旧纪》曰:'时帝暴崩，皆言内官陈弘志弑逆，史氏讳而不书。'《王守澄传》曰:'宪宗疾大渐，内官陈弘庆等弑逆。宪宗英武，威德在人，内官秘之，不敢除讨，但云药发暴崩。'《新传》曰:'守澄与内常侍陈弘志弑帝于中和殿。'裴廷裕《东观奏记》云:'宣宗追恨光陵商臣之酷，郭太后亦以此暴崩。'然兹事暧昧，终不能测其虚实。故但云暴崩。""其党类讳之，不敢讨贼，但云药发，外人莫能明也。"唐宣宗认为自己继承宪宗之统，把宪宗之死归罪到郭氏和宦官陈弘志等人。《资治通鉴》卷第二百四十九唐纪六十五宣宗元圣至明武成献文睿智章仁神聪懿道大孝皇帝下大中八年："上自即位以来，治弑宪宗之党，宦官、外戚乃至东宫官属，诛窜甚众。"胡三省注："宣宗绝郭后景陵之合葬，诛元和东宫之官属，则以为穆宗母子诚预陈弘志之谋者。然文宗于穆宗，父子也。文宗愤元和逆党，欲尽诛之而不克，以成甘露之祸。使父果为商臣，则子必为潘崇讳矣。"胡三省之说似乎也合理，弑君之事可能经过穆宗等人的篡改。

⑥《旧唐书·李商隐传》："商隐幼能为文。令狐楚镇河阳，以所业文干之，年才及弱冠。楚以其少俊，深礼之，令与诸子游。楚镇天平、汴州，从为巡官，岁给资装，令随计上都。开成二年，方登进士第，释褐秘书省校书郎，调补弘农尉。会昌二年，又以书判拔萃。王茂元镇河阳，辟为掌书记，得侍御史。茂元爱其才，以子妻之。茂元虽读书为儒，然本将家子，李德裕素遇之，时德裕秉政，用为河阳帅。德裕与李宗闵、杨嗣复、令狐楚大相仇怨。商隐既为茂元从事，宗闵党大薄之。时令狐楚已卒，子绹为员外郎，以商隐背恩，尤恶其无行。"

243

第30讲 宦官专权

唐代宗李豫像

前面我们讲了唐晚期已经千疮百孔,这个时间段还有宦官专权。宦官专权的历史可以上溯到唐玄宗时期的高力士,后来在唐肃宗时期又出现了李辅国。李辅国权倾朝野,唐肃宗夫人张皇后,不想让后来的唐代宗登基,想改换其他的皇子,而唐代宗是在李辅国、程元振等宦官的支持之下发动兵变,把张皇后给处理了,① 他才可能登上宝座,所以唐代宗对宦官就百般笼络。

唐代宗干了一件事情,设立了枢密使,也就是说这是皇帝的中枢机要之司,好些事情由枢密使发令。枢密使尤其掌管军政。② 枢密使为枢密院主官,在唐末出现,一直经宋、元,它也产生了一定的影响。虽然唐代宗处理掉了大太监李辅国、鱼朝恩,但是宦官专权的局面没有改变。到了唐德宗时期就出现过神策军,归宦官所统领。这个时候出现了一个说法,叫做"四贵"。四贵指的是神策军的统领,即两个中卫,以及枢密院的两位枢密使。这"四贵"全是由宦官担任。唐王朝晚期皇位的传承得宦官同意,说白了是几位皇子找到了相应的宦官作为自己的支撑,把宦官当作牌打出去,为自己皇权的博弈服务。③有学者指出,虽然唐晚期出现了几位帝王死在太监手里的情况,比如说唐顺宗、唐宪宗、唐敬宗、唐文宗。但是宦官取代皇帝自立,这种现象恐怕还是没有的,宦官一定得依附皇权。也有学者,比如说像陈寅恪先生的弟子汪篯先生在《汉唐史论稿》中指出,唐朝宦官专权其实程度不如东汉晚期,在财政以及地方事务上,它的干涉程度比东汉要小。黄永年先生在《唐史十二讲》中也曾经指出,与其说是若干宦官专权,不如说是宦官背后若干皇子集团的势力博弈。这样的解读比较客观,唐代宦权呈现出其他时代所不具有的特色。

宦官的势力等于是皇权势力的分支,宦官集团作为皇权的附庸如果异化的话,皇权会和臣子们站到一起打击宦权。如果臣子权力膨胀,皇帝还会用宦权力量铲除异己,当时的博弈关系是微妙的。于是就有一个称呼,叫南衙北司。所谓南衙指的是臣子的办公衙署,它在皇帝的宫城之南,城南衙。太监的衙署在宫城的北

柳宗元《捕蛇者说》

《卖炭翁图》

部,所以称北司。南衙北司之争在唐晚期也非常明显。

其中有一个事件,就是二王八司马事件。大家在中学学过一篇很著名的古文,是柳宗元写的《捕蛇者说》,为什么柳宗元被贬官到永州,其实和二王八司马事件有关。当时唐顺宗想进行改革,运用了宰相的势力,一个是王叔文,一个是王伾,还有一大批臣子来打击太监。推行改革涉及很多方面,主要是刷新吏治,削夺宦官的力量,限制藩镇的势头,加强皇权等等。总之对藩镇不利,对宦官不利。宦官不仅在宫廷内作祟,而且他还能够到地方军队上去监军,影响军队的战斗力。宦官巧取豪夺,大家学过有一首诗叫《卖炭翁》,是白居易写的,那个"手把文书口称敕"的宦官,是奉了皇恩圣旨去民间巧取豪夺,宣称是公事,这种做法民怨沸腾。这次改革史称永贞革新,这一年是公元805年。

于是宦官形成了强大的压力,逼着唐顺宗把皇位让给太子李纯,也就是唐宪宗,历史上称之为永贞内禅。永贞内禅发生之后没有多久,唐顺宗就暴卒,有人说就是被宦官所害,这是很有可能的。原先和王伾、王叔文进行改革的一群官僚倒了大霉,王伾、王叔文罢官身死。而一群官僚中,包括刚才提到的柳宗元,咱们熟知的刘禹锡,纷纷被下放,这场改革彻底失败。

另一次南衙北司之争,是史书上的甘露之变。甘露之变发生在唐文宗时间。唐顺宗之后有唐宪宗、唐穆宗、唐敬宗、唐文宗。唐文宗烦透了太监，一上来就除掉了韦元素、王守澄等大太监，然后联合臣子李训、郑注、韩约等人骗大太监仇士良，到大明宫金吾卫大厅后面的石榴树上去观赏甘露，这下布下口袋阵，想把大太监仇士良当场处决。没想到这消息走漏了，仇士良先发制人，李训、郑注、韩约以及宰相王涯一干人等通通被斩尽杀绝，长安城又一片腥风血雨，史称甘露之变。

甘露之变的记载非常多，除了正史像《资治通鉴》《两唐书》之外，还有许多笔记。有的就记载说当时宰相王涯都已经跑掉了，跑到了永昌里的茶肆之中，④被太监一干人等给抓住，死在了城西南角的柳树之下，这场政变株连甚多。

仇士良权倾朝野，但是甘露之变发生之后，他也不敢弄死唐文宗，因为是冒天下之大不韪。后来他活到了唐武宗年间，据说在他退休以后曾经对他的徒弟（也是太监）讲，你不能让这些个皇帝接近文臣，不能让他理朝政，否则的话他就会打击太监，得让皇帝成天声色犬马，让他纸醉金迷，咱们才有好日子过。⑤

甘露之变等于把皇权和宦权的矛盾白热化。我们也能看出来，在甘露之变发生之后，他也不敢处死皇帝，这就说明一点，是皇帝还有力量。所以宦权一直和皇权是若即若离的关系。

在唐文宗之后是唐武宗，历史上的唐武宗时期发生了一件事，就是会昌灭佛，这是"三武灭佛"之一。三武，我们讲过北魏太武帝，以及周武帝，还有唐武宗。"三武灭佛"打击和尚，没收寺院田产，对于加强王权有一定的功效。

唐武宗之后登基的是唐宣宗，唐宣宗在历史上还是比较有好名声的，一度被人称之为小太宗，他喜欢读《贞观政要》，昭雪冤案。⑥司马光写到

唐文宗李昂像

唐武宗李炎像

唐宣宗李忱像

这的时候予以盛赞。⑦唐宣宗开创的就是大中之治。大中之治从公元846年一直持续到859年，十三年之久。

大中之治，这个唐宣宗李忱比较有意思，首先他这个身份就特殊，是唐武宗的叔辈，是唐宪宗的儿子。李忱生性比较内向，不太爱说话，甚至智商也不高，一度被人们称之为傻子。他被封为光王。当时这个李忱登基也是太监的主意，为什么找到这个叔辈光王李忱？其中最重要的原因就是盛传李忱是傻子，太监能够操控朝政。这个李忱就这么糊里糊涂地登上舞台。没想到，登上舞台，这些太监傻了，朝臣们也傻了，他一点儿也不傻，装傻装了二十多年，所以这下他大刀阔斧地整治太监，尤其是他要整治异己势力。

唐宣宗李忱他遇到一个很棘手的问题就是以叔父的身份登基，我们知道这是没法在宗庙里说得过去的，因为前面的皇帝是他的侄儿，哪有叔父拜侄儿的道理？这是很神奇的一个现象。这个问题怎么解决？要么说这个李忱非常高明，精通《贞观政要》，把这部书读得滚瓜烂熟。于是他想出一个法子，直接祖述他的父亲就是唐宪宗李纯。我们曾经讲过，李纯是怎么死的？李纯死在大太监陈弘志手中,是几派太监皇子势力博弈的结果。李纯不立皇后,自此晚唐也不立皇后,防止争斗。他宠幸的郭贵妃,也就是郭子仪的孙女,就想把自己的儿子李恒(也就是后来的唐穆宗)扶上君位,于是他们勾结太监发起了政变。那么这下的话,到了唐宣宗时候反攻倒算,我得给我的爸爸报仇,于是把当时一干人等斩尽杀绝,而且宣布后代几朝帝王,包括唐穆宗、唐敬宗、唐文宗、唐武宗在内,全是僭越登基,属非法,不合理,直接祖述他的父亲就是唐宪宗。你说这是傻子吗?这样的话,他获得了王朝的实质性权力。

他进行了一系列的改革,打击藩镇,加强皇权,使得当时唐代的社会又出现了清明的迹象,而且发展生产,休养生息,很像他的祖先唐太宗所为,所以不少人称之为小太宗。

其中还有一个非常好玩的故事,大家知道有一个很著名的诗人,叫做温庭筠。温庭筠是花间派创始人,写了一大堆艳歌小词,这在文学史上非常的出名。温庭筠非常悲惨,而且他长相非常丑陋。温庭筠善于作弊,这是作弊第一高手。据说他能在几位主考监督之下,替若干人等代考写卷子,考官全都发现不了。他的手摆动几下,一首诗就做出来了,人称"温八叉"。一度他在长安邸店里头就跟另外一个人口角起来,这两个人长得都挺难看,按今天的话可以用猥琐形容。于是他问那个人,你是什么样的小官?你是参军、主簿,还是县尉?那个人实在被他气得要命。那个人是谁?那个人就是唐宣宗。⑧唐宣宗经常微服私访,这个时候碰上一个愣头青温庭筠,于是发生这么一场口角,弄得很不愉快。所以后来这个温庭筠在官场上宦海浮沉,五十多岁出入扬州,写一些艳歌小词,穷困潦倒,甚至被巡逻兵丁打掉牙。

唐宣宗时期出现了许多名臣,也出现了不少文学之士,在历史上赫赫有名。这样的话,唐王朝出现了一段时间的回光返照,而回光返照终归是回光返照，许多矛盾还没有解决，尤其是藩镇，成为唐王朝的心腹大患，纠结着一系列的社会矛盾与阶级矛盾，最后如火山喷发，一发不可收拾。

注释：

① 《资治通鉴》卷第二百二十二唐纪三十八肃宗文明武德大圣大宣孝皇帝下之下宝应元年："后召越王（李）系谓曰：'太子仁弱，不能诛贼臣，汝能之乎？'对曰：'能。'系乃命内谒者监段恒俊选宦官有勇力者二百余人，授甲于长生殿后。乙丑，后以上命召太子。元振知其谋，密告辅国，伏兵于陵霄门以俟之。太子至，以难告。太子曰：'必无是事，主上疾亟召我，我岂可畏死而不赴乎！'元振曰：'社稷事大，太子必不可入。'乃以兵送太子于飞龙厩，且以甲卒守之。是夜，辅国、元振勒兵三殿，收捕越王系、段恒俊及知内侍省事朱光辉等百余人，系之。以太子之命迁后于别殿。时上在长生殿，使者逼后下殿，并左右数十人幽于后宫，宦官宫人皆惊骇逃散。丁卯，上崩。辅国等杀后并系及兖王僴。"

② 《文献通考》卷五十八《职官考》十二《枢密院》："唐代宗永泰中，置内枢密使，始以宦者为之，初不置司局，但有屋三楹，贮文书而已。其职掌惟承受表奏于内中进呈，若人主有所处分，则宣付中书门下施行而已。永泰中，宦官董秀参掌枢密事。元和中，刘光琦、梁守谦为枢密使。长庆中，王守澄知枢密事。旧左、右军容多入为枢密，亦无视事之厅。后僖、昭时，杨复恭、西门季元欲夺宰相权，乃于堂状后帖黄（唐代制度，皇帝降敕，如有所更改，以黄纸贴之，谓之贴黄），指挥公事，此其始也。"

③ 赵翼《廿二史札记》卷二十《唐代宦官之祸》："立君，弑君，废君，有同儿戏，实古来未有之变也。推原祸始，总由于使之掌禁兵，管枢密"，"其后又有枢密之职，凡承受诏旨，出纳王命，多委之，于是机务之重又为所参预。是二者皆极要重之地。有一已足揽权树威，挟制中外，况二者尽为其所操乎？"

④ 《资治通鉴》卷第二百四十五唐纪六十一文宗元圣昭献孝皇帝中太和九年："王

涯徒步至永昌里茶肆，禁兵擒入左军。涯时年七十余，被以桎梏，掠治不胜苦，自诬服，称与李训谋行大逆，尊立郑注。王璠（王涯兄长，王涯第二十，王璠第五）归长兴里私第，闭门，以其兵自防。神策将至门，呼曰：'王涯等谋反，欲起尚书为相，鱼护军令致意！'璠喜，出见之。将趋贺再三，璠知见绐，涕泣而行；至左军，见王涯曰：'二十兄自反，胡为见引？'涯曰：'五弟昔为京兆尹，不漏言于王守澄，岂有今日邪！'"《旧唐书·王涯传》："十一月二十一日，李训事败，文宗入内，涯与同列归中书会食，未下箸，吏报有兵自阁门出，逢人即杀。涯等苍惶步出，至永昌里茶肆，为禁兵所擒，并其家属奴婢，皆系于狱。"《唐才子传》卷五《王涯》："涯榷盐（为盐铁转运使）苛急，百姓怨之。及甘露祸起，就诛，悉诟骂，投以瓦砾，须臾成堆。"《唐两京城坊考》卷之三《西京》："次南永昌坊。给事郎李伏奴宅。茶肆。"

⑤《新唐书·仇士良传》："士良之老，中人举送还第，谢曰：'诸君善事天子，能听老夫语乎？'众唯唯。士良曰：'天子不可令闲暇，暇必观书，见儒臣，则又纳谏，智深虑远，减玩好，省游幸，吾属恩且薄而权轻矣。为诸君计，莫若殖财货，盛鹰马，日以球猎声色蛊其心，极侈靡，使悦不知息，则必斥经术，暗外事，万机在我，恩泽权力欲焉往哉？'众再拜。士良杀二王、一妃、四宰相，贪酷二十余年，亦有术自将，恩礼不衰云。死之明年，有发其家藏兵数千物，诏削官爵，籍其家。"

⑥《资治通鉴》卷第二百四十九唐纪六十五宣宗元圣至明成武献文睿智章仁神聪懿道大孝皇帝下大中八年："上以甘露之变，惟李训、郑注当死，自余王涯、贾𫗦等无罪，诏皆雪其冤。"

⑦《资治通鉴》卷第二百四十九唐纪六十五宣宗元圣至明成武献文睿智章仁神聪懿道大孝皇帝下大中十三年："宣宗性明察沉断，用法无私，从谏如流，重惜官赏，恭谨节俭，惠爱民物，故大中之政，讫于唐亡，人思咏之，谓之小太宗。"

⑧《唐才子传》卷八《温庭筠》："宣宗微行，遇于传舍，庭筠不识，傲然诘之曰：'公非司马、长史流乎'又曰：'得非六参、簿、尉之类？'帝曰：'非也。'"

第31讲 黄巢起义

前面我们说到了唐代晚期复杂的社会矛盾,还是那句话,"国之将兴,必有祯祥;国之将亡,必有妖孽"。这个时间段出现好些非常怪异的事情,在唐宪宗元和年间有一个非常著名的迎佛骨事件。819年(元和十四年),这个唐宪宗李纯就像打了鸡血一样,一定要迎佛骨。从法门寺地宫之中迎出佛骨,善男信女祈福迎祥,表达了人们狂热的诉求。可是这种针对行为,大学者韩愈写了《谏迎佛骨表》,主张佛乃蛮夷之人,佛骨乃西方不祥之物,迎它作甚。这个话一语成谶,元和十四年迎请佛骨,元和十五年,820年,元和天子驾崩,也不知道怎么这么巧。①

《迎佛骨图》

之后出现的就是穆宗、敬宗、文宗、武宗。到了武宗时期大规模的毁佛运动出现,我们也曾经说过"三武灭佛",唐武宗本

第31讲 黄巢起义

身就信道教，他对这一套教义非常不满，佛教寺院经济又和他控制财政的主张相冲突，所以大规模的灭佛发生了。但是武宗驾崩以后，唐宣宗继位，唐宣宗是信佛的，而唐宣宗的儿子唐懿宗更是如此，唐懿宗在位时期，公元873年，又出现了一次迎请佛指舍利的活动，又一次非理性的欢呼，善男信女表现的状貌比元和年间有过之而无不及。据说当时有人在自己头顶上点香，有人把自己躯体烧着。这种非理性的做法今天看都不可理解，但是当时人们甘之如饴。②但是也不知道怎么又是那么巧，没过多久，连一年都不到，唐懿宗驾崩，让人感觉这好像就是一个挥之不去的梦魇。

唐懿宗之后就是唐僖宗，唐僖宗照样喜欢这一套，他对佛事特别热衷，直到今天陕西扶风法门寺地宫，八十年代发掘以后，人们还发现了带有唐僖宗名字的茶器。我们知道那个时候的泡茶方式跟今天的完全不同，它有茶砖、有茶筹，需要捣碎，而且过筛子，之后煮沸，加盐，就着甜点心吃。这个茶具上面看到了唐僖宗的名字，而且他把这样的珍贵的奢侈品放到了法门寺地宫之中，表达自己对佛祖的虔诚。

但是这个时间段，天下大乱，其中很大的因素就是统治者的倒行逆施。当时爆发了一场大起义，叫庞勋起义。庞勋是当时徐泗地带的人，被调到南方打南诏，统治者曾经许诺，三年之后你们就可以回来，没想到这个话就是个空头支票，三年变五年、六年，老百姓思乡，后来索性发生民变，老百姓推举一个低等的军官庞勋，说你作为我们起义领袖吧，他们从南方一直打到了徐泗，但是后来这场起义被镇压下去。

庞勋起义被镇压掉之后，又出现了陕虢民变，当时在陕州以及函谷关一带闹了大旱灾，老百姓的代表去见观察使崔荛，这个崔荛非但不理会，反而骂这些老百姓是刁民，他指着庭院中的大树说，你说旱灾，这个树怎么没事，它不是长得好好的吗？这样的领导让所有人都非常气愤，于是民变爆发。后来崔荛为军阀所逐,逃到老百姓家里头,向老百姓要水喝,这个时候老百姓恨透了他,给他的是尿,这个矛盾已经激化至此。③甚至当时闹了蝗灾之后,统治者非但不体恤、不赈灾,反而苛捐杂税亦如往昔。不仅如此,此时还有人向唐朝皇帝报告,说蝗灾来到关中以后就发生了变化,蝗虫慑服于陛下的天威,于是跑到这个棘树之上通通饿死,一些人还给皇帝写功德表,已经荒谬至此。社会矛盾越来越激化,终于酿成唐晚期最大的一次起义,那就是黄巢王仙芝起义。

前几年有一部非常有意思的电影就是《满城尽带黄金甲》,黄巢说:"冲天香阵透长安,满城尽带黄金甲。"这是他考进士之后不第,然后咏叹菊花的一首诗。据说黄巢还曾经是盐商之后,事实上我们对他的生平知之甚少,他的父亲是谁,他的祖父是谁,今天还不太了解,相传他五岁的时候就能够写诗,"他年我若为青帝,报与桃花一处开"。这是五岁孩子写的,多么大的气魄!没想到,到他考进士科以后,他又写了一首菊花诗,就是刚才说的《不第后赋菊》。当时科举考试其实已经相当之腐败,大部分的人事任免权操纵在宦官手中,而黄巢不中在情理之中。但是激怒了黄巢,他揭竿

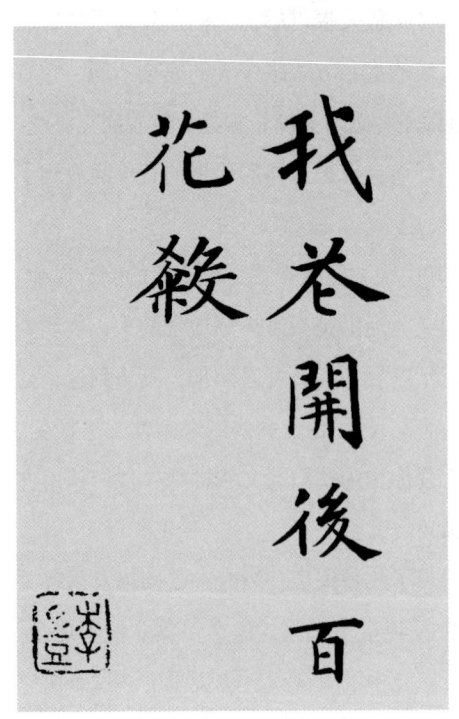

我花开后百花杀

而起。黄巢有一个老乡就是王仙芝,他们在山东起义。公元875年这个王仙芝先发出檄文,黄巢也跟着起义,于是这两支部队打到了一起,给当时统治者狠命的打击,杀官夺府,这历代史书中提到黄巢都觉得这是一场了不得的民变。

大历史学家赵翼在《廿二史札记》里头就和明末的起义军领袖李自成进行过比较,黄巢有好些雷同的地方,出身、起义的经历,以及政权维系的时间,乃至对知识分子的态度等等,这些情况都有一定的相似度。④赵翼的这个说法提示我们一点,农民起义领袖往往都是在最初的时候攻城略地,杀官夺府,取得了成就,但是没过多久就腐化堕落,黄巢也难逃这个辩证法。我们看当时黄巢还真是跟一般流寇不一样,他起义的伙伴王仙芝想接受唐王朝统治者的招安,唐王朝许给高官厚禄,没想到黄巢和王仙芝翻脸了,索性就用大锥把王仙芝打得头破血流,告诉王仙芝,你我当年发下的誓愿你都忘了吗? 如果你接受招安、我接受招安,周围这几千弟兄如何? 他有这样的伟略,比王仙芝要技高一筹。⑤

而且黄巢还懂得当时唐王朝的势力分布,他知道唐王朝晚期仰仗的是东南的税源。经济重心南移以后,南方就成为唐王朝的府库,谁当淮西节度使,谁就拥有王牌。而这个时间段唐王朝自身也缺兵、缺钱,它得用南方的钱雇北方胡族的雇佣兵。这个奥秘黄巢也照样懂得。于是黄巢一定要拿下南方府库。黄巢一下从北方打到南方,转战江南,造成当时江南一片混乱,给唐王朝带来致命性的打击。

公元880年唐王朝改年号广明,黄巢看了之后非常高兴,为什么? 因为广明的"广"(繁体为廣)就是把唐给改了,唐去丑口而注黄,名黄而带唐也。咱们看"唐"字它里面就有"丑",还有"口",有这两个字,你居然给拿掉,换成我的"黄",那就说明你们气数已尽。黄巢打到北方以后改变原先的策略，原先是破坏性的，而到北方之后，尤其到洛阳、长安以后，他的策略是招抚，下了赦免令，四品以下的官员我统统不打击你们，然后向城市中的平民散发金玉、锦绣，赢得老百姓的欢迎，甚至他到长安的时候，万民欢迎，兵不血刃，唐王朝的气数殆尽。黄巢杀进长安之后，唐僖宗没辙了，又一次像他祖宗唐玄宗一样，跑到了蜀中，黄巢索性称帝，建国号为齐。而且当时有首非常著名的诗，就是韦庄的《秦妇吟》："内库烧为锦绣灰，天街踏尽公卿骨。""天街踏尽公卿骨"，使得李唐王朝的宗室被屠戮殆尽。自此中国历史上的士族彻底退出政治舞台，它从汉末开始酝酿，经魏晋南北朝发展，到了隋朝的时候予以打击，武则天重修的《氏族志》，面临着灭顶之灾，这个时候"天街踏尽公卿骨"，士族退出历史舞台。

很有意思的是，韦庄这首诗《秦妇吟》，在相当一段时间内是亡佚了的。到了二十世纪初，在敦煌藏经洞之中，人们才发现这还有韦庄的这首诗，《秦妇吟》写得非常长，他是以秦妇的视角对唐末的历史进行描述，有

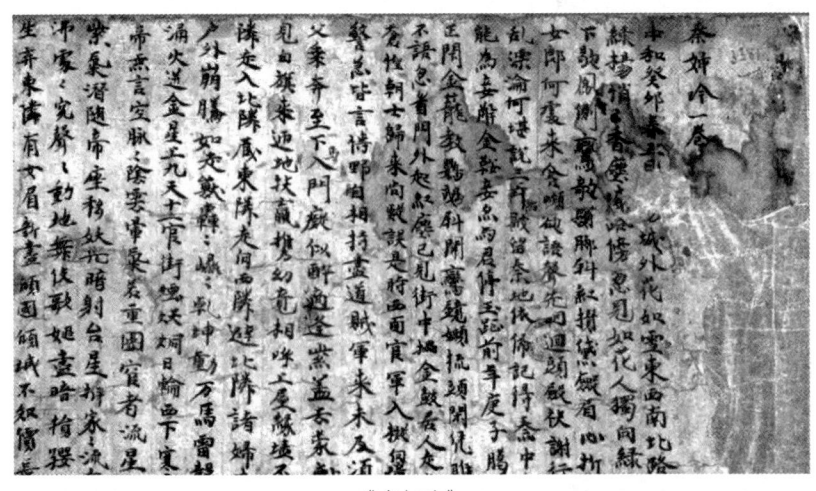

《秦妇吟》

人说这是唐王朝最长的一首叙事诗。《秦妇吟》为什么不见了？大历史学家陈寅恪等人进行了推测。《秦妇吟》作者韦庄就是黄巢之乱的见证人，后来韦庄投靠了前蜀皇帝王建，而前蜀皇帝王建在唐末曾经烧杀淫掠过，他怕这首诗惹怒王建，进而把它给隐藏起来。但是咱们知道，在唐王朝，诗刚写成就有许多人传抄，文学作品有自己的传抄途径，所以还有传本保存到了敦煌石室之中，今天咱们才能得见。⑥陈先生这个推测还是比较合理的。

黄巢在880年称帝，改国号大齐之后，自己搞起了腐败，农民起义难免这种厄运，他已经变成了他原先所讨厌的样子，原先打到南方的时候纪律相当严明，甚至他下令说我手下的官吏，尤其是县令，有敢贪污的就是死罪。但是这个时候，他睁一眼闭一眼，甚至唐王朝的那些旧官，乃至宦官，他还照样沿用。这时候他手下的部将开始分崩离析，其中有一个人叛变了，这个人的名字叫朱温。

唐王朝非常重视朱温，认为他是天赐良将，把朱温改名叫朱全忠，希望他效忠唐朝。然后朱全忠被唐王朝封为宣武节度使，他的地盘在今天河南开封一带，掌握着中原重兵，给黄巢最大打击。

不仅如此，黄巢还受到沙陀兵的伏击。沙陀族本是回鹘的一支，而沙陀人经常被唐王室雇佣来打仗，当作雇佣兵，战斗力比较强。而此时沙陀族人的领袖叫李克用，这个人非常有谋略，老谋深算，他也是黄巢的克星。在腹背受敌的情况之下，黄巢在长安待不下去

后梁太祖朱温像

了，只能是一路东逃，逃回他的起家地山东，最后在公元884年死在狼虎谷（今山东莱芜），黄巢起义就被镇压下来。

黄巢起义给社会带来的冲击是非常大的，在早先咱们讲阶级斗争史的时代说农民起义的反抗性，但是我们也能看到，反抗的同时有着巨大的破坏性，也有非常强的盲目性。的确，官逼民反，可是它夺取政权以后迅速腐化堕落，甚至比原先的统治者更甚。朱全忠（也就是朱温）之所以叛变，就是和当时黄巢派的监军有关，等于唐王朝这套制度他也学来，因为农民政权他没有什么基础，只能是学。唐王朝晚期出现了的农民战争，把唐王朝的秩序搅了个底儿朝天。一方面带来了巨大的破坏，当时长安、洛阳一片瓦砾，虽然唐王朝没有就此灭亡，但是原先的宫廷苑囿已经受到了灭顶之灾。另外一方面，当时的社会经济，尤其是农业生产是倒退的。⑦在这个背景下唐王朝气数殆尽。

另外黄巢起义使得当时节度使纷纷拥兵自重，原先还听唐王朝的，尤其是在唐宪宗、唐宣宗这几位有为的天子的时候，虽然藩镇割据，但是真有胆量和唐王室叫板的基本上也就是河朔四镇，尤其南方是太平的。甚至有些节度使本身就是文官，他受朝廷的任命，对朝廷亦步亦趋。可是在唐晚期黄巢之乱之后，地方秩序分崩离析，这种背景之下节度使纷纷拥兵自重，不把唐王室放在眼中，乱象可见一斑。

黄巢起义冲击了当时的政治秩序，暴露了唐王朝的短板。这个人很有本事，他能在唐王朝各政治势力之间的真空地带游走，但是也难逃历史的宿命。这样社会又一次洗牌，唐朝皇帝从唐僖宗、唐昭宗到唐哀宗，纷纷被玩弄在节度使股掌之中，受着宦官的挤兑，所以唐王朝晚期的社会愈发黑暗。

注释：

① 《资治通鉴》卷第二百四十唐纪五十六宪宗昭文章武大圣至神孝皇帝中之下元和十四年："中使迎佛骨至京师，上留禁中三日，乃历送诸寺，王公士民瞻奉舍施，惟恐弗及，有竭产充施者，有然香臂顶供养者。"

② 《资治通鉴》卷第二百五十二唐纪六十八懿宗昭圣恭惠孝皇帝下咸通十四年："春，三月，癸巳，上遣敕使诣法门寺迎佛骨，群臣谏者甚众，至有言宪宗迎佛骨寻晏驾者。"胡三省注："事见《宪宗纪》元和十四年。死者，人所甚讳也，况言之于人主之前乎！言之至此，人所难也。""上曰：'朕生得见之，死亦无恨！'广造浮图、宝帐、香轝、幡花、幢盖以迎之，皆饰以金玉、锦绣、珠翠。自京城至寺三百里间，道路车马，昼夜不绝。""夏，四月，壬寅，佛骨至京师，导以禁军兵仗、公私音乐，沸天烛地，绵亘数十里；仪卫之盛，过于郊祀，元和之时不及远矣。富室夹道为彩楼及无遮会，竞为侈靡。上御安福门，降楼膜拜，流涕沾臆，赐僧及京城耆老尝见元和事者金帛。迎佛骨入禁中，三日，出置安国崇化寺。宰相已下竞施金帛，不可胜纪。因下德音，降中外系囚。"

③ 《资治通鉴》卷第二百五十一唐纪六十七懿宗昭圣恭惠孝皇帝中咸通十年："六月，陕民作乱，逐观察使崔荛。荛以器韵自矜，不亲政事，民诉旱，荛指庭树曰：'此尚有叶，何旱之有！'杖之。民怒，故逐之。荛逃于民舍，渴求饮，民以溺饮之。坐贬昭州司马。"

④ 《廿二史札记》卷二十《黄巢李自成》："流贼有适相肖者。黄巢初从王仙芝为盗，仙芝被戮，巢始为盗魁。李自成亦先从高迎祥为盗，迎祥被擒，自成始为盗魁。相似一也。巢以草贼起事，陷京师，据宫阙，僭号改元。自成亦以草贼起事，陷京师，据宫阙，僭号改元。相似二也。巢未入京以前，其锋不可当，入京僭位后，逆运已满，未几遂一败涂地。自成自襄、陕向京，凶威亦无敌，入京僭位后，逆运亦满，未几亦一败涂地。相似三也。巢因民谣有'逢儒则肉师必覆'之语，遂戒军中不得害

儒者，所俘民称儒者辄舍之。至福州，杀人如麻，过校书郎董朴家，令曰：'此儒者。'乃灭火弗焚。自成所用牛金星，乃举人不第者，每肆毒于进士官，而戒军中勿害举人。至河南，贼将误杀一县令，或告曰：'此举人也。'群骇而去。其相似四也。巢入长安，令唐官三品以上并停，四品以下俱复旧任。自成入京，亦令三品以上并停，四品以下仍旧。其相似五也。岂贼中有人知巢之故事而仿之耶？又巢败奔狼虎谷，为林言所斩，事见《唐书》及《通鉴》。而小说家谓巢实未死，后为僧于嵩、洛间，自题其像，有'铁衣著尽著僧衣'之句。自成窜九宫山，为村民击死，事见《明史》，而论者谓其部兵尚有数十万，何至毙于村民之手，遂亦有传其为僧于武当者。此二贼先后事迹，何适相肖也？"

⑤《资治通鉴》卷第二百五十二唐纪六十八僖宗惠圣恭定孝皇帝上之上乾符三年："诸宰相多言：'先帝不赦庞勋，期年卒诛之。今仙芝小贼，非庞勋之比，赦罪除官，益长奸宄。'王铎固请，许之；乃以仙芝为左神策军押牙兼监察御史，遣中使以告身即蕲州授之。仙芝得之甚喜，镣、偓皆贺。未退，黄巢以官不及己，大怒曰：'始者共立大誓，横行天下，今独取官赴左军，使此五千余众安所归乎！'因殴仙芝，伤其首，其众喧噪不已。仙芝畏众怒，遂不受命。"

⑥ 陈寅恪先生《秦妇吟校笺》指出，中和二年（882年）韦庄逃到洛阳，其时官军杨复光部驻于渭北，这和《秦中吟》里秦妇逃亡的路线是一致的。秦妇所见所闻的人间悲剧，便是杨复光的军队干的，而前蜀皇帝王建当年就是杨复光的手下大将。可知韦庄在晚年对《秦妇吟》讳莫如深，似乎不是"内库烧为锦绣灰，天街踏尽公卿骨"等诗句刺激权贵，而是由于《秦妇吟》揭露了前蜀王建君臣发家的血腥历史。

⑦《旧唐书·黄巢传》，"时京畿百姓皆寨于山谷，累年废耕耘，贼坐空城，赋输无入，谷食腾踊。米斗三十千。官军皆执山寨百姓，鬻于贼为食，人获数十万"。

第32讲　唐末混战

前面咱们说到了黄巢之乱，有一本书其实您也可以找来读一读，托名罗贯中写的《残唐五代史演义》，这是一部小说，有许多是戏说的成分，但是大体的骨架是唐五代的历史发展，语言也没有太多修饰。这个小说里头把黄巢塑造成一个落第文人的形象。他的确是因为落榜之后产生了怨恨的情绪。咱们千万别把考生逼成这样，中国历史上有两个人就是落第之后弄得地覆天翻，一个是黄巢，一个就是清末的洪秀全。黄巢落第产生了怨气，于是有了满城尽带黄金甲。小说里头把黄巢描绘得奇丑无比，因为他相貌丑陋可憎，皇帝一怒不录取，进而他报复社会。这样的情节都是戏说。

黄巢这一场民变给唐王朝带来洗牌，当时黄巢的首级被送到长安，而黄巢身边的女人、侍从也被当作逆党处决。其中有一件事让人刮目相看，当时黄巢的宠妾之中有一个人，也要

《镌玉茗堂批点残唐五代史演义传》书影

被当作黄巢的逆党处死,而且唐僖宗亲自过问。他问这些女人,你们原先出身都是贵胄,甚至有的是我李唐宗室(因为被黄巢俘虏去),你们居然和贼人同流合污,做出对不起朝廷的事情,让我觉得发指。当时许多人都默不作声,毕竟是死路一条。没想到这个女子发声了,她就质问唐朝天子,说您都躲到了蜀中,而国家这么多兵将都没有抵挡住黄巢,你说我能抵挡得住吗? 你现在责备我,不觉得很汗颜? 当然这个话说了也是白说,最后也得死,但甭管怎么样,历史上记了一笔。据说当时行刑的时候,有人给他们饯行,只有这个女子不吃不喝,也不尖叫恐惧,从容赴死。①

黄巢起义带来了政局的大洗牌,自此之后武人拥兵自重,当时唐朝皇帝的气数就决定在两股势力之中:一个就是宦官,一个就是藩镇。这两个势力有的时候还勾结在一起,他们要打出自己满意的牌,推出一个傀儡皇帝,背后是各种争斗。在唐晚期的确出现过宦权膨胀的现象,但是一般认为,这个宦权还不可能说把皇权彻底废除,宦官自己成为皇帝,这样的现象还没有发生过。而当时读书人、士大夫对宦官是非常鄙弃的,有一个事件就能说明问题。

唐晚期进士及第,有一个进士叫做叶京,进士及第之后有一系列的庆祝活动。唐王朝进士及第非常热闹,还出现一大堆团队,杂耍班子、杏园宴、樱桃宴、闻喜宴、雁塔题名,傅璇琮老先生写过的一本名著叫《唐代科举与文学》,这本书把当时科举的排场写得非常好。进士趾高气扬,坐着高头大马,但是游行的人迎面碰上宦官,于是叶京就拍马屁对宦官拱手作揖,可这下许多人对叶京极其反感,这个事在士人之中就传开了,人们认为这个叶京没有骨气,史书记载自此以后叶京仕途也不好。当时读书人有这样的气节。②

可是读书人有骨气,统治者不买账要拉拢宦官。有一个官员叫董禹,他是右补阙，给皇帝提意见，说你不应该总放荡游猎，皇帝非常高兴，还重赏了这个董禹。可是当时邠宁节度使李侃向皇帝为其"假父"李雅道（华清宫伎，也是太监）求官，董禹大骂。这个消息让宦官知道了，在宦官的压力之下，皇帝只能贬斥董禹，当时君、臣、宦官几股政治势力的博弈之中，太监的力量不可小觑。③

终于到了唐僖宗驾崩，之后推上皇位的就是唐昭宗，唐昭宗的名字叫李晔，李晔登基的时候才二十二岁，涉世不深，但是有着一腔抱负。而把他扶上皇位的有两个大太监：一个叫杨复恭，一个叫刘季述。这两个人就是想把皇帝玩弄于股掌之中，可是皇帝不甘心于此，唐朝皇帝和宰相韦昭度联合，要铲除宦官，要打击藩镇，这个雄心非常之大，但是他们的力量却很弱。于是宦官和节度使联手就要收拾皇帝，895年，王行瑜、李茂贞、韩建等节度使联手挟持了皇帝，④居然把皇帝挟持了三年之久，等这个皇帝放回来，唐昭宗又面临着宦官的威胁。刚才说过，他本身就是宦官所立，这时候唐昭宗对宦官不满，索性一次酒醉，斩杀了许多宦官以及宫女，这下大太监刘季述索性发动政变，在长安宫中囚禁皇帝。这皇帝可惨了，据说当时这个太监把门一锁，而且用铁水浇上锁，你也甭想打开，只挖了一个小洞子给皇帝盛送饭菜，皇帝就像囚徒一样。⑤这些节度使不干了，刚才说过的几镇节度使，就包括李茂贞、韩建，以及河东节度使李克用开始发难，这下太监坐不住了，要把这个锅甩给当时的干将朱温，也就是宣武节度使，手握重兵的朱全忠。皇帝手下也有忠于他的太监，所以这些人发动了政变，把囚禁皇帝一党斩尽杀绝，于是皇帝暂时得到了解脱，这一年是公元900年。宰相崔胤给皇帝出了一个主意，您干脆联合朱全忠（也就是朱温），打击那几任不臣的节度使，还有刚才谋反的太监。于是皇帝脑袋一热，就给朱温写信，没想到却引狼入室。

朱温本身就是平民出身，背叛了黄巢，给唐王朝立有战功，他做到了宣武节度使，看到皇帝求救的信心花怒放，他立马率兵打进长安勤王。而那几镇节度使、李茂贞、韩建等人一看大事不妙，又一次把皇帝俘虏，虏到了凤翔。这下皇帝又惨了，整天都吃不饱，预备了一个小磨，自己磨豆面熬粥吃，皇帝宫人饿得面有菜色，每天都有人死去，甚至凤翔已经被朱温包围得水泄不通。据文献记载，这个时候人相食，甚至人肉和狗肉一块儿卖，人肉已经卖到了一百钱一斤，居然到了这种地步，惨绝人寰。⑥

当时朱温之所以围凤翔，就是管李茂贞要皇上，有皇上就能挟天子以令诸侯。后来到了903年，凤翔节度使李茂贞实在坚持不下去了，只能跟朱温讲和。⑦而朱温手中拥有了皇帝，杀进皇宫之中，面对一系列宦官，斩尽杀绝。中国历史上第二次宦官时代到此结束。如果说第一次是东汉，第二次就是从唐玄宗高力士那个时代一直到公元903年朱温打进长安诛杀宦官。朱温的行为把皇帝看得触目惊心，他知道朱温杀宦官的同时也能杀他自己，所以皇帝尽可能地拉拢朱温，封爵，许给他土地，而且据说唐朝皇帝亲自作《杨柳词》五首讴歌朱温，朱温根本不买账，朱温索性把皇帝俘虏到洛阳，因为这是他的大本营，长安城干脆付之一炬。这个偌大的长安经历了那么长时间的繁华，如果从西汉算起，也就是说当时刘邦、萧何建造未央宫、长乐宫开始，一直到公元903年，持续了一千一百年的长安城自此衰落，此后几乎没有什么

唐昭宗李晔像

时代在长安定都，而西北的经济环境和政治环境，乃至自然环境愈发恶化。

朱温把皇帝挟持到了洛阳，而皇帝车驾到华州时，平民百姓看到唐昭宗，跪倒在地欢呼万岁，可是唐昭宗哭着说，你们别称呼我万岁了，我已经不是你们的主子了，唐朝皇帝知道自己来日无多。⑧的确如此，在公元904年，唐昭宗就被朱温杀掉，朱温放上的就是他的儿子唐哀宗，没过多久又把唐哀宗毒死，朱温索性自己登基。这结束了唐王朝数百年的基业，历史上正式进入五代十国，这一年是公元907年。

而朱温白手起家，以军阀的身份登基，造成了一种很恶劣的状况，就是下边每一任军阀他既是宰相又是大将，也是下一朝皇帝的人选，所以五代政权就像走马灯一样。当时五代时期，称之为小分裂，这个小分裂比较五胡十六国时期的大分裂，的确从时间到规模上不能同日而语，但是也是生灵涂炭，社会秩序紊乱，从公元907年持续到公元960年。五代十国的局面就自此开端。

注释：

① 《资治通鉴》卷第二百五十六唐纪七十二僖宗惠圣恭定孝皇帝下之上中和四年："秋，七月，壬午，时溥遣使献黄巢及家人首并姬妾，上御大玄楼受之。宣问姬妾：'汝曹皆勋贵子女，世受国恩，何为从贼？'其居首者对曰：'狂贼凶逆，国家以百万之众，失守宗祧，播迁巴、蜀；今陛下以不能拒贼责一女子，置公卿将帅于何地乎！'上不复问，皆戮之于市。人争与之酒，其余皆悲怖昏醉，居首者独不饮不泣，至于就刑，神色肃然。"

② 《资治通鉴》卷第二百五十唐纪六十六懿宗昭圣惠恭孝皇帝上咸通二年："是时士大夫深疾宦官，事有小相涉，则众共弃之。建州进士叶京尝预宣武军宴，识监军之面。既而及第，在长安与同年出游，遇之于涂，马上相揖；因之谤议諠然，遂沉废终身。其

不相悦如此。"胡三省注:"东汉党锢之祸盖亦如此。但李、杜诸公风节凛凛,千载之下,读其事者犹使人心神肃然。晚唐诗人不能企其万一也,而亦以胎清流之祸,哀哉!"

③《资治通鉴》卷第二百五十二唐纪六十八僖宗惠圣恭定孝皇帝上之上乾符二年:"九月,右补阙董禹谏上游畋、乘驴击毬;上赐金帛以褒之。邠宁节度使李侃奏为假父华清宫使(李)道雅求赠官,禹上疏论之,语颇侵宦官。枢密使杨复恭等列诉于上,冬,十月,禹坐贬郴州司马。"胡三省注:"谷永专攻上身,不失为九卿。王章斥言王凤,则死于牢狱。呜呼,有以也哉!"

④《资治通鉴》卷第二百六十唐纪七十六昭宗圣穆景文孝皇帝上之下乾宁二年:"行瑜乃与茂贞、建各将精兵数千入朝,甲子,至京师,坊市民皆窜匿。上御安福门以待之,三帅盛陈甲兵,拜伏舞蹈于门下。上临轩,亲诘之曰:'卿等不奏请俟报,辄称兵入京城,其志欲何为乎?若不能事朕,今日请避贤路!'行瑜、茂贞流汗不能言,独韩建粗述入朝之由。"

⑤《资治通鉴》卷第二百六十二唐纪七十八昭宗圣穆景文孝皇帝中之中光化三年:"十一月,上猎苑中,因置酒,夜,醉归,手杀黄门、侍女数人。明旦,日加辰巳,宫门不开。季述诣中书白崔胤曰:'宫中必有变,我内臣也,得以便宜从事,请入视之。'乃帅禁兵千人破门而入,访问,具得其状。出,谓胤曰:'主上所为如是,岂可理天下!废昏立明,自古有之,为社稷大计,非不顺也。'"季述以银挝画地数上曰:'某时某事,汝不从我言,其罪一也。'如此数十不止。乃手锁其门,镕铁锢之,遣左军副使李师虔将兵围之,上动静辄白季述,穴墙以通饮食。凡兵器针刀皆不得入,上求钱帛俱不得,求纸笔亦不与。时大寒,嫔御公主无衣衾,号哭闻于外。季述等矫诏令太子监国,迎太子入宫。"

⑥《新唐书·食货志二》:"昭宗在凤翔,为梁兵所围,城中人相食,父食其子,而天子食粥,六宫及宗室多饿死。其穷至于如此,遂以亡。"《新五代史·杂传二十八·李茂贞传》:"梁军围之逾年,茂贞每战辄败,闭壁不敢出。城中薪食俱尽,自

冬涉春，雨雪不止，民冻饿死者日以千数。米斗直钱七千，至烧人屎煮尸而食，父自食其子，人有争其肉者，曰：'此吾子也，汝安得而食之！'人肉斤直钱百，狗肉斤直钱五百，父甘食其子，而人肉贱于狗。天子于宫中设小磨，遣宫人自屑豆麦以供御，自后宫、诸王十六宅，冻馁而死者日三四。"《资治通鉴》卷第二百六十三唐纪七十九昭宗圣穆景文孝皇帝中之下天复二年："是冬，大雪，城中食尽，冻馁死者不可胜计；或卧未死已为人所剐（剧）。市中卖人肉，斤直钱百，犬肉直五百。茂贞储偫（储存）亦竭，以犬彘供御膳。上鬻御衣及小皇子衣于市以充用，削渍松柹，以饲御马。"

⑦《新五代史·杂传第二十八·李茂贞传》："城中人相与邀遮茂贞，求路以为生，茂贞穷急，谋以天子与梁以为解。昭宗谓茂贞曰：'朕与六宫皆一日食粥，一日食不托，安能不与梁和乎？'三年正月，茂贞与梁约和，斩韩全诲等二十余人，传首梁军，梁围解。"

⑧《资治通鉴》卷第二百六十四唐纪八十昭宗圣穆景文孝皇帝下之上天佑元年："甲子，车驾至华州，民夹道呼万岁，上泣谓曰：'勿呼万岁，朕不复为汝主矣！'馆于兴德宫，谓侍臣曰：'鄙语云："纥干山头冻杀雀，何不飞去生处乐。"朕今漂泊，不知竟落何所！'因泣下沾襟，左右莫能仰视。"

第33讲　朱梁乱局

前面说到了唐晚期的乱局，在唐晚期皇帝就被节度使和宦官所操控，这样的局面是唐代政治异化的恶果。907年朱温索性先把唐昭宗干掉，另立了小皇帝唐哀宗，后来毒死唐哀宗，干脆登上舞台称帝，改国号梁，进入五代。

梁唐晋汉周，从907年至960年算作五代。而十国是在南方，咱们仔细数也不止十个国，十国之中北汉也在北方，所以这样的说法都是约略的。北汉一直持续到公元979年，才被赵宋所灭。可是宋王朝的统一，只是三四百万平方公里，它大体和秦的版图是相似的，但和隋唐盛世不可同日而语。

这个五代，政权是走马灯，它也呈现出一个非常独特的现象。北方很乱，一场仗接着一场仗，统治者基本是前朝的大将军或宰相，后来摇身一变，对前朝皇帝取而代之。但是南边不是这个景象，虽然也乱，出现了诸多政权，但是大体太平，甚至有的王国持续几十年，比如说像南唐，时间比较长。这个意义上南方还是比较稳定的，因为南方是鱼米之乡，具有经济后盾，有割据的根基。再借着地理的优势，比如前蜀和后蜀，天府之国本身就容易割据，所以十国分裂是分裂，但基本是太平的，和北方一个政权接着一个政权的动荡局面不同。

第33讲 朱梁乱局

这里先出现的是梁,也称朱梁。朱温本身是唐朝末期黄巢起义的部下,后来背叛黄巢,被唐王朝赐名朱全忠,索性代唐称帝了。而朱温称帝,这一幕一幕的戏都是他自导自演,他手下一堆文臣马屁精,歌功颂德。但是有一个人很反对,这个人就是朱温的哥哥叫朱全昱,朱全昱在他登基大典的时候就曾经骂他弟弟,说朱三(他排行在三)你有这个德行吗?你能称得了帝吗?唐王朝对你不薄,你为什么这么做,你有这样的气数吗?言下之意你早晚天打五雷轰。①这也就是他哥哥,是一起同甘共苦的手足,否则其他人早就人头落地。后来这个朱全昱病死,朱温还号啕大哭,可见他们兄弟感情非常之好。

朱温在历史上也是一个暴君,虽然他有雄心,但是这人极其残暴,毛主席点评历史,说到朱温的时候,就说朱温他的勇气才干和魏武帝曹操不相上下,但是比曹操滑。旧史史家认为朱温极其残暴,他能和北齐的明帝、前秦的苻生相比,这些暴君凶残狠毒,以杀人为乐。而且这个朱温还有一个癖好,就是好色,专门乱伦。当时他几个儿媳妇都和他有不正当关系,一批大臣的夫人也和皇帝有不正当关系,甚至一堆臣子为了拍皇帝马屁,还主动献上自己的老婆。您看那个时候有多么奇怪,居然臣子,甭说臣节,连丈夫的脸面很多人都不讲,那个时候不顾廉耻已经到了这个地步。②

而朱温的晚年也非常不好,的确是像他的哥哥朱全昱所说,这个人德薄,担不了大位。他除了登基之后迎来了骂名,好像真的没有什么。他想把大位给他的养子,这个养子的名字叫朱友文,这个人非常聪明,而且他还有城府,一度朱温和朱友文的夫人王氏(也就是他儿媳妇)通奸,朱温老听王氏在自己面前讲她丈夫多好多好,这似乎也是一种爱丈夫的形式,让咱们觉得无法理解。所以朱温就想把大位给他这个养子朱友文,甚至在临死之前都把玉玺给王氏了。关键是,其他的儿子干吗?于是这个时候他的儿子朱友珪蹦出来了，这个人很凶暴，朱友珪的母亲非常卑贱，原先本身是民间的一个青楼歌女。朱温发迹后和这个青楼歌女一夜之欢，没想到怀上了朱友珪，索性生下来。皇帝朱温一度还非常喜欢朱友珪，可是发现朱友珪性情残暴，喜怒无常，皇帝就想疏远他，想立朱友文。朱友珪把朱温给杀掉了，自己登上大位。③他这个人出身比较寒微，他的母亲是青楼歌女，所以周围的臣子根本看不上他，于是他想通过自己的手段拉拢臣僚，重金收买，但是仍有很多人还不买账，于是他大开杀戒，可是越开杀戒他越不能赢得人心，最后他也被弟弟所杀，他的弟弟叫做朱友贞。

朱友贞登基之后恢复了朱友文的官爵和地位，但是没过多久，923年，沙陀国大兵压境，李克用不是等闲之辈，而李克用他手下又有一堆能臣干将，《残唐五代史演义》说到十三太保，其中非常著名的一个将领就是他的儿子李存勖。李存勖大兵压境，攻下了开封，这个短命的后梁王朝只存在了十七年。

与此同时，南方有一个称霸的军阀叫做刘岩，脱离了朱梁王朝的控制，在今天岭南这个地方称帝，改国号为越，后来又改国号为南汉。但是刘岩也不是东西，骄奢淫逸，尤其非常好色，大开杀戒，所以他的气数也不长。

除了北方的朱梁王朝政权之外，值得说的是契丹崛起。契丹本身为东胡的一支，在唐朝末期势力逐渐膨胀，后来契丹人索性兼并了渤海王国。咱们在讲唐玄宗前后曾经说过，这个渤海国和唐王朝关系一度非常好，唐王朝还册命过。这时候契丹的首领就是耶律阿保机。耶律阿保机有雄才大略，更重要的是他采取的态度非常正确，他推行汉化。他身边还有一位夫人，就是著名的述律皇后，述律皇后在史书上可谓是屈指可数的女中豪杰。当时南方的政权南吴，曾经给契丹人送来一样东西，叫做猛火油，据说猛火油浇在人身上泼水也不灭，可能类似于今天的汽油弹。契丹王朝想打幽州，所以他得到猛火油之后，阿保机就非常高兴，有了这个东西何不试一试呢？于是就想发兵打幽州。没想到，被他夫人述律后给拦下来了，她说，我也没听说过为了一样物件而兴兵动武的，你这回师出无名。你如果真想打幽州的话，用不着什么猛火油，你就包围幽州城，在城外四野放火，使得城内补给耗尽，用不了几年幽州自然是你的。说完这个话，阿保机非常钦佩自己夫人有这样的见识。④

契丹崛起，吞噬了自己的敌对势力，而且统一了八个部落，他的势力波及长城一带。他和许多少数民族统治者一样，奉行着非常明确的汉化政策，虽然他军事力量强，但是他的内心深处已经被华夏礼乐制度所征服。据说阿保机登基坐殿的时候，他用的朝仪以及穿戴的服饰一如汉民族，可见汉文化的辐射力。他甚至推行了两套制度，历史上称之为南面官、北面官。所谓南面官就是面对华夏设置的行政制度，也就是说他拿下的地区对待汉人政策是和汉族地区是完全一样的。而且官制亦如汉人，也有尚书省、中书省，也有枢密院和六部。而另外一套叫北面官，它统辖的是契丹少数民族，这个北面官也杂用汉制，成为机要之司，南面官会有名无实。⑤尤其是在他统治集团内部非常重视汉人，有学者统计过，在契丹王朝人口比例之中，华夏人口比例已经占到三分之一以上，他认为华夏人非常聪明，带来先进的文化，是他们的智囊，往往出谋划策，阿保

《契丹人骑射图》

机甚至把这些人奉若神明。这样的制度使得辽朝的气数很长久，要是咱们看资料的话，在蒙元帝国那个时间段，汉化程度是很低的。甚至蒙元想怎么着就怎么着，用它的部落制度忽里台大会，用怯薛制度也就是亲兵卫队，往往把汉族地主边缘化，使得许多人离心离德，所以蒙元气数不长，很大程度体现在汉化程度不高上。

这时候契丹民族是中原王朝的心腹大患，他们盼一个时机，希望中原北方政权乱起来，只要一乱，他们就能扶植自己的势力，挥师南下。果不其然，这个时机

后晋高祖石敬瑭像

来了，那就是后唐的石敬瑭认契丹为父，自己为儿，这样就给契丹人带来了前所未有的条件，割让幽云十六州，所以契丹一直是悬在中原王朝心脏上的一把利剑。

宋王朝到了后来，和辽朝有战事，咱们都知道杨家将的故事，也的确发生过高梁河大战，但是此后对辽朝的态度很大程度上是用岁币来收买。有的朋友就疑惑，为什么宋王朝不挥师北上？其实宋王朝算过一笔账，当时军费开销非常巨大，与其开销这么大军费，造成两败俱伤，还不如花一些钱买太平。他们认为最大问题在自己内部，往往朝臣作乱，节度使形成割据，才是宋王朝的心腹之患。而外部我能买来和平，何乐而不为呢？当然这种思路就是一种绥靖，最后也造成了北方少数民族的壮大，尤其是靖康之耻，徽钦二宗被掳走，这也是宋王朝顶层设计埋下的恶果。好些时候只是两害相权取其轻，今天咱们会苛责古人你应该这个、应该那个，但是

要仔细读《资治通鉴》和《宋史》，融入那个历史背景之中，您就会发现古人不容易，作为统治者有的矛盾是能够解决的，关键有的矛盾不能解决，也不能让它爆发，只能纾缓，于是两害相权取其轻。《读通鉴论》中王夫之立足于历史环境进行考量，比如说王夫之就评价这个唐昭宗，被太监和节度使玩弄于股掌中的这个皇帝，对于他的有利条件已经非常之少，"国家将亡，必有妖孽"，身边已经无良臣可用。⑥咱们换作唐昭宗，估计今天你我玩得还不如他。融到那个历史场景之中，许多事件才能够理解。

注释：

① 《资治通鉴》卷第二百六十六后梁纪一太祖神武元圣孝皇帝上开平元年："梁王（朱全忠）更名晃。王兄（朱）全昱闻王将即帝位，谓王曰：'朱三，尔可作天子乎！'"《新五代史·梁家人传》："太祖（朱全忠）将受禅，有司备礼前殿，（朱）全昱视之，顾太祖曰：'朱三，尔作得否？'太祖宴居宫中，与王饮博，全昱酒酣，取骰子击盆而迸之，呼太祖曰：'朱三，尔砀山一百姓，遭逢天子用汝为四镇节度使，于汝何负？而灭他唐家三百年社稷，吾将见汝赤其族矣，安用博为！'太祖不悦，罢会。全昱亦不乐在京师，常居砀山故里。"

② 《资治通鉴》卷第二百六十八后梁纪三太祖神武元圣孝皇帝下乾化二年："初，元贞张皇后严整多智，帝（朱温）敬惮之。后殂，帝纵意声色，诸子虽在外，常征其妇入侍，帝往往乱之。（朱）友文妇王氏色美，帝尤宠之，虽未以友文为太子，帝意常属之。"《新五代史·梁家人传》："博王（朱）友文多材艺，太祖（朱温）爱之，而年又长，太祖即位，嫡嗣未立，心尝独属友文。太祖自张皇后崩，无继室，诸子在镇，皆邀其妇入侍。友文妻王氏有色，尤宠之。太祖病久，王氏与（朱）友珪妻张氏，常专房侍疾。太祖病少间，谓王氏曰：'吾知终不起，汝之东都，召友文来，吾与之决。'盖心欲以后事属之。"

③《资治通鉴》卷第二百六十八后梁纪三太祖神武元圣孝皇帝下乾化二年："友珪易服微行入左龙虎军,见统军韩勍,以情告之。勍亦见功臣宿将多以小过被诛,惧不自保,遂相与合谋。勍以牙兵五百人从友珪杂控鹤士入,伏于禁中。中夜斩关入,至寝殿,侍疾者皆散走。帝惊起,问:'反者为谁?'友珪曰:'非他人也。'帝曰:'我固疑此贼,恨不早杀之。汝悖逆如此,天地岂容汝乎!'友珪曰:'老贼万段!'友珪仆夫冯廷谔刺帝腹,刃出于背。友珪自以败毡裹之,瘗于寝殿。祕不发丧。"

④《资治通鉴》卷第二百六十九后梁纪四均王上贞明三年："吴王遣使遗契丹主以猛火油,曰:'攻城,以此油然火焚楼橹,敌以水沃之,火愈炽。'契丹主大喜,即选骑三万欲攻幽州,述律后哂之曰:'岂有试油而攻一国乎!'因指帐前树谓契丹主曰:'此树无皮,可以生乎?'契丹主曰:'不可。'述律后曰:'幽州城亦犹是矣。吾但以三千骑伏其旁,掠其四野,使城中无食,不过数年,城自困矣,何必如此躁动轻举!万一不胜,为中国笑,吾部落亦解体矣。'契丹主乃止。"

⑤《辽史·百官志》:"契丹旧俗,事简职专,官制朴实,不以名乱之,其兴也勃焉。太祖神册六年,诏正班爵。至于太宗,兼制中国,官分南、北,以国制治契丹,以汉制待汉人。国制简朴,汉制则沿名之风固存也。辽国官职,分北、南院。北面治宫帐、部族、属国之政,南面治汉人州县、租赋、军马之事。因俗而治,得其宜矣。"

⑥《读通鉴论》卷二十七"唐昭宗一":"'国家将亡,必有妖孽。'妖孽者,非但草木禽虫之怪也,亡国之臣,允当之矣。唐之乱以亡也,宰执大臣,实为祸本。"

第34讲　后唐盛衰

前面说到辽朝的建立，这个时候五代政权就像走马灯一样。当时不仅北方有割据政权，南方也是如此。有的政权是比较稳定的，有的政权开始不错但是不得善终。有一个皇帝，就是当时西川节度使王建。原先他是唐朝的臣子，也给唐朝立过功，后来被派遣到成都一带，他就拥兵自重，杀掉了当时唐僖宗重视的大太监田令孜。田令孜一度拥立僖宗，这个僖宗称之为阿父。这王建不买账，索性杀掉了田令孜，①而且自己称雄于蜀中，这就是中国历史上的前蜀。

王建的墓咱们今天发现了，大家还可以去成都看。王建的墓是今天帝王墓之中少有的平面墓，他没有在地底下建墓室，而在地表搭建墓室，上面有土丘。王建在蜀中掌权达三十年之久，蜀中本身就是天府之国，鱼米之乡，社会比较稳定，老百姓幸福指数高。其实好些文化的面貌，几千年没大改，今天成都人民也非常悠哉，几千年如是。王建

现今的王建墓

还能够用人,一大批北方的汉族知识分子投奔他。当时陈垣先生《胡注通鉴表微》里就阐发了一大段话,他说当时有的人骂王建叫做贼王八,这是骂人语,骂得非常难听。但是这个王建还能招贤纳士,稳定社会,很多人称颂。所以有的人的行为连贼王八都不如,又作何评论呢?②的确是这个样子,许多时候南方政权是比较稳定的。

而北方这个时候出现的政权就是后梁和后唐,后唐本是沙陀族。在五代出现过沙陀三朝:一个就是后唐,一个是后晋,一个就是后汉。沙陀族是突厥的一支,一度还是唐王朝的雇佣兵。后来在平息黄巢起义的过程中,李克用异军突起,发挥了重要作用。李克用是独眼龙,而且有自己的胆略,喜怒不形于色,城府很深。当时唐王室拉拢他,封他为河东节度使,在今天太原一带,这是兵家必争之地。他的力量很强,一度唐朝皇帝很怕他,甚至唐昭宗在位时期,想用朱温、韩建、李茂贞的势力去架空他,但是这些计策都失败了,唐王朝封李克用为晋王。

后唐太祖李克用像

后来李克用的势力愈发膨胀,到了923年,李克用的儿子李存勖大兵压境,灭了后梁王朝,改朝换代,由于李唐王朝对李克用又怕又拉拢,于是赐姓为李,这个时候建国称帝,他以李唐王朝的正宗自居,并且打击李唐王朝的对立面,等于说给李唐王朝报仇。其形象很光明正大,都是维护李唐正统的合理性。

后唐庄宗李存勖像

李存勖南征北讨开疆拓土，的确有水准，被人们称之为小太宗。李克用在自己的弥留之际，给李存勖三支箭告诉李存勖，你得用这个箭给我报仇，有三个人是咱们的大敌。第一个是梁，也就是朱温。朱温是他的死敌，自从黄巢起义之后，李克用的势力和朱温的势力斗法长达四十年之久，双方水火不容。第二个是燕国，燕国刘仁恭割据政权，他的儿子刘守光被朱温封为燕王，也是仇敌。第三是强邻契丹。他们原先都跟咱们保有信义，结果背信弃义，所以你得报父仇。③果不其然，李存勖称帝以后完成了他父亲的使命，灭了朱梁王朝不说，还灭掉了岐，这个岐是李茂贞建立的，而且灭掉了前面提到过的王建政权，也就是前蜀。他在进行着统一，这个步伐非常之快，人们以为下边发生的事情会像李唐王朝取代隋代一样会势如破竹，于是当时人们称李存勖为小太宗，就像贞观之治时候李世民一样。

但是人们没有看到他的另外一面，李存勖也是一个骄奢淫逸之君，他承平日久觉得自己飘飘然了，所以跟当年南征北讨的有为气象完全不同，大搞腐败，骄奢淫逸，气数已经丧失。李存勖的皇后刘氏（民间叫刘玉娘），这个人在历史上很有名，是一个恶毒、贪婪、虚荣的女人。为什么这么讲？这个人出身非常寒微，原先她是卖唱的女子，随着她的父亲刘山人一起，一边乞讨一边卖唱，以此糊口。但是刘玉娘非常有姿色，后来选到了晋王府第成为歌女，而阴差阳错和李存勖相见，李存勖看刘玉娘非常漂亮，索性纳这个歌女给了自己当妾。李存勖有正室有偏房，但是刘玉娘不满足于这样的状态。李存勖顾及刘玉娘出身寒微，不敢把刘玉娘扶正，怕长房夫人和其他夫人都不干，他心里头打鼓。偏巧这个时候刘玉娘非常爱吹嘘，她说自己本身是名门之后，自己的父亲已死，她才流落到民间，成为歌女，这都迫于无奈，给自己脸上贴金。但是人算不如天算，没想到她的生身父亲真找来了，刘叟（也就是刘大爷）听说自己的女儿已经富贵，于是找到宫廷之外通禀,说我是刘玉娘的生身父亲。这个消息传到了李存勖耳朵里头,李存勖这个人还非常热情,他一听自己的岳父来了赶紧派人相迎,没想到刘玉娘阻拦,刘玉娘说这不是我的父亲,我的父亲早就兵乱之中死掉了,这个人一定是冒名顶替的,是在骗钱财,所以勒令手下人鞭打自己的生身父亲(有人说活活打死了)。④世上就有这样虚荣的心狠的女子,连自己的父亲都敢下手,她什么事还干不出来呢?

而李存勖的政权出现了很大的问题,很重要一条,就是他内部的阶级矛盾非常尖锐。原先跟他出生入死的人非常贫寒,尤其是那些亲兵卫队,他们的家眷还在老家。有故事说当时又闹了大灾,想让皇帝打开府库,用金银绸缎来赈灾,没想到皇帝都点头了,这时候谁阻拦? 刘玉娘。刘玉娘还非常贪财,她索性横插一杠子说我没钱,面对这群将领,还有皇子,拿出首饰,告诉手下臣僚,我就剩这么多,你们看着办,这就是所有的资财。既然话都这么说,皇帝也没法往下接话了,赈灾就不了了之。但是这种行为和态度激化了阶级矛盾,一大堆人不想为李存勖出生入死,于是闹出了兵变。⑤

这个人叫李嗣源。李嗣源是李克用的养子,李嗣源平息叛乱后拥兵自重,镇守邺都(今河北大名),兵家必争之地。当时李嗣源在石敬瑭怂恿下叛变,⑥李存勖迫不得御驾亲征。但是这场仗打得非常不顺利,因为手下人离心离德,李存勖也负了重伤,被流矢也就是乱箭射中,奄奄一息,人们把他抬回来,他还有口气,这个时候他说渴,想喝水,喝完之后就咽气了。而他的夫人刘玉娘干吗呢? 刘玉娘找到李存勖的从兄,带着一堆珍宝细软想私奔,但是大兵压境,私奔不成,这个时候她又想落发为尼,没想到被李嗣源的乱兵追上,把她活活吊死。就这么样的一个狠毒女人,最后也咎由自取,自食其果。

这个事件有一篇文章值得咱们去读，就是欧阳修他们写的《新五代史·伶官传序》，大家在中学学过这一篇。如果结合历史背景仔细分析，你会发现欧阳修在阐述历史的规律：这些人原先出身于行伍，甚至出身于市井，摇身一变成为帝王，实际上他的基础并不牢靠，那就需要加强修养，就需要提高德行，才能获得民心。但是这样的工作不到位，于是社稷就有可能荡覆，所以《新五代史·伶官传序》揭示了非常重要的一点，引用《书经》的话，说"满招损，谦得益"。好些政权都是如此，甭管是黄巢，还是李存勖。原先还不错，在称帝以前他克勤克俭，可是此后满招损，不断地腐败加剧了国家机器覆亡的速度，李存勖就是一个典型例子。所以欧阳修就总结说，"盛衰之理，虽曰天命，岂非人事哉"。他开门见山就摆出这么一个道理，的确有的条件是命中注定的，可是也有人操纵的空间。天

《(新)五代史·伶官传》

时、地利、人和之中，人和占据很大的比重，有的时候能够化害为利，有的时候也能自毁长城。所以欧阳修看到这重道理，提出一个关键的命题，"忧劳可以兴国，逸豫可以亡身"。这句话都成为咱们至理名言，不能不说是在复杂的历史变化之中总结的至理。司马光也批评庄宗"不知为天下之道"。⑦

虽然出来了李嗣源之乱，李存勖兵败身死，他的夫人刘玉娘也被弄死，但是这个后唐王朝还没有改，因为这个刚才说的李嗣源本身也是李克用的一子，索性就称帝了，这就是历史上的唐明帝。唐明帝把大位给了他的儿子李从厚，李从厚就是唐闵帝，李从厚还有一个义兄李从珂，他是凤翔节度使。李从厚想把李从珂调动到太原当河东节度使。这个军队调动是让大树连根拔，许多军阀是不干的，因为调动后自己的羽翼就没了。其中利害李从珂心知肚明，所以他索性叛变，而李从厚死掉了，李从珂称帝，这就是唐末帝。

李从珂登基以后也想收拾异己，这个时候眼中钉是石敬瑭。您听这个名字熟了吧，这就是后晋皇帝石敬瑭。石敬瑭是李从珂的姐夫，当时他把石敬瑭调防，想把石敬瑭从河东（也就是山西这儿）调到郓州（山东这儿）当节度使。石敬瑭索性兵变，他依靠的是契丹。契丹盼来的时机出来了，中原王朝大乱，而且有人亲近它，石敬瑭索性答应契丹的皇帝耶律德光，割让幽云十六州，⑧这下等于中原门户大开，为了当皇帝不择手段，所以石敬瑭留下了千古骂名。

注释：

① 《资治通鉴》卷第二百五十九唐纪七十五昭宗圣穆景文孝皇帝上之中景福二年："王建屡请杀陈敬瑄、田令孜，朝廷不许。夏，四月，乙亥，建使人告敬瑄谋作乱，杀

之新津。又告令孜通凤翔书，下狱死。建使节度判官冯捐草表奏之曰：'开匣出虎，孔宣父不责他人；当路斩蛇，孙叔敖盖非利己。专杀不行于阃外（朝廷之外），先机恐失于彀中。'"

② 《通鉴胡注表微·边事篇第十五》："唐昭宗乾宁四年，王建镇西川，蛮亦不敢侵盗。"（胡三省）注曰："史言安边之术，惟洞知近塞蕃落情伪而折其奸，则外夷不敢有所侮而动。"（二六一）陈先生云："安边之术，首在不贪不暴，蜀王建号'贼王八'，然其镇蜀初政，不独能抚民，且善待士，故唐末人士之避乱者多往依之，卒能据有全蜀三十余年。身之称之，愧乎'贼王八'之不如者耳。"

③ 《资治通鉴》卷第二百六十六后梁纪一太祖神武元圣孝皇帝上开平二年：《考异》引《五代史阙文》："世传武皇临薨，以三矢付庄宗曰：'一矢讨刘仁恭，汝不先下幽州，河南未可图也。一矢击契丹，且曰阿保机与吾把臂而盟，结为兄弟，誓复唐家社稷，今背约附梁，汝必伐之。一矢灭朱温。汝能成善志，死无恨矣！'庄宗藏三矢于武皇庙庭。及讨刘仁恭，命幕吏以少牢告庙，请一矢，盛以锦囊，使亲将负之以为前驱。凯旋之日，随俘馘纳矢于太庙。伐契丹，灭朱氏，亦如之。"又《新五代史·伶官传序》："世言晋王之将终也，以三矢赐庄宗而告之曰：'梁，吾仇也；燕，吾所立，契丹与吾约为兄弟，而皆背晋以归梁。此三者，吾遗恨也。与尔三矢，尔其无忘乃父之志！'"

④ 《新五代史·唐太祖家人传·皇后刘氏》："其父闻刘氏已贵，诣魏宫上谒。庄宗召袁建丰问之，建丰曰：'臣始得刘氏于成安北坞，时有黄须丈人护之。'乃出刘叟示建丰，建丰曰：'是也。'然刘氏方与诸夫人争宠，以门望相高，因大怒曰：'妾去乡时，略可记忆，妾父不幸死于乱兵，妾时环尸恸哭而去。此田舍翁安得至此！'因命笞刘叟于宫门。"

⑤ 《新五代史·唐太祖家人传·皇后刘氏》："明年三月，客星犯天库，有星流于天棓。占星者言：'御前当有急兵，宜散积聚以禳之。'宰相请出库物以给军，庄宗许之，后不肯，曰：'吾夫妇得天下，虽因武功，盖亦有天命。命既在天，人如我何！'宰相

论于延英，后于屏间耳属之，因取妆奁及皇幼子满喜置帝前曰：'诸侯所贡，给赐已尽，宫中所有惟此耳，请鬻以给军！'宰相惶恐而退。及赵在礼作乱，出兵讨魏，始出物以赉军，军士负而诟曰：'吾妻子已饥死，得此何为！'"

⑥《资治通鉴》卷第二百七十四后唐纪三明宗圣德和武钦孝皇帝上之上天成元年："是后嗣源所奏，皆为绍荣所遏，不得通，嗣源由是疑惧。石敬瑭曰：'夫事成于果决而败于犹豫，安有上将与叛卒入贼城，而他日得保无恙乎！大梁，天下之要会也，愿假三百骑先往取之；若幸而得之，公宜引大军亟进，如此始可自全。'"

⑦《资治通鉴》卷第二百九十四后周纪五世宗睿武孝文皇帝下显德六年："夫天子所以统治万国，讨其不服，抚其微弱，行其号令，壹其法度，敦明信义，以兼爱兆民者也。……盖庄宗善战者也，故能以弱晋胜强梁，既得之，曾不数年，外内离叛，置身无所。诚由知用兵之术，不知为天下之道故也。"

⑧《资治通鉴》卷第二百八十后晋纪一高祖圣文章武明德孝皇帝上之上天福元年："契丹主谓石敬瑭曰：'吾三千里赴难，必有成功。观汝器貌识量，真中原之主也。吾欲立汝为天子。'敬瑭辞让者数四，将吏复劝进，乃许之。契丹主作册书，命敬瑭为大晋皇帝，自解衣冠授之，筑坛于柳林，是日，即皇帝位。割幽、蓟、瀛、莫、涿、檀、顺、新、妫、儒、武、云、应、环、朔、蔚十六州以与契丹。"

第35讲　割让幽云

前面咱们讲到了五代之中的梁唐晋汉周中的后晋，后晋的开创者就是石敬瑭。这个人在中国历史上名声比较臭，因为他引狼入室，当的是儿皇帝，这是很典型的卖国行为，后代引以为戒。

中国历史上像这么样卑躬屈膝的统治者其实也不多见，他的后晋皇帝其实不是他自封的，是契丹国主耶律德光任命的，从这一点就说明这个人没有骨气，皇帝还能别人封啊？甭管是传统史家还是新史家，对他的评价都不好。

契丹在北方崛起，非常强大，在907年建国，耶律阿保机有雄才伟略，他的夫人述律后，也是很不得了的政治家，胡三省予以肯定。①述律后能够治国理政，而且她还能够打仗，帮助丈夫剿灭了心腹大患室韦。而且在契丹国内推行非常著名的两面官制，两面官制确保了大量的汉族的知识分子、地主阶级以及平民投靠契丹王朝。这种做法其实是学习汉人怀柔远人政策，不同的民族有不同的统治政策，因俗而治在上古时期就很普遍，周、汉、唐都如此，而辽

辽太宗耶律德光像

朝也采取了这种做法。这种做法有它合理性，能够在最大限度上因地制宜，调动各族的积极性。辽朝的气数能够比较长久，跟这种政策有着密切的联系。

耶律阿保机死了以后，他的儿子耶律德光登基。公元947年，耶律德光把契丹改国号为辽，和中原王朝就有着非常紧密的联系。耶律德光没想到天上会掉一个大馅饼，石敬瑭把北方肥沃的土地，战略要塞幽云十六州，拱手让给契丹族。咱们看地图就会发现，幽云十六州是长城沿线的战略要塞，这十六州拱手让人，等于长城要塞失去了任何价值。长城的修建和地理环境有着密切的联系，早在战国时期，就有了燕、赵、齐的长城，后来秦始皇把长城连到了一起，东到辽东，西到陇西一带，这个长城很长，后来陆陆续续还有修建。长城基本上是游牧民族和汉民族的分水岭，这里不仅有政治的划分，也有自然地理的划分。这个地理的因素很关键，往往地理学家称之为山川形变，依据地势就能形成一定的版图。把这么重要的长城防线拱手让人，中原腹地就一马平川，华北平原如入无人之境，过了太行山，中原也是唾手可得。之所以后来宋王朝很软弱，就和后晋石敬瑭的卖国之举有着密切的联系，幽云十六州拱手让人，让后代无险可守。

石敬瑭在位也没有几年。他称儿，称人家为父，关键是耶律德光还比他小，耶律德光比石敬瑭小十岁，居然这种话他也说得出口。

南唐后主李煜像

同时南方也发生着许多变化，南方

出现了最大的一个国家，就是南唐。原先在南方有一个政权叫南吴。南吴皇帝杨溥的最后一任宰相叫做徐知诰。徐知诰和北方这些统治者一样，索性废掉了南吴的皇帝，自己登基坐殿，他就恢复了原先的姓。他原先姓李，声称和李唐王朝有密切联系，徐知诰改名叫做李昪。李昪开拓了疆土，建立了南唐。这个南唐有三个皇帝，从李昪传李璟，也就是南唐中主，然后从李璟传到了南唐后主，著名的文学家李煜。

那这个南唐版图是很辽阔的，它也吞并了许多国家，发展生产，改革官制，稳定民生，应当说这个三十年很不容易，从937年开始一直到北宋大兵打来。南唐有它的势力范围，也有它的雄厚的财力，因为这时南方是鱼米之乡，这对于农业民族来说太重要了。

石敬瑭之后就是他的侄子石重贵。石敬瑭称帝七年，一命呜呼，这一家都死于兵燹，应当说野心家都没有什么好下场，也是报应。当时石重贵就改变了他叔父的态度，原先他叔父向北方的契丹（后来的辽）又称臣，又称儿，石重贵觉得这种做法太低三下四，甚至对他境内的契丹人采取打压政策，限制契丹商贾，乃至契丹的贵胄。他的异己更是斩尽杀绝。这样的话他就得罪了北方的契丹王朝，正好给耶律德光以口实，耶律德光大兵来犯，大兵压境他也没有能力抵抗。刚才我们交代过，幽云十六州战略要塞都是人家的，中原门户大开。很快石重贵败北，开封是他的都城，立马就陷落了。这么样一个王朝，才维系了十一年，这就是屈辱的后晋。

当时耶律德光也非常开心，他以为自己就能顺势一统中华，但是没想到不是所有人都像这石家叔侄似的卑躬屈膝，他也遭到了非常强硬的抵抗，就包括当时有一个很著名的将领，就是后来后汉的建立者刘知远。这下耶律德光感慨，不都是像石家叔侄一样，这个汉人还是有骨气的。契丹人只好一边退却,一边烧杀淫掠,作为他对反抗者的一种惩罚。当时当他退到河北栾城的时候,死在一片树林里头,病故了,这下老百姓很高兴,把这片树林称之为杀胡林,这里让这个胡人耶律德光丧掉性命。

这个时候有一个著名的将领,就是我们提到过的刘知远。他不赞同向契丹称父。②他反抗契丹,在后晋乃至后唐时代他都是比较有骨气的人,他一度告诫过同僚石敬瑭,说你们这么做肯定不得人心,肯定留下千载骂名,无论如何我不能跟你成为一丘之貉。当时石敬瑭还被刘知远搭救过,在乱兵之中石敬瑭的马匹坏了,刘知远和他换马,所以他对刘知远有感戴之心。这个时候辽兵打来,刘知远是抵抗的将领,辽兵败北之后,刘知远索性称帝,改国号为汉,因为他是姓刘,说自己的祖上就是汉王室,③历史上称之为后汉。

《读通鉴论》里王夫之提到刘知远,做了比较客观的评价,他说梁唐晋汉周,乃至十国的许多帝王,都是野心家、贼子,他本身就是前朝的臣僚宰相大将军,摇身一变成为皇帝。有一句话说"王侯将相宁有种乎",当然这是陈胜那个时代说的,可是这时候有人补充一句"兵强马壮者为之",这种情形在当时是普遍的。可是王夫之说刘知远例外,为什么?因为这个后晋政权已经被打垮了,当时天下一团乱,和刘和元作战的对手是辽朝人,所以这个刘知远的称帝和那些人的政治轨迹还有区别。④王夫之这个分析是很有道理的。

后世对刘知远的评价还比较好,到了元朝的时候,元杂剧非常的流行,

后汉高祖刘知远像

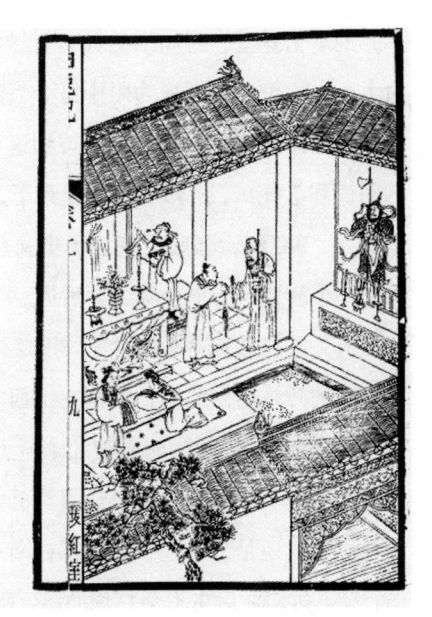

《白兔记》书影

其中有南戏四大剧本，叫荆、刘、拜、杀，这里头"刘"指的就是写刘知远的《白兔记》。

据说刘知远的夫人李氏跟他是患难夫妻，当时李氏的父亲看好了刘知远，虽然他是穷光蛋一个，但是看他有帝王之气，早晚得发迹，所以把女儿许配给刘知远。后来刘知远遭到了许多人的迫害，饱经沧桑，李氏给刘知远生下孩子的时候没有人帮助接生，据说是李氏夫人用牙齿咬断脐带，所以她这个孩子叫咬脐郎，然后把这个咬脐郎送给刘知远那里，咬脐郎后来千里寻母，最后一家团聚。南戏里《白兔记》就说的是这回事，因为咬脐郎要打一只白兔，阴差阳错见到了自己的母亲，这是一个很感人的剧本。

通过这样的剧本我们也能知道，在后人眼中，刘知远的形象不错。可是刘知远的儿子刘承佑（后汉隐帝）却是个昏君。刘知远在位一年就故去了，刘承佑登基，对周围的势力斩尽杀绝，尤其是他父亲留给他的这些顾命大臣，一个一个都视为眼中钉。当时他觉得有一个大将郭威尤其应该弄死，于是派刺客刺杀郭威，没想到这个刺客是郭威的心腹，索性把刘承佑的阴谋和盘托出，⑤郭威索性起兵了，刘承佑打不过郭威，在乱兵之中兵败身死。951年，郭威登基，历史又翻到了新的一页，这就是五代之中最后的一个时代，历史上称之为后周。

但是刘汉政权并没有亡，刘知远还有一个弟弟刘崇，当河东节度使，他建立的政权叫做北汉，割据在山西太原这一带。北汉一直和后周政权割据，一直到了979年的时候被北宋所灭。这样的话，北方局面还比较复杂，南方的南楚王国皇帝马希崇觉得自己大位不保，索性投降了南唐。南唐版图很辽阔，还是鱼米之乡，定都在南京，它的势力在膨胀。南唐也并不羸弱，只不过南唐后主不会打仗而已，所以下面距离北宋的统一就越来越近，《资治通鉴》也逐渐将要落下帷幕。

注释：

① 《资治通鉴》卷第二百六十九后梁纪四均王上贞明三年："吴王遣使遗契丹主以猛火油，曰：'攻城，以此油然火焚楼橹，敌以水沃之，火愈炽。'契丹主大喜，即选骑三万欲攻幽州，述律后哂之曰：'岂有试油而攻一国乎！'因指帐前树谓契丹主曰：'此树无皮，可以生呼？'契丹主曰：'不可。'述律后曰：'幽州城亦犹是矣。吾但以三千骑伏其旁，掠其四野，使城中无食，不过数年，城自困矣，何必如此躁动轻举！万一不胜，为中国笑，吾部落亦解体矣。'契丹主乃止。"胡三省注："妇人智识若此，丈夫愧之多矣。此特阿保机因其能胜室韦，从而张大之以威邻敌耳。"

② 《资治通鉴》卷第二百八十后晋纪一高祖圣文章武明德孝皇帝上之上天福元年："石敬瑭遣间使求救于契丹，令桑维翰草表称臣于契丹主，且请以父礼事之，约事捷之

日，割卢龙一道及雁门关以北诸州与之。刘知远谏曰：'称臣可矣，以父事之太过。厚以金帛赂之，自足致其兵，不必许以土田，恐异日大为中国之患，悔之无及。'敬瑭不从。"

③ 刘知远和契丹的斗争很讲策略。《资治通鉴》卷第二百八十六后汉纪一高祖睿文圣武昭肃孝皇帝上天福十二年："知远又遣北都副留守太原白文珂入献奇缯名马，契丹主知知远观望不至，及文珂还，使谓知远曰：'汝不事南朝，又不事北朝，意欲何所俟邪？'蕃汉孔目官郭威言于知远曰：'虏恨我深矣！王峻言契丹贪残失人心，必不能久有中国。'或劝知远举兵进取。知远曰：'用兵有缓有急，当随时制宜。今契丹新降晋兵十万，虎据京邑，未有他变，岂可轻动哉！且观其所利止于货财，货财既足，必将北去。况冰雪已消，势难久留，宜待其去，然后取之，可以万全。'"胡三省注："刘知远料之审矣，所以举兵南向，契丹不能与之争。"

④《读通鉴论》卷二十九"五代中一五"："刘知远之智，过于石敬瑭也远甚，拒段希尧、赵莹移镇之谋而亟劝敬瑭以反，其情可知也。当其时，所谓天子者，苟有万人之众、万金之畜，一旦蹶起，而即褒然南面，一李希烈、朱泚之幸成者而已。范延光、赵延寿、张敬达之流，智力皆出知远下，而知远方为敬瑭之偏裨，势不足以特兴，敬瑭反，而后知远以开国元功居诸帅之右，睨敬唐之篡而即睨其必亡，中州不归己而奚归邪？"

⑤《新五代史·周本纪第十一》："隐帝遣开封尹侯益、保大军节度使张彦超、客省使阎晋卿等率兵拒（郭）威，又遣内养鸾脱（宦官名）觇（监视）威所向。鸾脱为威所得，威乃附脱奏请缚李业等送军中。隐帝得威奏，以示业等，业等皆言威反状已白，乃悉诛威家属于京师。"

第36讲　分裂尾声

前面我们讲到了梁唐晋汉这四代，在951年这个周朝建立，史称叫做后周。周朝太祖叫做郭威，郭威很有胆识。郭威在历史上活跃的时间不长他就病故了，但是他没有亲儿子，只有干儿子，这个干儿子就是柴荣，后来改名叫做郭荣。您要读《水浒传》里面小旋风柴进就是这个柴家的后人，北宋对他有愧，所以才赐以丹书铁券。

这个时候郭荣就走上历史舞台，郭荣是这个小分裂的时间段里头非常有才干、有胆识的英主，是不多见的领导。他在位时期，改革财政，稳定社会，推行新的制度，老百姓非常买账。而且他还大刀阔斧地开疆拓土，形成了新的格局。

当时郭荣也就是周世宗有一个重要的臣子叫做王朴，这个人他的官职是比部郎中，他给皇帝提了建议，说您应当对北方的政权北汉下手，对南方的政权南唐下手，而且发展生产，精兵简政，

后周世祖郭荣像

推行行之有效的行政制度，为统一打下基础。打下南唐就是关键的一步，因为南唐这个地方是鱼米之乡，是你的经济后盾。不仅如此，南唐的主上非常暗弱，人心思变，所以拿下南唐指日可待。①这个话其实就像诸葛亮的隆中对一样，对历史走向发生了很大的指引。虽然后周的主上没有将其全部完成，但是这个方向是对的，后来的赵匡胤也是这么做的，应当说王朴高瞻远瞩。后来王朴被周世宗任命为开封地区的最高行政长官。

而当时后周和北汉打了一场恶战，史称高平之战。这个高平在今天山西的高平，其实这个就是秦赵长平之战的古战场，赵括纸上谈兵就是在这里发生的。北汉的刘崇非常看不上郭威，他认为郭威新建的后周政权一定立足不稳，而郭荣更不是他看得上的人，并且这场仗打了起来，他还有后盾，就是契丹。契丹给他撑腰，他更有底气。可是轻敌必败，周世宗郭荣亲自上阵，抵挡流矢也就是散箭，使得军心大振，于是将士一心，以少胜多，给刘崇一个下马威。②使得北汉政权长时期不敢犯边。北方的心腹大患就解决了，剩下就是南唐。周世宗又和南唐作战，居然拿下了江淮之间许多肥沃地带，这个地方既是水草丰美的粮田，又是江南的门户，拿下江淮，等于南唐门户大开，下面统一南唐就可计日而待了。

而周世宗的雄才伟略还不止于此，他也不想随时都听契丹的话，他可不是那个儿皇帝。他想幽云十六州掌握在契丹手中不是个事，总是中原王朝的一把利刃，所以必须拿下幽云十六州，进而后周和契丹打了一系列的恶仗硬仗，围绕着长城的许多险关要塞都拿了下来。但是天不假年，就是在公元959年，周世宗柴荣驾崩，他小儿子登基，这个孩子叫郭宗训，才七岁，所以大政都只能靠着大臣，于是下边就有着一个重量级的人物登上历史舞台，这个人就是殿前都点检赵匡胤。

赵匡胤是郭威的下属，他当殿前都点检，相当于京畿卫戍区总司令，

宋太祖赵匡胤像

手握重兵，当时他就和手下密谋要夺权，他这个时候就借口北方契丹人扰边，手中掌握着重兵。下边发生的事大家也都知道，就是著名的陈桥兵变，黄袍加身。走到这的时候索性睡梦之中被臣子披上黄袍，他还在作秀，战战兢兢起来，你们这样不是陷我于不仁不义吗？我如何面对大周的列祖列宗呢？我如何面对他们孤儿寡母呢？这时候把臣下批评一顿之后，实在没辙我还是干了吧。其实咱们看历朝历代的野心家都会说这种话，全是违心的话，都是在作秀。这个时候他继位之后建的就是宋，人们一看，他说的契丹兵也没了，就是他自导自演的一幕戏剧。这些事情是宋朝当代史，司马光不多写了。

宋建立以后就逐渐完成后周留下的统一计划，南平、后蜀、南汉、南唐，灭完南平之后，把南平一干人等掳掠而来，其中就有赵匡胤喜欢的花蕊夫人，花蕊夫人和赵匡胤还留下一段佳话。那么在公元975年灭南唐，南唐后主李煜只能投降，这个人是著名的文学家，是大才子，但是也是失败的政治家。我们说历史上有许多这种错位的君主，如果让他当一个王爷，他会当得非常好，但是让他当最高领袖，他会一塌糊涂，对于他自己，对于天下苍生都是巨大灾难，南唐后主李煜就是这样的人。李煜被掳掠到开封，后来被毒死，大家都知道这是历史悲剧。到了公元979年灭掉了北汉，这下北宋终于统一，北宋翻开了新的一页，《资治通鉴》到宋建立前即宣告

第36讲 分裂尾声

尾声。

北宋的面貌和原先不一样，他是把加强君权、加强中央权力放在首位，当时宋太宗曾经有一句话，叫"事为之防，曲为之制"。有的时候也写"事为之制，曲为之防"。也就是说这件事甭管是正常发生，还是反常发生，我们都有制度能够保障它，通过制度建设来消除这个事情的负面因素，这叫"事为之防，曲为之制"。其实当时摆在宋朝天子面前的有外患也有内忧，外患是辽朝，是大兵压境；内忧是臣子的夺权，因为赵匡胤本身就是殿前都点检，他对这一套夺权走马灯式的过程太了解了，所以一上来就玩了一招，大家也都知道，叫杯酒释兵权，逼着自己的将领奉上军权，你回家当富家翁多好，歌儿舞女在你身边多好，拿着这个兵权早晚是祸。所以他把精力放在处理内忧上，外患通过一系列的手段予以和解，和北方少数民族有岁币，可和谈通过这种方式来缓和与北方少数民族的矛盾，据说这样的成本比打仗要小得多。宋朝皇帝非常现实，但是他也没想到，这是同样养虎为患。

而宋朝皇帝加强权力也有一个著名的故事，当时的丞相叫做范质，范质是后周过来的丞相，他知道赵匡胤夺权的过程，原先赵匡胤是他的同僚，现在成为他的领导，所以他必须得亦步亦趋表忠心。原先在唐王朝这个宰相拥有特权，汉唐时期宰相权力都不小，据说唐朝在朝堂之上得给宰相看坐，而且这时候宦官上茶，其他大臣是垂手侍立向皇帝奏报条陈，这个时候坐着的是宰相和皇帝。

宋神宗赵顼像

司马光像

可是到赵匡胤和范质这就变了，这个也有笔记记载，说当时赵匡胤说，我耳聋眼花，你必须得把这个条陈拿得近一些，我才能够看到。这个范质宰相索性站起来把条陈给皇帝，手下人就把他的凳子给撤去了，他一看没凳子，也只好站着了。此后就形成惯例，所有臣子必须对皇帝垂手侍立，恭敬对答，就形成宋朝的制度。③

《资治通鉴》截止到后周的显德五年，也就是说宋统一之前。通过这么样的长时段的历史，呈现出波澜壮阔的场景，其实最主要的内容就是治乱兴衰。这和儒家思想是吻合的，儒家思想有两个重要的内容：一个叫做内

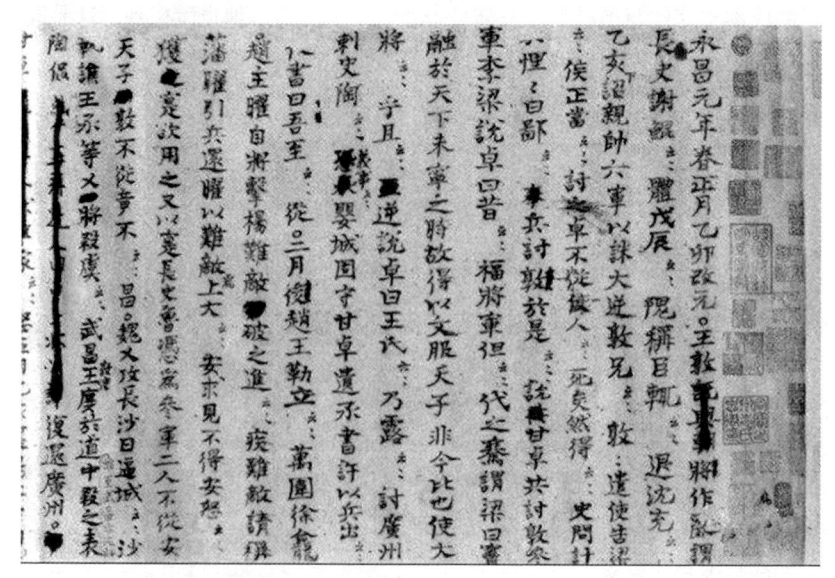

司马光《资治通鉴》手稿（藏于国家图书馆）

圣,一个叫做外王。内圣是伦理道德,而外王是政治学。内圣自然有儒家经典去教你,关键政治学光靠经典是不够的,还得需要实战。学而优则仕,是让你进行实践的。留下来的古往今来的兴衰成败教训,统治者必定得懂,所以才有了《资治通鉴》。

在《资治通鉴》这部大书后面就是司马光给宋神宗的奏表,宋神宗的批示,即《资治通鉴》的序。后来元祐更化之后又发生了逆转,当时司马光这一派被打成逆党,那个臭名昭著的蔡京等人抬出来的就是王安石的新法,所以有人说《资治通鉴》这个书应该毁版。可是当时有臣子说,哪能毁版?这个书里头有神宗皇帝的指示,因此《资治通鉴》才保存了下来。④

这个序言以及司马光的奏表建议大家仔细读,带着当时人的情感态度价值观,司马光向皇帝诚惶诚恐地做报告,他说我写了这么长久的历史事件,而且花费了十几年,到现在我已经耳聋眼花,甚至提到这件事我就忘了那件事,撂爪就忘,所以您还能让我把这件工作完成,成为您的参考,对我来说是三生有幸。司马光说,干完这件工作,言下之意,九泉之下也能瞑目。⑤果不其然,没过多久司马光就与世长辞。而宋神宗的批复赐名"资治通鉴","鉴于往事,有资于治道"。历朝历代的兴衰成败教训都在于此,统治者怎么能够忽视呢? 只有把这些东西琢磨好,研究透,才能长治久安,给江山社稷带来福祉。这个就是政治家的认识,这种认识在哪朝哪代都不过时。

注释:

① 《资治通鉴》卷第二百九十二后周纪三世宗睿武孝文皇帝上显德二年:"比部郎中王朴献策,以为:'中国之失吴、蜀、幽、并,皆由失道。今必先观所以失之之原,然后知所以取之之术。……凡攻取之道,必先其易者。唐与吾接境几二千里,其势

易扰也。扰之当以无备之处为始，备东则扰西，备西则扰东，彼必奔走而救之。奔走之间，可以知其虚实强弱，然后避实击虚，避强击弱。未须大举，且以轻兵扰之。南人懦怯，闻小有警，必悉师以救之。师数动则民疲而财竭，不悉师则我可以乘虚取之。如此，江北诸州将悉为我有。既得江北，则用彼之民，行我之法，江南亦易取也。南方既定，则燕地必望风内附；若其不至，移兵攻之，席卷可平矣。'"

② 《资治通鉴》卷第二百九十一后周纪二太祖圣神恭肃文武孝皇帝中显德元年："北汉主不知帝至，过潞州不攻，引兵而南，是夕，军于高平之南。""合战未几，樊爱能、何徽引骑兵先遁，右军溃；步兵千余人解甲呼万岁，降于北汉。帝见军势危，自引亲兵犯矢石督战。太祖皇帝（赵匡胤）时为宿卫将，谓同列曰：'主危如此，吾属何得不致死！'""北汉主知帝自临陈，褒赏张元徽，趣使乘胜进兵。元徽前略陈，马倒，为周兵所杀。元徽，北汉之骁将也，北军由是夺气。时南风益盛，周兵争奋，北汉兵大败，北汉主自举赤帜以收兵，不能止。"

③ 《邵氏闻见后录》卷一："艺祖（赵匡胤）即位之一日，宰执范质等犹坐，艺祖曰：'吾目昏，可自持文书来看。'质等起进呈罢，欲复位，已密令中使去其坐矣。遂为故事。"《宋史·范质传》记载不同："先是，宰相见天子议大政事，必命坐面议之，从容赐茶而退，唐及五代犹遵此制。及质等惮帝英睿，每事辄具札子进呈，其言曰：'如此庶尽禀承之方，免妄庸之失。'帝从之。由是奏御浸多，始废坐论之礼。"总之当时规矩改了，皇帝面前宰相已经没了座位。

④ 周辉《清波杂志》卷九"毁《通鉴》"："了斋陈莹中为太学博士。薛昂、林自之徒为正、录，皆蔡卞之党也，竞尊王荆公而挤排元祐，禁戒士人不得习元祐学术。（蔡）卞方议毁《资治通鉴》版，陈（陈莹中）闻之，因策士题特引序文，以明神宗有训。于是林自骇异，而谓陈曰：'此岂神宗亲制耶？'陈曰：'谁言其非也？'自（林自）又曰：'亦神宗少年之文耳。'陈曰：'圣人之学，得于天性，有始有卒，岂有少长之异乎？'自辞屈愧叹，遽以告卞。卞乃密令学中敞高阁，不复敢议毁矣。"又见丁传靖辑《宋人轶

事汇编》卷九《司马光》。

⑤ 《资治通鉴》《进书表》:"臣今骸骨癯瘁,目视昏近,齿牙无几,神识衰耗,目前所为,旋踵遗忘,臣之精力,尽于此书。伏望陛下宽其妄作之诛,察其愿忠之意,以清闲之宴,时赐省览,监前世之兴衰,考当今之得失,嘉善矜恶,取是舍非,足以懋稽古之盛德,跻无前之至治,俾四海群生,咸蒙其福,则臣虽委骨九泉,志愿永毕矣。"